EL
JUEGO
INTERIOR
DEL
TRABAJO

Si este libro le ha interesado y desea que lo mantengamos informado de nuestras publicaciones, escríbanos indicándonos cuáles son los temas de su interés (Autoayuda, Espiritualidad, Qigong, Naturismo, Enigmas, Terapias Energéticas, Psicología práctica, Tradición...) y gustosamente lo complaceremos.

Puede contactar con nosotros en
comunicación@editorialsirio.com

Título original: THE INNER GAME OF WORK: FOCUS, LEARNING,
PLEASURE AND MOBILITY IN THE WORKPLACE
Traducido del inglés por Antonio Luis Gómez Molero
Ilustraciones interiores: Robert Bull

© de la edición original
2000, W. Timothy Gallwey

La presente versión en español se ha realizado según acuerdo con Random House, un sello de The Random House Publishing Group, una división de Random House, Inc.

© de la presente edición

EDITORIAL SIRIO, S.A.	EDITORIAL SIRIO	ED. SIRIO ARGENTINA
C/ Rosa de los Vientos, 64	Nirvana Libros S.A. de C.V.	C/ Paracas 59
Pol. Ind. El Viso	Camino a Minas, 501	1275- Capital Federal
29006-Málaga	Bodega nº 8,	Buenos Aires
España	Col. Lomas de Becerra	(Argentina)
	Del.: Alvaro Obregón	
	México D.F., 01280	

www.editorialsirio.com
E-Mail: sirio@editorialsirio.com

I.S.B.N.: 978-84-7808-851-5
Depósito Legal: MA-2339-2012

Impreso en los talleres gráficos de Romanya/Valls
Verdaguer 1, 08786-Capellades (Barcelona)

Printed in Spain

W. TIMOTHY GALLWEY

EL JUEGO INTERIOR DEL TRABAJO

CONCENTRACIÓN, APRENDIZAJE, PLACER Y MOVILIDAD EN EL LUGAR DE TRABAJO

editorial Sirio

A Leslye,
sin cuyo amor, cuidados, apoyo y paciencia
nunca habría completado este trabajo

PRÓLOGO
por Peter Block

La forma de hacer negocios está cambiando tanto que la capacidad de adaptación y de cambiar el modo de pensar se han convertido en factores decisivos para el éxito. El reto consiste ahora en lograr transformar instituciones que fueron concebidas para funcionar de forma coherente, controlada y predecible, en entornos donde se valore el aprendizaje continuo, la imprevisibilidad y la apertura a nuevas maneras de hacer las cosas.

El Juego Interior del trabajo nos ayuda a delinear el perfil de lo que se ha dado en llamar "organización de aprendizaje". Cualquier directivo o empleado que se atreva y se comprometa a aprender sobre el aprendizaje encontrará en este libro ejercicios y conceptos diseñados para convertir la aspiración de construir organizaciones de aprendizaje en una realidad.

La gran mayoría de las estrategias tradicionales que pretenden crear organizaciones con capacidad de aprendizaje se basan en actividades extracurriculares. Realizamos cursos de formación, programas especiales y reuniones para fomentar un entorno de aprendizaje continuo. Un efecto negativo de estas iniciativas es que refuerzan la creencia de que aprender y rendir son dos actividades separadas y opuestas. De esta manera aprender interfiere con la producción y se origina así una tensión que nos hace plantearnos hasta qué punto podemos permitirnos apoyar la formación sin que esto afecte al rendimiento de la empresa. Nos preocupa la "transferencia" del aprendizaje, es decir, cómo asimilar la formación para "devolverla" al lugar de trabajo, cómo implementarla. El Juego Interior elimina esta tensión entre aprender y rendir, mostrándonos que ambas actividades forman parte de un todo mayor.

Las ideas de Tim Gallwey sobre el aprendizaje han sido, desde un primer momento, de una lucidez excepcional y de una naturaleza inminentemente práctica. En 1976 *El Juego Interior del tenis* cambió radicalmente mi forma de pensar sobre muchas cosas, no solo acerca del tenis. Han pasado veintitrés años y su influencia sigue siendo poderosa. Me mostró, por primera vez, que nuestros esfuerzos por superarnos y mejorar nuestro rendimiento son, de hecho, un obstáculo para obtener lo que queremos. Tim desafió muchas de nuestras creencias sobre la enseñanza y el aprendizaje al revelarnos que gran parte de nuestra enseñanza, en realidad, es negativa para el aprendizaje. *El Juego Interior del trabajo* aplica estas ideas directamente al mundo laboral.

La noción de que los métodos tradicionales de enseñanza y entrenamiento disminuyen nuestro rendimiento es un planteamiento radical. La mayoría de las instituciones educativas y centros de trabajo dependen enormemente de la enseñanza y la supervisión, por tanto, si todo este esfuerzo por mejorar es contraproducente, será mejor que prestemos atención. Y si la enseñanza no es válida, ¿qué es lo que de verdad funciona? Muchos autores son brillantes describiendo todo aquello que está mal, pero a la hora de señalar alternativas que resulten útiles se refugian en teorías y abstracciones.

Lo que tiene de especial el trabajo de Tim es que no solo define a la perfección la naturaleza de nuestros obstáculos sino que ofrece maneras concretas de incrementar el aprendizaje y el rendimiento, minimizando el tiempo empleado en instrucción y dirección. Aquí es donde reside su genialidad. Tim conoce a la perfección la manera en que aprendemos y ha pasado su vida diseñando el mejor sistema para liberarnos del autocontrol excesivo y así lograr un mayor rendimiento. El Juego Interior ha cambiado la relación que un gran número de personas tiene con su trabajo y, lo que quizá es todavía más importante, ofrece a las empresas e instituciones, simultáneamente, una manera de fomentar el aprendizaje, mejorar el rendimiento y promover un entorno laboral más satisfactorio.

Fomentar un entorno de aprendizaje exige mucho esfuerzo. Cuesta más de lo que la mayoría de la gente cree y requiere que los directivos adquieran un compromiso lo bastante firme como para renunciar a parte de su control en aras de la formación y el rendimiento. El reto del Juego Interior es que es necesario tener fe y desaprender una gran cantidad de hábitos perjudiciales. El Juego Interior nos exige que demos más valor al conocimiento, a tomar conciencia y a prestar atención a lo que sucede a nuestro alrededor. No es una tarea sencilla. En el mundo occidental, en cuanto pronuncias las palabras *conciencia* y *atención* la gente le pone a lo que estás diciendo la etiqueta *Nueva Era* y descartan tus ideas como si pertenecieran a algún tipo de filosofía hippie. No es así.

La cuestión fundamental es, ¿de qué manera se pueden transformar los centros de trabajo? ¿Es posible lograr un buen rendimiento, un alto grado de satisfacción y una formación elevada, todo al mismo tiempo? Esto a su vez nos hace plantearnos una cuestión más profunda: ¿Cuál es el verdadero propósito del trabajo? ¿Producir resultados para la empresa, como mayores beneficios, un nivel superior de servicio o dominar el mercado? Los economistas, la comunidad financiera y la prensa tienen una respuesta simple para esta pregunta: el dinero.

Sin embargo, para la mayoría de las personas la cuestión es más compleja. Sin duda el aspecto económico es muy importante pero nos importa también el ambiente laboral, las relaciones, la oportunidad de poder realizarnos plenamente, de aprender nuevas aptitudes y de mejorar las que ya tenemos. Con frecuencia interpretamos esto como una tensión entre jefes y empleados, pero no se trata de esto. Es más bien una lucha individual interna. Estamos siempre divididos entre la consecución de resultados por un lado y la satisfacción personal por el otro.

Aquí es donde el Juego Interior nos ofrece una esperanza. Tim nos emplaza una y otra vez a responder la pregunta de a qué juego estamos jugando. ¿Podemos jugar a un juego interno satisfactorio y al mismo tiempo cumplir con los requisitos del juego externo?

Sin embargo, para que lo interno y lo externo tengan cierta coherencia es necesario hacer una experimentación radical. Hay que probar nuevas estructuras, nuevas prácticas y formas que respondan a la complejidad de la cuestión.

Hace muchos años Tim y yo asistimos a una convención de ventas de una gran empresa norteamericana. Ni que decir tiene que a los vendedores les gusta competir. No solo es que les guste la competencia, sino que de verdad creen en ella. La competencia es el centro de todo; en el mercado ser un vencedor es la meta y la recompensa. Y eso se puede aplicar tanto a la persona como a la empresa. De hecho, aquella convención de ventas era una reunión de vencedores, una reafirmación de que eran los mejores de la compañía y probablemente los mejores en su campo, quizá en el mundo entero.

Tras una conferencia sobre entrenamiento personal basada en el Juego Interior, Tim aceptó dirigir el torneo de tenis anual, que en una tradición en la convención de ventas. Después de todo a los vencedores les encantan las competiciones y aquí tenían a un famoso autor y entrenador de tenis que podía encargarse del evento. Tim pensó que el torneo de tenis podría proporcionarles a los participantes una oportunidad única de aprendizaje si les hacía plantearse la pregunta: ¿A qué juego estás realmente jugando?

De manera que estableció que los vencedores de cada partido quedarían eliminados del torneo, y el jugador que perdiera pasaría a la siguiente ronda. Fíjate bien: se recompensaba al perdedor por perder, y se marginaba al vencedor. Dentro de una estructura así, ¿qué sentido tiene jugar si "ganar" no te sirve para nada? Pues bien, este *era* el asunto. Cada jugador tenía que afrontar la cuestión de por qué estaba jugando. La respuesta convencional, sobre todo entre los vendedores, es que juegan para ganar. La respuesta de Tim era que se podía jugar a un juego todavía mejor que ese: jugar para aprender, jugar para llegar a desarrollar todo tu potencial. Y no deja de ser curioso que si juegas a este juego, puedes rendir más que nunca.

La intención del torneo en el que los perdedores avanzaban y los vencedores eran eliminados era que dejara de estar claro si a los jugadores les convenía ganar o perder. Si se imponían a sus contrincantes, en realidad se convertirían en perdedores. Si perdían ante ellos, se les trataría como vencedores. Teniendo en cuenta esto los jugadores podían elegir libremente dejar de centrarse en ganar o perder y simplemente jugar por jugar, jugar para ver hasta qué punto podían llegar a dominar el juego. Desde un punto de vista filosófico se les estaba pidiendo que dejaran de bailar al son del mundo externo y se les animaba a jugar de acuerdo con su propio centro de decisiones interno. Este torneo de tenis ofrece una metáfora de lo que es posible conseguir en el lugar de trabajo. No importa la estructura en la que nos encontremos, siempre existe la posibilidad de transformar el clima habitual del centro de trabajo en un entorno impredecible que fomente el aprendizaje.

No estoy sugiriendo que todos los torneos recompensen a los que pierdan el juego, pero este tipo de experimentos, realizados de forma selectiva y meditada, es lo que separa a las organizaciones que se limitan a sobrevivir de aquellas que sobresalen. Estar dispuesto a cuestionarse la validez del sentido común marca la diferencia. Y, de hecho, muchas prácticas de gestión que hace quince años podrían haberse tildado de radicales, hoy en día son aceptadas por un gran número de empresas. Por ejemplo:

- Hoy en día los equipos tienen capacidad para organizarse por sí mismos y llevar a cabo la mayoría de las tareas que solían desempeñar sus jefes.
- Los trabajadores se encargan de revisar su propio trabajo, cuando antes para obtener una buena calidad se consideraba esencial que esta labor la realizaran inspectores.
- Ahora los subalternos evalúan a los jefes.
- Se considera a los proveedores como parte de la organización productora y se les tiene en cuenta a la hora de hacer planes y tomar decisiones.
- Los vendedores pueden tomar decisiones sobre el servicio al cliente, que antes solían estar centralizadas y requerían dos niveles de aprobación.

Estas, y muchas más cuestiones, eran antes prerrogativas intocables de la dirección y se consideraban esenciales para mantener los controles adecuados. Aquel torneo de tenis sigue presente en mi memoria como una temprana indicación del tipo de experimentación que se necesitaría para construir un ambiente que propicie el aprendizaje. Se cuestionaba su propósito más profundo, se alejaba lo bastante de los planteamientos tradicionales como para provocar una ligera incomodidad, y, por último, actuó como una fuente de energía y diversión que animó todo el evento.

La función de *coaching* y la revisión constante de nuestras ideas sobre la estructura y el propósito de la empresa es esencial a la hora de decidir el papel que puede jugar la directiva en la creación de un entorno en el que se valore el aprendizaje. Debemos entender que aprender y trabajar son una misma cosa. Las personas con un alto rendimiento son simplemente aquellas que aprenden más rápido. Aprendemos más rápido cuando prestamos atención y vemos el mundo tal y como es, no como pensamos que debía ser. Aprender se convierte así en fruto de la atención, más que de la enseñanza. Es ver claramente lo que está pasando a tu alrededor, verlo sin emitir juicios de valor y dejando a un lado el impulso de controlar y dar forma a todo lo que tocas.

El aprendizaje se ralentiza cuando existe un nivel alto de ansiedad y un nivel bajo de aceptación. En la mayoría de las tareas, la persona tiene ya el conocimiento intelectual para poder realizarlas bien; pero le cuesta trabajo poner en práctica lo que sabe. Y esta es una de las ideas más reveladoras del Juego Interior. No necesitamos seguir aprendiendo más cosas de un jefe o de un experto, necesitamos cambiar la manera de poner en práctica lo que ya tenemos dentro de nosotros. Aumentar la presión para obtener resultados nos paraliza, en lugar de liberarnos, aunque esta idea choque frontalmente con la forma de pensar a la que estamos acostumbrados.

Estas ideas tienen unas implicaciones extraordinariamente amplias para la próxima generación de cambios en los centros de trabajo. Si de verdad queremos conseguir un mayor rendimiento, tendremos que rediseñar las prácticas con las que hasta ahora hemos intentado mejorar el rendimiento, es decir, la formación y la tradicional intervención de miembros directivos de la empresa. Por ejemplo, tendríamos que eliminar la jerarquización de individuos y unidades como elemento motivacional o de recompensa. También cambiaríamos la retórica centrada en ganar a toda costa para enfocarnos en aprender. La evaluación del rendimiento dejaría de basarse en los puntos fuertes y débiles del empleado y se convertiría en un diálogo entre este y su supervisor sobre lo que cada uno está experimentando y sobre el significado de esa experiencia. Trataríamos a los empleados como agentes independientes con capacidad de autodesarrollo. Esto significa que nuestros esfuerzos educacionales pasarían de estar centrados en la formación a enfocarse en el aprendizaje, y esto podría diseñarse en base la experiencia de la persona que está aprendiendo, en lugar de basarse en la experiencia profesional del maestro. Nos cuestionaríamos el valor de modelar conductas, o de formarnos para obtener como resultado comportamientos predeterminados y predecibles.

En cualquier centro de trabajo es necesario ganar. El lugar de trabajo no es un sitio de recreo social y nuestra supervivencia siempre está en juego. Pero esto no responde a las cuestiones fundamentales de propósito y significado, tanto para la institución como para el individuo. De manera sosegada y racional, el Juego Interior apuesta por la creación de organizaciones y empresas que puedan ofrecer a las personas algo con un significado más profundo que la mera rentabilidad económica.

¿Cómo podemos jugar a un juego en el que se reconoce nuestro valor como individuos y al mismo tiempo se consigue realizar un buen trabajo? Casi todas las organizaciones tienen este deseo, sin embargo siguen estando dominadas por una forma de pensar que trata a la persona como un simple medio para conseguir un fin económico. El negocio tiene que prosperar pero la persona necesita encontrar un propósito que vaya más allá del dinero y necesita hacerlo de una manera que le haga crecer en lugar de estancarse. Al darle un mayor valor al aprendizaje, y a la atención que el aprendizaje requiere, recuperamos la esperanza de que esto sea posible.

El Juego Interior del trabajo es el resultado de los muchos años que Tim ha trabajado en este campo, de su aportación de las ideas del Juego Interior al mundo de los negocios. Este libro exige del lector que, por un momento, suspenda los juicios y se abra a la posibilidad de que hay maneras completamente nuevas de llevar a cabo nuestras intenciones y nuestros deseos.

Disfruta esta lectura. Tómatela en serio. Ponla en práctica y, con el tiempo, lo que te resultaba estresante se volverá simplemente interesante, lo que evitabas se volverá atractivo, y lo que te parecía trivial se convertirá en una fuente de posibilidades.

PETER BLOCK, un consultor mundialmente famoso, es autor de *La respuesta es sí: activar lo que realmente importa*, *El mánager fortalezido: pautas para desarrollar una conducta autónoma en la empresa*, *Flawless Consulting: A Guide to Getting Your Expertise Used* y *Stewardship: Choosing Service over Self-Interest*.

AGRADECIMIENTOS

Quiero dar las gracias a las siguientes personas por su ayuda al escribir este libro y especialmente a EF, que con sus aportaciones originales contribuyó de forma decisiva a las ideas centrales del mismo.

AE

Kathleen Lancaster

Le Bourdreaux

Leslye Deitch

Bill Wishard

Chunka Mui

Jean Marie Bonthous

Jose Simonet

Valerio Pascotto

John Horton

John Kirk

John von Teuber

John Withmore

Loring Baker

Mitch Ditkoff

Michael Bolger

Ole Grunbaum

Pia Grunbaum

Prentis Uchida

Mary Wishard

Owen Plant

R.J. Rawat

Sean Brawley

William Kasoff

Tim Andrews

Dianne Cory

Erica Anderson

Graham Alexander

Chuck Nathan

Graham Woolf

Irene Gallwey

INTRODUCCIÓN

La búsqueda del trabajo libre

El hombre nació libre pero en todas partes está encadenado.

JEAN-JACQUES ROUSSEAU.

M e he embarcado en la búsqueda del trabajo libre. No me interesa la noción conceptual de libertad en el trabajo sino algo más práctico, quiero hacer honor a esa parte de mi ser que es inherentemente libre, con independencia de las circunstancias. Mi búsqueda es para reconocer este ser y permitirle que se exprese en el trabajo.

Es en el área del trabajo, más que en ninguna otra actividad humana, donde la libertad se ha llegado a ver más seriamente comprometida. ¿Quién no ha sentido alguna vez las cadenas que nos atan al trabajo? Las cadenas de "debes", "tienes que", o "si no lo haces, ya sabes", las cadenas del miedo y la presión externa. La definición de trabajo que predomina actualmente en nuestra sociedad viene a significar algo que, si pudiera elegir, preferiría no hacer.

Cada vez que doy un paso en mi compromiso con el trabajo libre puedo sentir cómo las cadenas me aprietan más. Los vínculos de un hábito del que apenas soy consciente tiran de mí como si estuviera sujeto a un poste con una goma elástica. Los primeros pasos no son duros pero la tensión crece a medida que me voy alejando de mis costumbres. Cuando se estira hasta el límite, he sentido alguna vez cómo la fuerza me arrastraba de un tirón en la dirección contraria, y lo único que puedo hacer entonces es empezar otra vez el viaje desde cero. Quizá la búsqueda de la verdadera libertad deba en algún punto sacar a la luz ese poste central al que está atada la goma. La libertad que busco es una libertad innata, no hay ninguna persona o sociedad que pueda concederla. Lo único que hace falta para encontrarla es redefinir por completo lo que entendemos por "trabajo".

Mi búsqueda del trabajo libre empezó a principios de los setenta cuando dejé una carrera relativamente segura en la enseñanza superior para decidir lo que quería hacer con mi vida. En ese momento, sin apenas otra intención que la de lograr provisionalmente unos ingresos, empecé a enseñar a jugar al tenis, y muy pronto me encontré en medio de una serie de descubrimientos fundamentales sobre el aprendizaje y el entrenamiento que más tarde se convertirían en el tema central de *El Juego Interior del tenis*. Estos simples principios y métodos del Juego Interior estaban basados en una profunda confianza en la capacidad natural del alumno para aprender directamente de la experiencia.

Los principios del Juego Interior han superado la prueba del tiempo y han sido aplicados con éxito en un gran número de campos durante las tres últimas décadas. El Juego Interior constituye una alternativa viable a las metodologías tradicionales de orden y control que se aplican habitualmente en el trabajo y en el deporte. Nos brinda un inicio prometedor en el camino que conduce al trabajo libre. El éxito en este viaje dependerá, por encima de todo, de la disposición de los lectores a confiar radicalmente en *sí mismos*.

EL JUEGO INTERIOR DEL TRABAJO

1

UNA MEJOR FORMA DE CAMBIAR

La esencia de lo que he aprendido en mi exploración del Juego Interior puede resumirse en una frase: he encontrado una mejor forma de cambiar. Aunque la descubrí enseñando a mis alumnos de tenis cómo cambiar el saque, o los golpes de derecho y de revés, los principios y los métodos que funcionan para desarrollar las técnicas en el terreno de juego se pueden usar para mejorar cualquier actividad. Este libro trata sobre cómo cambiar la manera en que trabajamos. Trata sobre cómo hacer que el trabajo trabaje para nosotros.

Constantemente oímos que estamos viviendo en una era de cambio y, especialmente en el mundo del trabajo, se nos dice con frecuencia que *tenemos que cambiar*. El cambio puede ser una reorganización masiva de la empresa de la que eres solo una pequeña parte, o un cambio parcial de "la manera en que se hacen las cosas en este departamento", o quizá simplemente un cambio individual que te exige el jefe tras la última evaluación de tu rendimiento. Incluso cuando no existe una presión que venga del exterior para el cambio, la mayoría de las personas queremos efectuar cambios en la manera en que trabajamos y en los resultados que obtenemos. Cuando vas a una librería te das cuenta de que la sección más amplia es la de desarrollo personal, libros que te dicen cómo hacer cambios en ti mismo. Hablamos sobre todo lo que hace falta cambiar, ¿pero hasta qué punto entendemos cómo *se lleva a cabo* ese cambio?

Mi primer trabajo era docente, una profesión que sigue siendo notoria por su lentitud en aceptar los cambios. Irónicamente se supone que la enseñanza tiene que ver con aprender, y por tanto con el cambio. Debería proporcionarnos comprensión y sabiduría sobre el cambio y servirnos de ejemplo. Sin embargo, hasta que no abandoné los corredores de la enseñanza institucionalizada no empecé a descubrir un enfoque profundamente distinto del aprendizaje y el cambio.

Orígenes del Juego Interior

Mis primeras ideas acerca del Juego Interior empezaron con el juego y la enseñanza de deportes a principios de los años setenta. En retrospectiva puedo ver por qué el deporte fue un laboratorio tan adecuado para explorar el aprendizaje y el cambio. En los deportes el rendimiento es directamente observable y las metas son claras, por eso las diferencias en el rendimiento son más visibles. Mis laboratorios iniciales fueron el tenis, el esquí y el golf, actividades en las que se hace evidente la gran disparidad que existe entre nuestro mejor y nuestro peor rendimiento deportivo. Esta disparidad no se puede atribuir solo a una falta de talento. Tiene que ver directamente con la manera en que vamos aprendiendo o cambiando nuestro juego.

Al reflexionar sobre mis primeras experiencias con el coaching* para el rendimiento deportivo destacan dos observaciones. La primera es que casi todas las personas que acudieron a mí para recibir una lección estaban *esforzándose mucho* en perfeccionar algún aspecto de su juego que no les gustaba. Esperaban que *yo* les proporcionara el remedio a sus problemas. La segunda observación es la relativa facilidad con la que se produjo un cambio para mejor cuando *dejaron de esforzarse* tanto y confiaron en su capacidad para aprender de su propia experiencia. Hubo un marcado contraste entre el modelo de aprendizaje mediante el esfuerzo y el aprendizaje natural que vemos en el desarrollo de los niños.

La interacción que por lo general se produce entre un jugador y su entrenador de tenis nos proporciona un excelente ejemplo para entender la manera en que todos hemos aprendido a hacer cambios. Normalmente el jugador acude al entrenador con algún tipo de queja, bien sobre alguno de sus golpes o sobre sus resultados. "A mi saque le falta fuerza", podría decir, o "necesito cambiar mi revés". El entrenador observa cómo el alumno efectúa su golpe, luego compara lo que ve con un modelo que tiene en su cabeza de lo que sería "el golpe correcto". Este modelo está basado en lo que al maestro le han enseñado que es la "manera correcta". Al mirar a través de la lente de este modelo el entrenador (coach) ve todas las diferencias entre "lo que es" y "lo que debería ser", y empieza el duro trabajo de hacer que ambos coincidan.

Para cumplir su tarea el maestro puede usar una gran variedad de instrucciones pero hay un solo contexto común. Puede que diga, "Debes dar un paso hacia la pelota y golpearla

---

* N.T. En el texto utilizaremos indistintamente los términos coaching o entrenamiento para referirnos al entrenamiento personal. De igual modo coach puede ser sustituido por entrenador o entrenador personal.

apoyando tu peso sobre el pie adelantado. No debes alzar tanto la raqueta cuando vas a hacer el saque. Al rematar debes hacerlo de esta manera". El contexto común es: "Yo te diré lo que debes y no debes hacer".

Al enfrentarse con esta serie de órdenes acerca de lo que debe hacer y lo que no debe hacer, el patrón de conducta del alumno se vuelve bastante predecible. Pone toda su confianza en los consejos del entrenador y su responsabilidad se limita a hacer lo que le dicen. De esta manera se esfuerza por no hacer lo que no debe hacer y por hacer lo que debe. Si le dicen que tarda demasiado en llevar la raqueta atrás, el alumno fuerza a su brazo a moverse hacia atrás más rápido. Puede que el alumno se sienta muy tenso y torpe, pero el entrenador ve la respuesta a su orden y dice "bien". Lo que en realidad está diciendo es "Bien, estás tratando de obedecerme". El alumno llega a asociar "bien" con esa manera forzada y antinatural de *arreglar* sus golpes. El entrenador proporciona los "deberes" y las "prohibiciones" y el alumno pone el "esforzarse", a lo que le sigue otro juicio de "bien" o "mal" por parte del entrenador.

Y esto es así una y otra vez. El cambio se contempla como un movimiento de mal a bien, definido e iniciado por una persona que no es la que lo lleva a cabo. Se produce en un contexto crítico que por lo general trae consigo resistencia, duda y miedo a fallar por parte del alumno. Ni el alumno ni el maestro son conscientes de que esta manera de enfocar el cambio socava el entusiasmo innato del alumno y también su responsabilidad en el aprendizaje. Puede que tengan que luchar con las contradicciones inherentes a este enfoque pero por lo general suele ser la única manera que conocen de hacer las cosas.

El descubrimiento del Yo 1 y el Yo 2

La primera intuición acerca de otra manera de enseñar y aprender me vino el día en que dejé de intentar cambiar el *swing* de un alumno. En lugar de eso me pregunté a mí mismo: "¿Cómo se produce en realidad el aprendizaje?" y "¿Qué está pensando el jugador en el momento en que golpea la pelota?" Se me ocurrió que había un diálogo dentro de la cabeza del jugador, una conversación interna parecida a la conversación externa que sostenía conmigo. Una de las voces de su cabeza le daría órdenes a su cuerpo en el mismo tono autoritario de un entrenador: "Flexiona las rodillas a la altura de los hombros. Echa hacia atrás la raqueta. Adelántate para golpear la pelota". Después del golpe la misma voz evaluaría al jugador y la jugada: "¡Ese ha sido un golpe malísimo! ¡Tienes el peor revés que he visto en mi vida!"

¿Realmente es necesario este diálogo interior? Eso es lo que me pregunté. ¿Ayuda al proceso de aprendizaje o supone un obstáculo para el mismo? Sabía que cuando se les preguntaba a los grandes deportistas en qué estaban pensando durante sus mejores actuaciones todos sin excepción respondían que no pensaban en nada. Declaraban que sus mentes estaban tranquilas y centradas. En el caso de que pensaran algo sobre su actividad era antes o después de llevarla a cabo. Y esto también me había sucedido a mí en mi experiencia como tenista. Las veces que mejor jugaba era cuando no estaba tratando de controlar mis golpes dándome instrucciones a mí mismo o autoevaluándome. Era un proceso mucho más simple que ese. Veía claramente la pelota, elegía dónde quería darle, y *dejaba* que sucediera. Sorprendentemente, cuanto menos intentaba controlar los golpes más controlados estaban.

De forma gradual fui llegando a la conclusión de que mis alumnos terminaban internalizando mis bienintencionadas instrucciones como métodos de control que perjudicaban a su propia capacidad natural de aprendizaje. Este diálogo interno crítico producía ciertamente un estado mental muy distinto de la concentración relajada de la que hablaban los mejores deportistas.

Mi siguiente pregunta fue, "¿Quién está hablando con quién en este diálogo interno?" A la voz que daba las órdenes y hacía los juicios la llamé "Yo 1". Y a la que los recibía, "Yo 2". ¿Qué relación tenían? El Yo 1 era el sabelotodo que básicamente no confiaba en Yo 2, el que golpeaba la pelota. Por culpa de esa desconfianza el Yo 1 intentaba controlar el comportamiento del Yo 2 usando las tácticas que había aprendido de sus maestros del mundo exterior. En otras palabras, el Yo 1 del alumno internalizaba la desconfianza sugerida por el contexto crítico del proceso. Resultado: terminaba dudando de sí mismo y desarrollando un autocontrol exagerado que interfería en el proceso natural de aprendizaje.

Pero, ¿quién es el Yo 2? ¿Es verdad que no se puede confiar en él? Tal y como yo lo veo, el Yo 2 es el propio ser humano. Personifica todo el potencial con el que venimos al mundo y, como parte de este potencial inherente, todas nuestras aptitudes, desarrolladas o no. Asimismo personifica nuestra capacidad innata de aprender y desarrollar cualquiera de esas aptitudes inherentes. Es el Yo que todos hemos disfrutado cuando éramos niños.

Todas las evidencias apuntan al hecho de que nuestro mejor rendimiento se da cuando la voz del Yo 1 está callada y al Yo 2 se le deja golpear la pelota tranquilo. Mientras el Yo 1 daba instrucciones vagas al cuerpo: "Tienes que echar la raqueta hacia atrás antes", El Yo 2 estaba haciendo algo mucho más preciso.

Calcular la posición eventual del arco parabólico de la pelota, mandar cientos de instrucciones exactas no verbales a un gran número de grupos de músculos que permitían al cuerpo golpear la pelota y mandarla al punto deseado en el otro extremo de la red, y al mismo tiempo tomando en consideración la velocidad de la pelota, el viento, y el movimiento del oponente producido justo en el último segundo. ¿Cuál de los dos es más fiable?

Era como un ordenador de una tienda de todo a cien dándole órdenes a un inmenso ordenador central de millones de dólares, y luego llevándose todo el mérito por los buenos resultados y echándole la culpa al ordenador central de cualquier fallo que hubiera. Es una cura de humildad comprender que la voz que da las órdenes y te critica y quiere tenerlo todo bajo su control ino es ni la mitad de inteligente que la que recibe las órdenes! El Yo 1 tiene muy poca inteligencia comparado con el ser natural. Resumiendo, el personaje de cómic Pogo tenía razón al decir, "He encontrado al enemigo, y somos nosotros".

Este diálogo del Yo 1 no solo acosa a los principiantes en su proceso de aprendizaje. Ocurre en todos los niveles de actividad. Incluso los profesionales de élite, que suelen rendir al máximo, son vulnerables a las crisis de confianza. Mientras escribo este capítulo les he escuchado decir a dos deportistas profesionales que estaban "perdiendo su Juego Interior". Uno de ellos era un golfista que había estado en el tour de la PGA (Asociación de Golf Profesional) durante ocho años y se quejaba de que no conseguía silenciar la voz crítica de su cabeza tras dar uno o dos golpes no perfectos. "Estoy dejando que la presión me pueda. Me juzgo con mucha dureza cuando no juego bien y esto está afectando a la confianza en mí mismo". El otro era un jugador de baloncesto con más de diez años en la NBA que había jugado con los mejores equipos del mundo. Dijo que *El Juego Interior del tenis* había sido como una biblia para él durante la mayor parte de la pasada década y que había mejorado de forma significativa su rendimiento en el terreno de juego. Pero últimamente había empezado a perder seguridad en sus lanzamientos, que eran su punto fuerte. Se quejaba, "Estoy todo el tiempo hablándome a mí mismo en la pista, y no me gusta nada. He perdido esa euforia que surge cuando estás totalmente inmerso en el juego, sin apenas pensamientos en la cabeza".

Me inspira un gran respeto el valor que tuvieron estos jugadores profesionales para reconocer que su problema no era solo una cuestión técnica. Supieron ver que ellos mismos estaban interfiriendo en su rendimiento y buscaron ayuda en el coaching.

El ciclo de la autointerferencia

Quizá todos nos damos cuenta de que, como seres humanos, tenemos una cierta tendencia a interferir en nuestro propio desarrollo, pero me gustaría explicar más detalladamente de qué forma lo hacemos. Pongamos como ejemplo la sencilla acción de golpear una pelota de tenis. El jugador *ve* una imagen de una pelota que se le va acercando, entonces *responde* poniéndose en posición y golpeando la pelota y de esta manera produce el *resultado* de la acción. Percepción, respuesta, resultado. Los elementos básicos de cualquier acción humana se resumen en esta simple secuencia de eventos.

Pero normalmente las cosas no son tan simples. Entre la percepción y la acción existe alguna *interpretación*. Tras el resultado y antes de la siguiente acción, se producen todavía más pensamientos. Y en cada fase se le atribuye un *significado* a cada parte de la acción y, con frecuencia, también al que la lleva a cabo. Estos significados pueden tener un tremendo impacto en la actuación del jugador.

Imagínate, por ejemplo, a un jugador cuyo Yo 1 le ha convencido de que tiene un revés muy flojo. Cuando ve aproximarse a la pelota a la que debe golpear con su revés en seguida piensa, "Ufff, este es un golpe difícil". El pensamiento surca su mente como un rayo, mucho antes de que a la pelota le de tiempo a llegar hasta él. Ahora el jugador percibe lo que es simplemente una pelota amarilla moviéndose a cierta velocidad y con una trayectoria determinada como una *amenaza* avanzando hacia él por el aire. Una subida de adrenalina recorre su cuerpo. Tiene la raqueta doblada hacia atrás, a la defensiva, mientras da torpes pasos hacia atrás para retrasar el inevitable error que cree que está a punto de ocurrir. En el último momento posible da un raquetazo airado pero ineficaz a la pelota, que se eleva muy por encima de la red facilitándole el golpe a su oponente. El Yo 1 está ahí, preparado para empezar a echarse tierra encima, "¡Ese golpe ha sido malísimo! ¡Tengo el peor revés del mundo!" Ahora con la confianza aun más minada percibe la siguiente pelota como una amenaza todavía mayor. Y el ciclo de interferencia se pone en marcha otra vez.

El Yo 1 distorsiona todos los elementos de la acción. La distorsión de la autoimagen provoca una distorsión de la percepción, lo cual lleva a una respuesta distorsionada, lo que a su vez viene a confirmar la autoimagen distorsionada que teníamos al principio.

Encontrando una mejor manera de cambiar

¿Cómo rompemos el círculo de interferencia creado por el Yo 1? Un avance importante a la hora de responder esta pregunta se produjo cuando entendí que los medios tradicionales de aprendizaje se basaban en el comportamiento (la respuesta del jugador) sin llegar a tratar nunca la raíz del problema: la distorsión de la percepción del jugador.

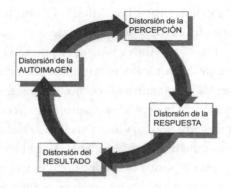

Después de todo, la percepción de la pelota como una amenaza es lo que había dado lugar a todos esos fallos de comportamiento. ¿Qué sucedería con esos comportamientos si, mediante un entrenamiento, la pelota dejara de ser una amenaza y volviera a ser solo una pelota? Es más, ¿qué sucedería si las críticas que el jugador se hace a sí mismo y a su actuación pudieran remplazarse por una observación imparcial de los hechos exenta de espíritu crítico?

Conforme exploraba las posibles respuestas a estas preguntas fue emergiendo un enfoque distinto y más inteligente del aprendizaje y el entrenamiento. Se basaba en principios que podrían resumirse en tres palabras: *conciencia, confianza y elección*. Tras elaborarlos un poco los principios eran los siguientes: (1) la conciencia imparcial es curativa; (2) confía en el Yo 2 (en el mío y en el de mi alumno) ; y (3) deja que el alumno se haga cargo del aprendizaje.

1. **El poder de la conciencia imparcial**: Una vez que entendí que mis instrucciones de "debes y no debes" eran parte

de lo que estaba obstaculizando el aprendizaje empecé a pensar en nuevas formas de ayudar al alumno a aprender sin ellas. Mi meta inicial era simplemente ayudar al jugador a ser más consciente del vuelo de la pelota que le había sido lanzada.

Cuando el jugador se quejaba de tener un revés defectuoso le decía que ya nos ocuparíamos de *arreglar* eso más tarde. Todo lo que quería que hiciera ahora era observar algún detalle de la pelota. Por ejemplo, le pedía que notara si la pelota estaba cayendo, subiendo o a nivel en el momento en que contactaba con su raqueta. Me apresuraba a explicarle que no le estaba pidiendo que hiciera ningún cambio sino que simplemente observara lo que estaba pasando. Cuando el alumno se concentraba en el vuelo de la pelota, se "olvidaba" de los esfuerzos de su Yo 1 para controlar el golpe, y por unos momentos, esa amenaza que hasta entonces había percibido, desaparecía.

"Esa pelota iba todavía subiendo cuando la golpeé con la raqueta. Esa estaba a nivel. Y esa estaba cayendo desde su punto más alto". Cuando podía escuchar la neutralidad de la observación en su tono de voz sabía que su mentalidad había dejado de ser crítica, al menos por el momento. Lo que me sorprendió al principio, aunque luego me acostumbré a dar por hecho, fue que en este modo de observación neutral de la pelota muchos de los elementos técnicos de su *swing* ¡cambiaban espontáneamente! Por ejemplo, su pie dejaba de irse hacia atrás, no torcía tanto la raqueta, y el pie adelantado cambiaba naturalmente a una posición en la que podía apoyar su movimiento hacia adelante. En tan solo unos momentos su golpe parecía haber mejorado de forma sustancial. Sin embargo no había habido ningún tipo de instrucciones técnicas y en muchos casos el jugador ni siquiera sabía que se hubieran producido cambios.

¿Por qué ocurrían estos cambios positivos? ¿Era tan simple como quitar de en medio al Yo 1 y permitir al Yo 2 que aprendiera a golpear la pelota? Una respuesta es que cuando la percepción inicial de la pelota como amenaza desaparecía, el elemento de comportamiento defensivo (movimientos del pie hacia atrás y raquetazo desesperado) también desaparecía. Ahora el cuerpo podía permitirse desarrollar una reacción natural ante la percepción de la pelota que iba a recibir y golpearla. Al notar que el entrenador no estaba interesado en juzgar su golpe sino simplemente en su observación de la pelota, la mente del jugador quedaba, por el momento, relativamente libre de la autocrítica y el control del Yo 1. Como resultado sus movimientos se volvían más suaves y más precisos. El suave *swing* sumado a la percepción más clara de la pelota hacía que tuviera un mejor contacto con la pelota. Esta *sensación* era más agradable y de una forma espontánea producía mejores resultados. Conforme el jugador observaba cómo iba mejorando su rendimiento, una creciente confianza natural en sí mismo empezaba a remplazar sus dudas. Se había dado marcha atrás en el círculo de la autointerferencia.

Mientras el centro de atención estaba enfocado en alguna variable neutra pero clave (como por ejemplo, la velocidad, la posición o la altura de la pelota), podía contar con que se produciría una mejora continua y relativamente sin esfuerzo de los golpes, sin dar una sola instrucción técnica. Al principio parecía algo mágico. Luego me di cuenta de que era magia natural, y que así es como debería ser el aprendizaje. Como entrenador mi principal responsabilidad era mantener un enfoque neutral, sin críticas, proporcionar las oportunidades apropiadas para aprender de forma natural, y quitarme de en medio. En segundo lugar mi trabajo era ayudar al alumno a mantener la atención centrada mientras confiaba en la capacidad del Yo 2 para aprender directamente de la experiencia.

El mismo principio de conciencia imparcial funcionaba cuando el foco de atención cambiaba de la pelota a las acciones del jugador. Por ejemplo, cuando le pedía que prestara atención a sus movimientos (pero sin hacer ningún esfuerzo para cambiarlos), el cambio empezaba a producirse de forma espontánea.

Esto no significa que dejaran de cometerse errores. Pero en el contexto de conciencia imparcial, sin juicios de valor, la respuesta del entrenador y el jugador a los errores era diferente. Y tan pronto como el jugador o el entrenador rompían el contexto de conciencia imparcial haciendo evaluaciones positivas o negativas de un golpe, la percepción de amenaza volvía a hacer su aparición y ponía en marcha el ciclo de autointerferencia.

2. CONFÍA EN EL YO 2: Quizá la parte más difícil de este nuevo proceso de aprendizaje era que, tanto el entrenador como el jugador debían aprender a confiar en el proceso *natural* de aprendizaje. Para mí, como entrenador, esto significaba que tenía que detener mi respuesta condicionada a hacer un comentario correctivo cada vez que veía una falta en el alumno. Para él significaba que no podía depender de instrucciones técnicas para mejorar sus golpes. Teníamos que confiar en que, a medida que aumentaba nuestra conciencia tendrían lugar el aprendizaje y el cambio. Las acciones del entrenador podían apoyar la confianza en sí mismo del alumno o, por el contrario, socavarla. Una y otra vez, cuando era lo bastante paciente para desprenderme de mi deseo de controlar el aprendizaje, éste se producía a su propio ritmo y de una forma mucho más inteligente y efectiva de lo que podría haber sucedido usando el método de órdenes y control centrado en el maestro.

Los resultados eran concluyentes. Después de ver cómo cientos de jugadores de todos los niveles mejoraban sin instrucciones técnicas, cada vez me fue más fácil confiar. Cuanto más creía en este proceso natural como entrenador, más fácil era para los alumnos creer en sí mismos y confiar en su propia capacidad para aprender de la experiencia.

Conforme el jugador ve que esa mejora continua se produce sin las instrucciones de "debes y no debes" su confianza en sí mismo se fortalece. Pronto entiende que aprender de esta manera es una experiencia muy distinta a la de encajar correctamente en un modelo preconcebido. Esta es la experiencia de aprender desde dentro, en lugar de desde afuera, y es maravilloso ser testigo de este proceso. Cuando confías en el Yo 2 parece como si estuvieras perdiendo el control, pero la realidad es que lo estás ganando, pues dejas de estar controlado por una parte inferior. Esta es una lección que entrenador y alumno deben aprender una y otra vez en cada nueva situación.

Comprender que la autoridad y la responsabilidad final por el aprendizaje se encuentran en manos de la persona que está aprendiendo va en contra de muchas de las ideas que nos han inculcado. Sin embargo en este principio de creer en uno mismo reside la clave para encontrar una mejor forma de cambiar.

3. DEJA QUE LAS DECISIONES LAS TOME EL ALUMNO: El tercer principio del enfoque del Juego Interior sobre el cambio tiene que ver con la toma de decisiones y el compromiso. La conciencia y la confianza no son suficientes, hace falta también desear un resultado específico. El alumno puede observar la pelota, pero si no quiere golpearla y hacer que pase sobre la red y caiga en el campo del contrincante, su destreza tenística no se desarrollará. Para que el principio de conciencia funcione es fundamental tener lo suficientemente claro el resultado deseado. A partir de ahí surge la siguiente cuestión: ¿quién elige el resultado?

En mi antiguo enfoque, centrado en el entrenador, yo quería reservarme la mayor parte de las decisiones importantes que se tomaban durante las lecciones de tenis. Una vez que el alumno tomaba la decisión de dar una clase yo me encargaba de todo. Decidía el golpe que hacía falta mejorar, los elementos de ese golpe con el que íbamos a empezar la lección y la mejor solución que se podía aplicar. Era muy parecido a la tradicional relación entre médico y paciente: "Yo soy el experto. Diagnosticaré lo que está mal y recetaré la cura. Tu trabajo es hacer lo que yo te diga, y tener fe en que si lo haces, mejorarás".

Tuve que aprender a devolverle la toma de decisiones al jugador. ¿Por qué? Porque aprender es una actividad que se da dentro del jugador. El jugador toma las decisiones que finalmente hacen que se produzca o no el aprendizaje. Entendí que en último término el jugador era el responsable de elegir lo que quería aprender, mientras que mi responsabilidad era proporcionarle un entorno exterior adecuado para el aprendizaje.

Lo que significa esto es que le preguntaba al jugador qué es lo que quería mejorar y por qué. Mi papel como entrenador consistía en entender dónde quería ir el jugador y ayudarle a llegar hasta allí. El jugador a veces empezaba el entrenamiento diciendo "quiero mejorar mi revés" y terminaba con un objetivo como "quiero ser capaz de devolver diez de cada diez lanzamientos de servicio en cruzado y con efecto".

Mi papel era no solo clarificar, en la medida de lo posible, el objetivo inmediato del jugador sino hacerle ver su propósito subyacente y ayudarle a encontrar dentro de sí la motivación necesaria para alcanzar su meta. Una parte esencial del proceso de aprendizaje era dejar que el jugador fuera más consciente de las decisiones que tomaba y de las razones que había tras cada elección. El jugador sentía que tenía más control y, como consecuencia natural, estaba dispuesto a aceptar más responsabilidad y emplear una mayor iniciativa y creatividad para alcanzar su meta. Igualmente importante es que la resistencia al cambio, que era inherente al viejo modelo de orden y control, disminuía considerablemente. Como se suele decir, "Cuando tú insistes, yo me resisto". Para los seres humanos es natural resistirse a cualquier invasión de sus límites, y cuando la resistencia no se expresa directamente lo hace de forma indirecta. De cualquier manera la resistencia es perjudicial para el resultado deseado.

A veces los jugadores que estaban acostumbrados al antiguo modelo de orden y control quedaban un poco desconcertados cuando se les concedía un mayor grado de elección. Pero cuando un jugador comprendía que el entrenador no iba a juzgar sus decisiones como buenas o malas, aceptaba el papel de ser él quien decidía los objetivos y la responsabilidad por el resultado de sus decisiones.

De este "cambio de papeles" surgieron muchos elementos positivos para el aprendizaje y el cambio. Dejé en manos del jugador la iniciativa en ambos campos y le hice participar e involucrarse más a fondo en el proceso. Esto evitaba que el aprendizaje se convirtiera en una rutina y cayera así fácilmente en el olvido. El resultado fue una mayor implicación del jugador, mientras que los cambios se producían de forma natural conforme aumentaba su comprensión. Este tipo de aprendizaje hace que el jugador se implique incluso a nivel emocional, y con frecuencia se producen cambios que afectan a todos los aspectos de su vida. En resumen, cuando se deja al jugador que sea él quien elige y controla el aprendizaje, el proceso de cambio se vuelve más comprensible además de mucho más agradable.

La experiencia con estos tres principios (conciencia, elección y confianza) me mostró que estaban inseparablemente conectados entre sí. Eran las tres partes de una totalidad. La *conciencia* se refería a conocer la presente situación con claridad. La *elección* significaba movernos en la dirección de lo que deseamos para el futuro. Y la *confianza* en nuestros propios recursos era el nexo fundamental de unión que hacía posible ese movimiento. Cada lado de este triángulo complementaba y apoyaba al otro. Cuanto más creía en mí, más fácil me era ser consciente. Cuanto más consciente era más fácilmente podía ver las elecciones que tenía. Al profundizar en la comprensión de estos principios me di cuenta de que eran todo lo que necesitaba para formar la base de un nuevo enfoque sobre la manera de aprender y cambiar.

El cambio podía ser una experiencia agradable. No hacía falta que nadie nos manipulara o nos juzgara para poder cambiar. La experiencia por sí misma se encargaría de eso. El cambio y la mejora, sin la interferencia del Yo 1 podrían producirse a una velocidad asombrosa y ser fiables y duraderos.

Empecé a pensar que *aprender a aprender* de esta manera podía alterar totalmente la forma en que hacemos cambios en nosotros mismos y en los demás.

Un millón de aplicaciones inesperadas

Cuando escribí sobre mis descubrimientos en el *Juego Interior del tenis*, no tenía ni idea de que el libro se acabaría convirtiendo en un bestseller y que lo leerían muchas personas que no eran jugadores de tenis. Mi editor me había dicho que no debía esperar que un libro de deportes vendiera más de veinte mil ejemplares. Lo que nos sorprendió a los dos fue que cientos de miles de personas que no jugaban al tenis compraran el libro y aplicaran sus métodos para mejorar su rendimiento personal en una amplia gama de actividades. Me asombró el ingenio y la creatividad con la que se aplicaron los principios del Juego Interior a áreas completamente diferentes, entre ellas:

- Conseguir un alto rendimiento en ventas
- Gestionar las iniciativas de cambio en las empresas
- Desarrollar las aptitudes de los directivos
- Crear programas de "Dirección de calidad absoluta"
- Aumentar la creatividad y la innovación
- La educación de los hijos
- La realización de operaciones quirúrgicas
- Actuar, escribir, pintar, composición e interpretación musical, hablar en público.
- La enseñanza, la consultoría, el coaching y la psicoterapia
- Reducir el estrés
- Mejorar las relaciones
- Las dietas
- Superar las adiciones al tabaco, las drogas y el alcohol
- La ingeniería estructural avanzada
- El diseño de interfaces hombre-máquina

El común denominador que tienen estas actividades es que en todas ellas el enfoque de la atención y la reducción de autointerferencia tienen un gran impacto.

De los deportes al trabajo

Cuando el enfoque de mi propia carrera cambió de los deportes al campo del trabajo empresarial, me di cuenta de que las empresas tenían mucho que ganar si aprendían a acceder a la gran reserva de talento del Yo 2 de sus trabajadores. El éxito en este esfuerzo dependía de la capacidad para descubrir y reducir las muchas maneras en que prácticas comúnmente aceptadas en las empresas contribuían a que el Yo 1 interfiriera con el talento.

Desde el punto de vista individual del trabajador no hay tiempo para esperar a que se produzca un cambio de mentalidad. La única manera de acceder a su Yo 2 y desarrollar sus capacidades latentes es empezar por sí mismos, y quizá en grupos de trabajo, el proceso de reducir la interferencia del Yo 1 en su interior.

Esta visión pudo reducirse a una simple fórmula que definió el Juego Interior.

$$R = p - i$$

Rendimiento = potencial − interferencia

El rendimiento (R) en cualquier actividad, desde golpear una pelota hasta solucionar un complejo problema de negocios, sería igual al potencial de una persona (p) menos el factor de interferencia (i). El rendimiento raramente equivale al potencial. Basta dudar un poco de sí mismo, una presunción errónea o el miedo al fracaso, para disminuir enormemente el rendimiento.

El Juego Interior y el juego exterior

La meta del Juego Interior es reducir cualquier factor que interfiriera con el descubrimiento y la expresión de todo el potencial de la persona. La meta del juego exterior es superar los obstáculos externos para alcanzar un objetivo externo. Está claro que ambos juegos están relacionados entre sí. Cuanto mayores son los retos externos aceptados por el individuo, el equipo o la empresa, más importante es que haya el mínimo posible de interferencia en su interior.

No importa en qué entorno trabajas, qué tipo de trabajo haces, o cuál es tu nivel de competencia en este momento, en cualquier caso siempre habrá juegos internos y externos que tienen que ver con esas actividades. El progreso siempre dependerá de ambos tipos de juegos. Son como las dos piernas de una persona: Caminar por la vida es más fácil si tienen aproximadamente la misma longitud. Sin embargo, en nuestra cultura hemos puesto mucho más énfasis en dominar el juego exterior y en efectuar cambios en el mundo externo. Con la ciencia, la tecnología y la moderna explosión de la información hemos desarrollado una pierna de juego exterior relativamente larga. Pero nuestra comprensión y nuestro control del Juego Interior no ha evolucionado de la misma forma.

Si no aprendemos algunas de las aptitudes básicas del Juego Interior, nuestro progreso técnico en el juego exterior apenas beneficiará a la humanidad. Tenemos una profunda necesidad de entendernos mejor, y de aprender a efectuar cambios en ese terreno que llamamos *nosotros mismos*. Y esto solo puede suceder si cambiamos de una forma acorde con nuestra verdadera naturaleza, no contraria a ella.

2

EL JUEGO INTERIOR Y EL MUNDO EMPRESARIAL

Un día, poco tiempo después de la publicación de *El Juego Interior del tenis*, Archie McGill, por aquel entonces director de marketing de AT&T, apareció inesperadamente en Los Angeles para pedirme que le diera una lección de tenis. Satisfecho y a la vez algo sorprendido, tanto con el proceso como con los resultados, me invitó a almorzar para hablar sobre el reto que suponía para él cambiar la mentalidad empresarial de AT&T. En un par de minutos describió la compleja serie de cambios que se habían puesto en marcha como consecuencia del fallo del Tribunal Supremo que dictaminaba el fin del monopolio de telecomunicaciones que hasta entonces había ostentado AT&T.

—Si no logramos llevar a cabo con éxito esta monumental transición de un monopolío a una empresa competitiva y enfocada al mercado, en el nuevo entorno en que nos toca desenvolvernos, nos comerán vivos. Y tenemos que hacerlo ahora. No hay elección.

Era un resumen convincente, pero su situación parecía estar a años luz de mi experiencia con los métodos del Juego Interior, que yo utilizaba para ayudar a los jugadores a sacar todo su potencial en la pista de tenis. Por eso me quedé estupefacto cuando McGill me pidió que le hiciera un análisis de la situación que acababa de exponerme.

—De manera que dime —me interpeló en tono grave—, ¿cuál es el verdadero problema?

Yo permanecí un buen rato en silencio. De repente apareció una respuesta en mis labios que me sorprendió tanto por su autoridad como por su contenido.

—El problema es que no sabéis quién sois —dije enfáticamente—, por eso tenéis tendencia a identificaros con vuestros roles, con vuestra reputación, con la compañía misma, y con la manera en que estáis haciendo las cosas en estos momentos. Cuando la estabilidad de alguno de estos factores se ve amenazada, la respuesta automática de los empleados es resistir, y resistir como si estuvieran protegiéndose a sí mismos. Y como están protegiendo a quienes ellos creen que *son,* lo hacen con una fuerza considerable.

McGill parecía estar prestando mucha atención y asentía mientras yo hablaba. Sentí que le estaba diciendo algo que él, en lo más hondo de su ser, ya sabía que era cierto pero que nunca había admitido conscientemente. Rápidamente llevé el foco de la conversación a mi experiencia como entrenador.

—Lo que he observado en la pista de tenis es que la mayor dificultad para cambiar un hábito es el hecho de que el jugador se ha identificado a sí mismo con *su* forma particular de golpear la pelota. Es como si estuviera diciendo, "Para bien o para mal esta es la manera en que yo lo hago. Y no se te ocurra intentar *cambiarme*, aunque te lo pida. Es más, si me dices que lo que estoy haciendo está mal, me lo tomaré como algo personal, como si me estuvieras diciendo *Tú eres malo*. Y eso no me gusta nada, pero no te lo voy a decir porque tú eres el entrenador y se supone, o al menos voy a fingir que así es, que estoy dispuesto a hacer las cosas como *tú* quieras. Pero aunque parezca obedecerte buscaré alguna forma sutil de resistirme". La mayoría de nosotros ha tenido que aprender maneras creativas de proteger lo que cree que es su integridad personal en contra de los esfuerzos de padres, maestros, jefes, etc, de hacernos poner sus prioridades por delante de las nuestras. Este conflicto continúa durante la mayor parte de nuestras vidas y estamos muy bien instruidos en el arte de la resistencia.

—Quieres decir que la gente se lo toma todo como algo muy personal —dijo Archie yendo al grano con la precisión que le caracteriza. La charla continuó con mi experiencia de cómo la *conciencia* neutra exenta de valoraciones, el respetar las *decisiones* de los demás y la *confianza* podían constituir un remedio eficaz para reducir este eterno conflicto y crear un entorno en el que el resultara más fácil producir cambios.

Dos días más tarde McGill y cuatro miembros altamente cualificados de su equipo se encontraban sentados en el salón de mi casa de California haciéndome preguntas sobre aspectos del cambio organizativo, tema del que yo tenía muy poca experiencia directa. Precisamente porque sabía tan poco sobre cómo funcionaban las grandes empresas tuve que basarme en mi experiencia como educador y entrenador y en lo que había aprendido acerca de cómo funcionan las personas. La conversación se centró en cómo superar los obstáculos internos que dificultaban el tan necesario cambio. Después de tres horas hablando sobre el enfoque del Juego Interior (principalmente sobre las aplicaciones prácticas de los métodos del Juego Interior para cambiar el comportamiento y las actitudes) McGill se volvió hacia los cuatro miembros de su equipo y les hizo tres preguntas:

1. —¿Todo este asunto del Juego Interior puede ser aplicable al proceso de cambio de AT&T?

Uno tras otro los cuatro dijeron que sí, que era muy aplicable.

2. —¿Cómo puede compararse el proceso de cambio del Juego Interior con la manera en que nos proponemos cambiar ahora?

Todos dieron la misma respuesta.

—Bueno. En realidad es prácticamente lo contrario.

3. —En el caso de que quisiéramos hacerlo, ¿cómo podríamos introducir este enfoque en nuestro proceso de cambio?

Hubo un largo silencio, luego, de nuevo, uno tras otro dieron la misma respuesta:

—No lo sé.

La reunión se cerró con McGill asignando a un ejecutivo llamado Bill la tarea de desarrollar un plan para la implementación de los métodos del Juego Interior en el plazo de dos semanas. Pensando que Bill me llamaría para que le diera mi opinión le estuve esperando. Luego, al ver que habían pasado las dos semanas sin saber de él, le llamé para preguntarle cómo iban las cosas. Se alegró de saber de mí, pero sonaba como un hombre ahogándose en un mar de crisis. Después de confesarme que todavía no tenía el plan y que se había quedado estancado y no sabía ni siquiera cómo empezarlo, me preguntó si podía darle algún consejo. Le aclaré que no tenía ninguna experiencia en temas empresariales y le di la respuesta obvia:

—Podíais intentar empezar por vosotros mismos.

El silencio al otro lado del teléfono sugería que Bill se había quedado atónito.

—Eso es lo primero que se me ocurrió, pero no creo que pueda sugerir eso. McGill se lo tomaría como un insulto.

—Dile que ha sido una recomendación *mía* –le dije.

Aunque McGill y sus subalternos directos evitaron la sugerencia de un entrenamiento dirigido a ellos mismos, Archie se convirtió en un defensor del Juego Interior en la empresa. Llegó a cambiar la placa de matrícula del auto con el que iba al trabajo cada mañana por SELF 2 (Yo 2) New Jersey, y empezó a hacer un esfuerzo consciente para cambiar su propio estilo de dirección, que era bastante autoritario. Inició un proyecto para que los principios del Juego Interior tuvieran un papel importante en la formación de todos los ejecutivos de ventas y habló con otros altos directivos como él, que estaban a cargo de distintas divisiones de la compañía. Pronto mi reputación comenzó a crecer y fui invitado a contribuir en varias iniciativas de cambio en diferentes partes de la compañía. Di frecuentes conferencias para los altos directivos, dentro de la política de seminarios de la empresa y colaboré en el diseño de programas acelerados de aprendizaje para técnicos de servicio, así como un programa que explicaré con detalle más adelante denominado "El Juego Interior del operador".

Empecé a ver cómo se hacían las cosas en el entorno empresarial de AT&T y también lo que les impedía hacerlas. Estaba impresionado y al mismo tiempo preocupado. Muchos millones de dólares y el trabajo de miles de empleados dependían de las decisiones que estaba tomando McGill. Y esas decisiones se basaban en mis consejos. Recuerdo que me sentía como el personaje de Chauncey Gardiner, interpretado por Peter Sellers, en la película *Being There* (titulada en español *Desde el Jardín* y también *Bienvenido Mr. Chance)*. Siendo un simple jardinero que no tenía ninguna experiencia del mundo más allá de su jardín se vio arrastrado hasta una situación en la que los economistas más reputados y los ministros del gobierno le hacían preguntas sobre materias complejas. Chauncey, pensando que debían de estar preguntándole únicamente acerca de su jardín respondía con comentarios sobre su conocimiento del cultivo de las rosas. Los ministros, creyendo que era un genio se tomaban las declaraciones de Chauncey como metáforas acerca del estado de la economía y le suponían una gran sabiduría cuando en realidad estaban proyectando sus propias interpretaciones en lo que oían.

Lo mismo que Chauncey yo entendía menos de un cinco por ciento de los complejos problemas a los que se enfrentaba AT&T. Y como Chauncey, podía responder preguntas en los términos de lo que sabía: superar la resistencia al cambio e incrementar la capacidad humana. De pronto me vi en la sala de reuniones de la última planta del cuartel general de AT&T en Basking Ridge, New Jersey, rodeado de ejecutivos, en su gran mayoría con cabezas calvas brillantes y gestos solemnes, los cuales tomaban numerosas notas sobre mis explicaciones sobre el proceso de entrenamiento que yo seguía con mis alumnos a fin de ayudarles a jugar mejor al tenis. Creían que sabía mucho más del negocio de lo que sabía. En realidad los ejecutivos estaban simplemente aceptando las reflexiones que surgían de su profundo conocimiento. La única diferencia entre Chauncey y yo era que yo *sabía* que no sabía nada de negocios a ese nivel. Pero también sabía que mis experiencias a la hora de superar los obstáculos para cambiar y desarrollar la técnica de los jugadores de tenis podían aplicarse perfectamente a los problemas de cambio inmediato a los que se enfrentaban aquellos altos ejecutivos.

El resultado fue que empecé a aprender cada vez más sobre el entorno empresarial y sobre lo que hacía posible el cambio y lo que lo entorpecía. Por desgracia mis primeras tres observaciones acerca del cambio empresarial siguen estando vigentes:

1. Las personas que se encuentran en la posición de efectuar cambios tienden a absolverse de la necesidad de hacerlos primero en sí mismos. El cambio es algo que "nosotros" les hacemos a "ellos". Aprender es algo que "ellos" necesitan hacer.

No es sorprendente que la validez de esta regla tendiera a incrementarse conforme uno subía por la jerarquía de la empresa. Descubrí que el ego del hombre de negocios era más resistente al cambio que el de los jugadores profesionales. Los mejores deportistas están continuamente intentando mejorar su rendimiento y buscan y agradecen la ayuda de los entrenadores. Pero en las jerarquías empresariales, aunque era posible encontrar tiempo para entrenar a los demás, era muy raro encontrar a alguien que quisiera someterse a un entrenamiento. Lo irónico del caso es que este rechazo a involucrarse personalmente en el proceso de cambio solía ser mayor cuanto más te acercabas a los ejecutivos responsables de promover el cambio en los demás. El razonamiento parecía ser el siguiente: "Si nosotros somos responsables de llevar a cabo el cambio, estamos exentos de hacer el cambio en nosotros mismos".

2. La resistencia al cambio con frecuencia es resistencia al proceso de cambio más que a un determinado cambio en sí mismo.

Por supuesto, esta había sido la principal enseñanza que aprendí en las pistas de tenis. Cuando el proceso de cambio se percibía, consciente o inconscientemente, como coercitivo o manipulativo, generaba resistencia. Cuando la coerción y la crítica se eliminaban del proceso disminuía marcadamente la resistencia. Sin embargo el cambio a un nivel empresarial tendía a basarse en la coerción y la crítica. Lo mismo que sucedía en las pistas de tenis el enfoque tradicional solía ser "Este es el modelo de cómo debes hacerlo. Así es como tú lo estás haciendo ahora. Esto es lo que debes y no debes hacer para encajar en el nuevo modelo. Y estas son las consecuencias con las que te vas a encontrar si no lo haces". Lo triste es que este método es muy antiguo y se encuentra muy extendido pero resulta totalmente ineficaz para producir y mantener el cambio.

3.   La resistencia al cambio dentro de la empresa tiene sus raíces en la mentalidad de orden y control que prevalece en el entorno empresarial.

En las pistas de tenis aprendí que había una manera de hacer cambios totalmente distinta del método tradicional que solía usarse en el mundo del deporte. En el mundo de la empresa al método tradicional se le denominaba "orden y control". Las personas que detentaban una posición de autoridad intentaban controlar los resultados del negocio dando órdenes a sus subordinados y "animándolos" a obedecerlas. Esto producía resistencia, a la vez que ineficacia para enfrentarse a situaciones imprevistas. La pregunta que me hice a mí mismo y a mis clientes fue "¿Serían los principios de conciencia, elección y confianza (CEC) un método más efectivo para obtener resultados?"

Antes de poder aplicar los principios de CEC tenía que entender mejor cómo interferían las fuerzas existentes en el entorno empresarial con el proceso natural de aprendizaje del individuo. Había mucho que aprender.

Por ejemplo, descubrí que en AT&T se daba por hecho que todos los empleados pensarían y actuarían más o menos de la misma forma. "La cabeza acampanada"* es como ellos

* El logo de AT&T era una campana.

52

mismos le llamaban a este fenómeno. Bromeaban sobre esto y aceptaban ese molde en forma de campana como si fuera algo inevitable al trabajar para la compañía. Esa era la manera en que esta compañía gigantesca había encontrado la uniformidad y la identidad. Sin embargo nadie se dio cuenta de la fuerza que tenía esa rigidez hasta que los tiempos cambiaron y se hizo necesario empezar a pensar y a comportarse más allá de sus límites. De repente el "pensamiento acampanado" se veía como el obstáculo que estaba ahogando el crecimiento de cientos de miles de individuos. De hecho el pensamiento acampanado se estaba convirtiendo en la mayor barrera para el éxito de AT&T en el nuevo entorno competitivo. Quizá por primera vez en la historia empresarial una gran compañía tenía que enfrentarse al hecho de que la propia mentalidad de la empresa constituía un obstáculo para su éxito. Sin embargo, a pesar de haber llegado a esas conclusiones, a los ejecutivos de AT&T les parecía prácticamente imposible mantenerse lo suficientemente al margen de la mentalidad de la que ellos mismos formaban parte como para entenderla y cambiarla. Por eso contrataron a altos directivos de otras empresas que no estaban tan impregnados de ese pensamiento acampanado. Archie McGill, procedente de IBM, era uno de ellos. Pero aunque el estilo de dirección de McGill no era de los que controlan cada paso de un proceso hasta el último detalle, como solía ser habitual en AT&T, él mismo era un producto de la mentalidad de orden y mando de IBM.

Las fuerzas que dominan el entorno empresarial son muy fuertes y difíciles de reconocer, y por tanto difíciles de cambiar. A pesar de concebir brillantes y complejos esquemas de reorganización y restructuración, AT&T terminó chocando contra los invisibles patrones culturales que controlaban la forma de pensar y comportarse de los trabajadores. El resultado sería inevitablemente una significativa interrupción del diálogo interno de estos trabajadores, lo que implicaba resistencia a los cambios que se estaban intentando implantar.

Entendiendo la resistencia al cambio empresarial

Para mí estaba claro por mi trabajo como entrenador, que la distinción entre el Yo 1 y el Yo 2 era fundamental para entender la autointerferencia. El entorno interno en el que se llevaba a cabo el desempeño de la actividad y el aprendizaje influía enormemente en la capacidad de una persona para acceder a su verdadero potencial y desarrollarlo. Cuando este entorno interno se encontraba dominado por la voz autocrítica del Yo 1, controladora y siempre dudosa de sus propias capacidades, se le hacía muy difícil acceder a todo el potencial del Yo 2 para dar lo mejor de sí o alcanzar buenos resultados. En la gran mayoría de los deportes individuales solo tenemos que enfrentarnos a un Yo 1. Sin embargo, en los negocios, donde existe tanta interacción directa con los compañeros de trabajo y los clientes, tenemos que vérnoslas con más de un Yo 1. Por eso las posibilidades de interferencia se multiplican.

Piensa en un grupo de empleados trabajando en equipo sobre un proyecto. El miembro A, tratando de impresionar a los demás, presenta una idea para mejorar un proceso de trabajo. El Yo 1 de su compañero B se vuelve competitivo porque llevaba mucho tiempo tratando de mejorar ese proceso de trabajo. De manera que B encuentra motivos para echar abajo la nueva idea de A. Surge una discusión. El Yo 1 del miembro C del equipo odia los conflictos, por eso se retira de la discusión. El miembro A interpreta el desinterés de C como una muestra de que no aprueba su idea, de manera que él mismo empieza también a dudar. El miembro D, pensando que la discusión no está progresando ni brindando ningún buen resultado, sugiere una idea que es inferior a la de A y a la que se está empleando en esos momentos en el proceso de trabajo, pero esta prevalece porque gracias a ella se evita que ni A ni C queden en evidencia.

Un trabajo de equipo que sea capaz de combinar y sincronizar los enormes recursos del Yo 2 de cada uno de sus miembros puede conseguir resultados que sobrepasan en gran medida lo que esos mismos individuos podrían lograr trabajando por separado. Al mismo tiempo, el Yo 1 combinado de un equipo puede hacer que se enfrenten entre sí de tal manera que el equipo se vuelva mucho *menos* efectivo. De esta manera los equipos que han aprendido a trabajar habitualmente juntos de forma efectiva toman mejores decisiones y desarrollan mejores soluciones que aquellas que podrían ocurrírsele al miembro más brillante del equipo. Y, lamentablemente, los equipos que no han aprendido a controlar su Yo 1 con frecuencia se conforman con soluciones y decisiones que hubieran sido inaceptables para cualquiera de sus miembros si trabajara solo.

El entorno laboral: tres diálogos

El entorno en el que trabajamos tiene un gran impacto en lo productivo y satisfactorio que pueda llegar a ser nuestro trabajo. Hasta ahora la gente solía pensar en el entorno laboral únicamente en términos del lugar físico. Se llevaron a cabo estudios en muchas compañías para determinar el impacto del entorno físico en la productividad y la moral. ¿Se podría mejorar la calidad del trabajo cambiando la luz, la arquitectura o la música ambiental? Ciertamente el entorno externo tiene su importancia, pero el Juego Interior sugiere que hay un entorno todavía más importante en el que trabajamos: el entorno que se encuentra entre nuestros dos oídos. Nuestros pensamientos, sentimientos, valores, presunciones, definiciones, actitudes, deseos y emociones contribuyen todos a este entorno interno.

Al igual que que un sistema climático, el entorno tiene una gran variedad de condiciones climáticas. Cuando el tiempo está tranquilo puedes ver hasta el infinito. Metas, obstáculos y las variables más importantes para el éxito se divisan con claridad, y podemos trabajar de una manera coherente y satisfactoria. Pero cuando soplan los vientos del conflicto interno, los pensamientos y los sentimientos tiran de nosotros en distintas direcciones, y es fácil perder de vista la perspectiva general de las cosas. Las prioridades se vuelven confusas, los compromisos empiezan a perder fuerza, y triunfan las dudas, los miedos y las autolimitaciones.

Este entorno laboral interior no se encuentra aislado. Le afectan mucho las comunicaciones que establecemos con las personas con las que estamos trabajando. La calidad de nuestras relaciones con los compañeros de trabajo, y los diálogos a que estas dan lugar, tienen un impacto decisivo en la manera en que pensamos y nos sentimos cuando trabajamos. Por ejemplo, un sentimiento de inseguridad en un director puede llevarle a ejercer un control exagerado sobre el equipo que trabaja para él. Como consecuencia el diálogo interno de los jefes de equipo reflejará esa falta de seguridad lo cual, a su vez, repercutirá de forma negativa en el rendimiento del personal a su cargo, tanto como equipo como a nivel individual.

Hay otro diálogo menos obvio que también tiene un gran impacto en el trabajo. Es el diálogo que se oye al fondo de todas las comunicaciones que se producen en el trabajo. Un diálogo que refleja la mentalidad que impera en una determinada empresa, lo que se conoce con el nombre de *cultura empresarial*.

Esta *cultura* surge de los patrones del lenguaje utilizado, de las presunciones, expectativas y prácticas que se han establecido en las normas no escritas a las que se someten las personas trabajando en esa empresa. Recientemente hay una conciencia creciente del gran impacto de estas normas en el carácter y la calidad de nuestro trabajo. Por ejemplo, una cultura empresarial puede establecer la norma de que evitar las controversias es más importante que tomar un riesgo prudente. Es probable que esta norma no se haya dictado nunca de forma oficial, sin embargo puede ser muy difícil cambiarla. En algunas culturas empresariales dudar del superior es completamente inaceptable mientras que en otras es algo a lo que no se le concede excesiva importancia.

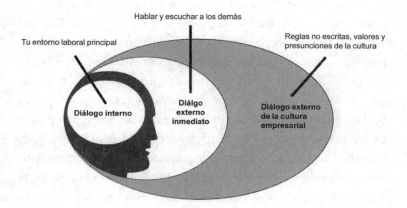

Vamos a ver más detalladamente cada uno de estos diálogos.

1. **EL DIÁLOGO INTERNO:** Hay muchas maneras de dejar que tu pensamiento interfiera con tu rendimiento y tu aprendizaje, pero todas corresponden a conversaciones que estás teniendo contigo mismo dentro de tu cabeza. ¿De dónde surge la interferencia del Yo 1 y por qué existe? No conozco la respuesta

absoluta a esa pregunta, pero sé que tiene algo que ver con ser humano. Puede que tenga relación con el hecho de que tenemos un mayor abanico de elecciones, de pensamiento y de lenguaje que ninguna otra criatura. A veces me imagino al Yo 1 como un extraño que vive dentro de mí. Este extraño finge ser yo, pero en realidad es la voz de *otras personas* que he incorporado inconscientemente en mi diálogo interno. Esta voz, que puede o no tener objetivos distintos de los míos, crea expectativas, dicta órdenes, e intenta dirigir mi vida como si fuera mi jefe. Este ser inventado, que surge de fuerzas que hay a mi alrededor, siembra dudas que minan mi sentido de la integridad, mi autonomía y mi capacidad como individuo. Al dudar de mí mismo aparecen los miedos, los juicios, el control exagerado y los conflictos internos que desestabilizan el entorno interior en el que trabajo. A veces esta voz suena sospechosamente como la del padre o la madre, o como la de un maestro, un jefe, o algún amigo, intentando que me someta a las normas de la sociedad.

Le llamo al Yo 1 una voz extraña, pero no porque lo que me diga sea siempre falso o dañino, sino porque quiere que yo (Yo 2) acepte sus dictados con independencia de mi propia experiencia o comprensión. El jugador que sabía que a su revés le faltaba fuerza sólo porque se lo habían dicho varios profesionales tenía poco poder para cambiar porque no era consciente de su error por sí mismo a través de su experiencia directa y su comprensión. Un estupendo ejemplo literario de enajenación del Yo 1 es Huckleberry Finn, el héroe de Mark Twain, que experimenta el conflicto de "sentirse culpable" al darse cuenta de que sentía respeto y admiración por el esclavo huido Jim. Toda la cultura que le rodeaba le había enseñado a creer que los negros eran inferiores, pero su experiencia directa le estaba diciendo lo contrario. En este caso Huck Finn tuvo el valor de hacer caso omiso de la voz condicionada del Yo 1 y seguir el instinto y la comprensión del Yo 2.

Para mí el origen del Yo 1 no es tan importante como la capacidad de distinguirlo de la voz de mi verdadero ser. Escuchar y aprender a creer en los impulsos del Yo 2, nuestro ser innato o natural, es uno de los retos esenciales y constantes del Juego Interior. Una relación armoniosa con uno mismo requiere de un diálogo interno basado en tanta claridad, confianza y decisión como sea posible. Cuando las personas trabajan en un grupo no solo es necesario que haya armonía entre ellas sino también una armonía en la manera de percibir las cosas y los objetivos, y una confianza mutua entre los miembros del equipo.

2. EL DIÁLOGO EXTERNO INMEDIATO: Si la meta del Juego Interior es acallar la interferencia del Yo 1 para que el Yo 2 pueda expresarse más plenamente, otra persona puede ayudar o dificultar el proceso. Como entrenador, la forma en que hablo y me relaciono con el alumno puede aumentar la interferencia del Yo 1, o por el contrario facilitar el funcionamiento natural del Yo 2.

El coaching basado en el Juego Interior lo que hace es introducir un tipo de diálogo diferente del que está llevando a cabo el Yo 1. En lugar de observación crítica, observación objetiva. En lugar de manipulación, elección. En lugar de duda y control exagerado, confianza en el Yo 2. Cuando el diálogo externo cambia en este sentido, tiene un impacto muy real en el entorno interno del jugador. Una prueba de esto es el cambio en la expresión facial, y los movimientos, que se vuelven más suaves y eficaces, así como los resultados, que son mucho más positivos. A veces el cambio es instantáneo. Con frecuencia va y viene siguiendo el flujo del estado mental del jugador. El arte y la práctica de tener un impacto positivo sobre el diálogo interno del jugador se ha convertido en mi principal objetivo como coach. La meta es conseguir cambiar el estado mental del alumno de un estado autocrítico, destructivo y confuso a uno en el que la mente está tranquila y concentrada.

En el lugar de trabajo es evidente que la gente con la que trabajamos puede exacerbar las dudas y miedos del Yo 1 o calmarlos. Si un trabajador es considerado por uno o más de sus compañeros como incompetente, esto tiende a reforzar sus dudas sobre sí mismo y aumentar la autointerferencia con el potencial del trabajador, con lo que muchas veces termina dándole la razón a aquellos que lo perciben como incapaz de realizar su tarea y creen que va a fracasar. Del mismo modo, en un equipo de trabajo en el que los miembros se respetan, se animan a asumir riesgos cuando ven apropiado hacerlo y valoran mutuamente su capacidad, es menos probable que el diálogo interno interfiera, y los trabajadores rinden más en grupo que si lo hicieran por su cuenta.

3. DIÁLOGO DE LA CULTURA EMPRESARIAL: Algunas culturas empresariales se basan en el miedo. La gente actúa primordialmente por miedo a ser juzgada o castigada. En un entorno basado en el miedo, el deseo de quedar bien (o de no quedar mal) puede llegar a ponerse por delante de los objetivos del negocio y ser la fuerza invisible tras las conversaciones y las reuniones entre compañeros. Otras mentalidades empresariales están más obsesionadas con el control y el poder. En ellas detrás de todas las conversaciones de trabajo late la necesidad de establecer quién es el que manda, quién es el que está arriba y quién es el que está abajo. Estos diálogos, aunque con frecuencia invisibles para las personas que forman parte de una misma cultura empresarial, tienen una gran influencia en cómo se comunican entre sí los trabajadores, y por tanto en el entorno interno de los mismos, originando muchas de las presiones y conflictos que para ellos llegan a convertirse en las condiciones "normales" de trabajo.

Fue el hecho de reconocer la relación entre los tres diálogos (el interno, el externo inmediato y el diálogo de la cultura empresarial) lo que me permitió aplicar el Juego Interior a una variedad de actividades en AT&T. El diálogo interno del trabajador no era enteramente su propia creación sino que cambiaba espectacularmente de acuerdo con la calidad del diálogo de la cultura empresarial que le rodeaba. Y esto a su vez podía tener un gran impacto en la capacidad del trabajador a la hora de obtener resultados, efectuar cambios y disfrutar el proceso. Por tanto, para alcanzar un diálogo interno óptimo, debes ser consciente de ti mismo, ser consciente de tus compañeros de trabajo, y, lo más difícil, ser consciente de la mentalidad empresarial en la que estás inmerso.

Arropados por Mamá Bell (campana)

Si tuviera que elegir una sola palabra para describir el trasfondo del diálogo cultural de AT&T, sería *seguridad*. Pregunté a cientos de personas en distintos niveles dentro de la compañía por qué trabajaban allí. Bajo las diversas respuestas había una motivación predominante: la seguridad en el trabajo. Cuando les preguntaba a los empleados acerca del "trato" que habían hecho con la compañía, la respuesta era bastante uniforme:

—El trato es que si vengo a trabajar a mi hora, hago lo que se supone que tengo que hacer, y mantengo la compostura, formaré parte de la familia y tendré un trabajo de por vida.

La lealtad se medía en términos no solo de "cómo se hacen las cosas aquí" sino también de "cómo pensamos aquí". Las prácticas y los procesos estaban bien establecidos y claros, si querías mantener tu trabajo no podías cuestionarlos.

Básicamente era una gestión por procedimientos. Hasta en los más mínimos detalles.

La magnitud de esta forma rígida de administración se me hizo evidente un día en el que estaba en una oficina ejecutiva de la división del Servicio de Operadores en la sede central de la compañía, en Basking Ride, New Jersey. Presumiendo de su alto grado de organización y control administrativo, un ejecutivo me preguntó si creía que él podía saber lo que estaba pasando en cada centro de operadores telefónicos del país en cualquier momento. Alcé las cejas. Él extrajo un volumen de entre los muchos que había en la estantería de su oficina. Miró su reloj mientras hojeaba las páginas.

—Aquí está —dijo conforme empezaba a leer del libro de prácticas y procedimientos—. Justo ahora los supervisores del primer nivel deberían estar manteniendo conversaciones de seguimiento de uno en uno sobre amabilidad. En este momento deberían estar hablando sobre el punto cuatro...

Para probarlo levantó el teléfono y llamó a un centro de Burbank, California, pidió que le pasaran con el supervisor del primer nivel y le preguntó qué es lo que estaba haciendo en ese preciso instante. En un tono de voz bastante robótico el supervisor describió prácticamente palabra por palabra cómo estaba hablando sobre el punto número cuatro con cierta operadora del servicio de información. Me quedé helado. El ejecutivo sonrió, se volvió hacia mí y me dijo:

—Pero creo que podemos hacerlo mejor. Quiero saber si el Juego Interior nos puede ayudar a alcanzar niveles superiores de amabilidad.

No las tenía todas conmigo a la hora de aceptar su invitación. A pesar de lo engorroso de la burocracia y el tipo de mentalidad robótica a que había dado lugar el sistema de AT&T, era considerado el mejor del mundo a la hora de proporcionar servicio telefónico. Por supuesto, no tenía la presión de tener que ser rentable por sus propios esfuerzos. Cuando los gastos superaban a los beneficios lo único que había que hacer era pedir a una comisión del gobierno que elevara las tarifas. Sin competencia no había ningún problema. Pero esta cultura empresarial protegida se desvaneció cuando el Tribunal Supremo dictaminó que AT&T debía perder el monopolio. Con esta decisión se abrió la puerta a un entorno altamente competitivo. Como resultado, lo que se había conocido hasta entonces como el Bell System (el Sistema de la Campana) se quebró, y los directivos de AT&T tuvieron que aprender una manera totalmente nueva de hacer las cosas, basada en las reglas de un mercado competitivo. Eran necesarios cambios masivos en la estructura organizacional y en las prácticas de gestión. Sin embargo pocos de los directivos se sentían seguros de poder facilitar esos cambios, ya que el problema principal consistía en cambiar la manera misma en que se hacían los cambios.

Desde el punto de vista de los cientos de miles de empleados, el cambio se percibía como una amenaza a su seguridad laboral y como una verdadera traición a las condiciones originales en las que fueron contratados. Habían firmado para jugar a un juego relativamente seguro llamado "el clan familiar" y de repente se les exigía jugar a un juego arriesgado, "la libre empresa competitiva". No habían firmado para este juego, con sus reglas nuevas, sus nuevos valores, y su relativa falta de seguridad. Ahora sería posible ser despedido por razones tan sencillas como que la compañía necesitaba menos personal o que tu rendimiento no era tan bueno como el de alguno de tus compañeros. Aquello era algo tan impensable como decirle a un adolescente que le expulsarían de su familia si no mantenía una media de notable en el Instituto.

Conforme los empleados de Bell ("Campana", que es como se referían a AT&T dentro de la compañía) de todos los niveles, fueron gradualmente descubriendo que su permanencia a la "familia" estaba condicionada a cumplir con ciertos estándares de rendimiento y no solo al "buen comportamiento", se produjo un comprensible agitación en su entorno interior. Para aquellos que sentían que su sentido de la identidad dependía de la seguridad y el abrazo protector de Mamá Bell, la nueva mentalidad competitiva fue devastadora.

Se hizo más difícil mantener la concentración en el trabajo. La amenaza de perder el empleo llevó a algunos trabajadores a un intento todavía más desesperado de seguir los procedimientos correctamente. Aunque aprendieron rápidamente el nuevo lenguaje de la competición y la dirección empresarial, les costaba ir más allá del lenguaje. Un vicepresidente del Servicio de Operadores se quejaba:

—En los dos últimos meses hemos explicado a todo el mundo que hay que pensar creativamente y estar dispuestos a tomar más riesgos, pero nadie lo hace, a pesar de prometerles que no serán castigados por las equivocaciones que puedan tener.

La obediencia y la gestión por medio de procedimientos que durante décadas fueron usados para dar forma a sus "cabezas acampanadas" no servían para inspirar el tipo de pensamiento empresarial y de iniciativa creativa que necesitaban en estos momentos. Los trabajadores seguían teniendo la mentalidad de esperar que les dijeran lo que tenían que hacer y cómo hacerlo.

Es difícil llegar a imaginarse el impacto que esta profunda ruptura del contrato social entre ellos y su compañía tuvo en sus conversaciones internas. Cuando está en duda la seguridad básica de una persona prácticamente cualquier cosa parece una amenaza. Todas las dudas encuentran un terreno fértil. La motivación, la concentración y la confianza se desvanecen. La consecuencia es que los individuos, el equipo y la productividad de la empresa resultan gravemente dañados. Solo aquellos cuya seguridad no dependía tanto de la vieja cultura empresarial y podían acceder a sus propios recursos internos fueron capaces de tomar las decisiones adecuadas para alcanzar la estabilidad. Por ironías de la vida resultaba que ahora los individuos "conflictivos" que hasta ese momento se habían resistido a cumplir con las normas de la vieja cultura eran los más valiosos para enseñar a la compañía a salir de la crisis.

La mayoría de los directivos tenía pocas aptitudes para superar su propia agitación interior y ciertamente ninguna experiencia en enseñar a otros a hacerlo. Todo lo que sabían era que tenían que elevar el estándar y conseguir mejores resultados que nunca. Ellos mismos tenían tanto miedo de fracasar como la gente a la que dirigían.

El Juego Interior del operador

Un gran letrero en el vestíbulo de la sede central de AT&T decía LA SATISFACCIÓN DEL CLIENTE. Este era el lema elegido para representar la nueva dirección en la que debían trabajar todos los empleados. La mayoría de los directivos había leído *In search of the excellence* (La búsqueda de la excelencia) de Tom Peter y otros libros en los que se insistía en la idea de que en el nuevo entorno de negocios dirigido por el mercado había que tratar al cliente como a un rey. Los operadores telefónicos, que tenían contacto directo con millones de clientes, estaban en primera línea de esta nueva campaña. Pero ¿cómo iban los clientes a sentirse satisfechos cuando los mismos operadores que los atendían estaban tan insatisfechos?

Al trabajar en un entorno que ofrecía poca capacidad de decisión o improvisación, los operadores apenas podían hacer nada que no estuviera escrito en el manual. Sin embargo, de pronto se les había pedido que incrementaran la calidad de su trabajo. La reacción normal de los operadores fue encerrarse en sí y seguir actuando como robots. Cualquiera podía darse cuenta al escuchar el tono en el que hablaban con los clientes.

Mi tarea era diseñar un programa de entrenamiento que elevara significativamente el "nivel de amabilidad" de estos operadores. A lo largo de todo el país se puntuaba a cada operador de acuerdo a su nivel de amabilidad, efectividad y productividad. *Productividad* era un eufemismo de *rapidez*. "Si logramos reducir en un par de segundos la media de tiempo que el operador utiliza con los clientes podemos ahorrarle a la compañía millones de dólares", afirmaban los ejecutivos. Pero el principal resultado que perseguían con el Juego Interior era mejorar el nivel de amabilidad de los operadores después de someterlo a la evaluación de auditores externos a la compañía. "Lo que no podemos permitirnos, por causa del entrenamiento, es aumentar la media de tiempo empleada en atender llamadas", me informaron.

Cuando empecé a imaginarme cómo sería el trabajo de un operador telefónico en el entorno de Bell lo primero que me vino a la mente fue cómo podía superarse el problema del aburrimiento asociado con el carácter rutinario de la labor: ocho horas al día, cinco días a la semana, resolviendo cuestiones igualmente rutinarias del servicio de información dentro del tiempo permitido para ello de 26,3 segundos por llamada.

Me fascinaba el desafío de superar el aburrimiento de ese trabajo rutinario porque era un obstáculo al que se enfrentaban millones de personas, y sin embargo hasta entonces no se había hecho prácticamente nada por eliminarlo. Sin embargo puse dos condiciones. La primera era que ningún operador sería *obligado* a asistir al seminario de seis horas del Juego Interior. La participación en el entrenamiento y el uso de las herramientas del Juego Interior tenía que ser completamente voluntaria. La segunda condición era que el tema del curso del Juego Interior no sería la amabilidad.

Con estas bases firmé un contrato para producir un programa piloto para los operadores del distrito de Burbank, en el Sur de California. Si funcionaba, el entrenamiento se extendería a otros distritos de California y más allá. La aplicación tenía que ser lo bastante sencilla como para poder enseñarse en tres sesiones de dos horas y de una manera que pudieran usarla miles de operadores con quienes yo no tendría contacto directo.

El enfoque tradicional hubiera sido obvio: realizar una investigación sobre las prácticas más avanzadas de amabilidad hacia el cliente y crear un video con el ABC de la amabilidad para operadores, presentándoles una dramatización de lo que se debe y no se debe hacer en el trato con el cliente. En otras palabras, crear el "molde" en el que los operadores tenían que encajar. Y luego diseñar un programa de entrenamiento para que los supervisores observaran el nuevo comportamiento de los operadores y dieran su opinión sobre el mismo. Luego habría que identificar a quienes no cumplieran los nuevos criterios y ofrecerles un "entrenamiento" privado.

Como mucho un programa de estas características tendría algún impacto sobre los niveles de amabilidad a corto plazo, pero está claro que no sería del agrado de los operadores ni de los supervisores, ya que únicamente lo verían como otra serie de normas a las que tenían que amoldarse. Incluso si aparecían nuevos comportamientos, serían tan forzados y mecánicos como los de un jugador de tenis al que se le enseñan los catorce requerimientos para tener un buen *drive*. El departamento de formación de AT&T había diseñado y llevado a cabo miles de esos programas y eran muchísimo mejores que yo haciéndolo.

Por tanto me decidí por un enfoque distinto. No empezaría con la premisa de que a los operadores les faltaban conocimientos o amabilidad. En lugar de eso asumí que si se reducía la interferencia interna del Yo 1, saldría a la luz espontáneamente la amabilidad natural del Yo 2.

Mi primera tarea consistía en observar la forma de trabajar de los operadores, organizar entrevistas con algunos de ellos para descubrir cómo veían su trabajo e identificar los mayores obstáculos internos. En seguida tuve una visión lo suficientemente clara de lo que estaba pasando. (1) La mayoría de los operadores estaban aburridos y hacían sus trabajos de forma muy mecánica. Una operadora me lo explicó de la siguiente forma: "Después de las primeras semanas ya no hay nada nuevo que aprender en el trabajo. Hemos oído todos los problemas y sabemos cómo resolverlos. Podría hacer mi trabajo aunque estuviera durmiendo y a veces es así como me siento". (2) A pesar del aburrimiento había muchísimo estrés en el trabajo porque la productividad de la operadora estaba todo el tiempo siendo medida y controlada. Los promedios de cada centro se anunciaban regularmente y a los operadores se les daba al final del día el promedio de tiempo que habían empleado atendiendo las llamadas. Cuando este excedía la media del centro recibían "una crítica constructiva". (3) Los operadores sentían que el sistema y los supervisores los trataban como a niños de la escuela primaria. Se les exigía que en todos los aspectos de su trabajo siguieran unas rutinas establecidas y que pidieran permiso para todo lo demás, hasta para ir al baño. Todo se justificaba por la necesidad de conseguir un nivel más alto de productividad, precisión y amabilidad. Había mucho descontento con el trabajo y hostilidad hacia los directivos. Estas condiciones producían en los operadores un diálogo interno malhumorado que se expresaba en el tono mecánico, y en ocasiones irritado, de las conversaciones con los clientes. No era un ambiente propicio a la amabilidad.

Trabajé con un pequeño equipo de colegas para diseñar un programa piloto de entrenamiento que no tenía nada que ver con el concepto de amabilidad. En lugar de eso los objetivos eran reducir el estrés, reducir el aburrimiento y hacer la labor más agradable, que era lo que esperábamos conseguir creando en los participantes la actitud de involucrarse a fondo en un aprendizaje elegido libremente. Pero, ¿cómo convertir un trabajo rutinario en un ambiente que suscite el aprendizaje? Al final resultó ser más fácil de lo que parecía.

Preguntamos a los operadores qué podían aprender mientras hacían su trabajo. La respuesta unánime fue:

—Después de las primeras semanas, no mucho.

Preguntamos:

—Pero ¿Ysi lo que pudierais aprender no se redujera simplemente a hacer un mejor trabajo en cuanto a amabilidad, eficacia y productividad (AEP, los tres objetivos externos del juego)?

—¿Como qué? –preguntaron.

—Como aprender a no aburrirse o a no estresarse, o aprender a disfrutar durante las ocho horas que estáis trabajando.

Algunos de los operadores se mostraron abiertamente escépticos. Tuve que explicarles que en realidad me habían contratado para lograr un impacto positivo en AEP, pero que este no era el objetivo de nuestro entrenamiento.

—Este es un programa voluntario para reducir el estrés y el aburrimiento en el trabajo. No tenéis obligación de asistir y tampoco tenéis que practicar lo que aprendáis. Pero espero que sea al menos tan divertido como vuestro trabajo diario.

Al final se apuntó un cien por ciento de los empleados.

Empezamos por observar los incidentes básicos del trabajo de los operadores. Una luz en la consola señalaba cuando había una llamada, el cliente decía algo, el operador introducía la información en la consola y respondía al cliente.

—¿Qué es lo más interesante que está sucediendo aquí? —pregunté. Claramente lo más interesante era la voz del cliente y la voz con la que respondía el operador. Pregunté:— ¿Qué se puede aprender, aparte de meros datos, al escuchar la voz del cliente?

Si escuchabas, había bastantes cosas que se podían aprender. Incluso aunque una persona estuviera meramente dictando un número de teléfono, podías oír diferentes niveles de estrés, cuánta prisa tenía, qué es lo que estaba sucediendo en aquel momento (lo que se oía de fondo).

—Pero, ¿qué tiene esto que ver con hacer nuestro trabajo? —preguntaron los operadores.

—Puede que nada —fue mi respuesta—, pero sería un experimento interesante averiguar cuánto puedes decir sobre una persona escuchando el tono de su voz y algunos sonidos de fondo.

Inventamos una serie de "ejercicios de atención" que exigían que los operadores escucharan mucho más atentamente a los clientes de lo que lo habían hecho nunca. Era como enseñar a los alumnos de tenis a fijarse más en el vuelo de una pelota. Pedimos a los operadores que puntuaran en una escala de uno a diez las distintas cualidades que podían oír en a voz del cliente, como el grado de "calidez", "simpatía" o "irritación".

El próximo paso fue que los operadores aprendieran a expresar distintas cualidades en sus propias voces. Era como una clase de interpretación, y era divertido. Cuando juntamos estos dos ejercicios de atención el resultado fue un juego bastante interesante. El operador escuchaba un nivel de estrés de nueve entrando en sus auriculares. Podía elegir dar una respuesta con un grado nueve de calidez. En la mayoría de los casos para cuando el cliente se despedía había un descenso significativo de estrés en su voz.

Los operadores empezaron a ver que al elegir expresar distintas cualidades en sus voces podían influir en cómo se sentían y también en cómo se sentía el cliente. Los operadores hablaban con más de setecientas personas al día y aunque las conversaciones eran cortas y limitadas podían tener un pequeño pero tangible impacto en un gran número de personas.

¿De qué manera reducía esto el estrés? Mucho estrés viene de escuchar a clientes irritados. Pero los operadores descubrieron que cuando intentaban escuchar con atención al cliente para determinar si estaba en un nivel siete u ocho de irritación, no se tomaban su irritación como algo personal. Esa atención exenta de crítica hacía que la voz irritada dejara de oírse como una amenaza y permitía una gama más amplia de respuestas positivas.

Como en el tenis, la interferencia interna se reducía al centrar más la atención en lo que estaba sucediendo en el entorno. El juego era divertido y se retroalimentaba. Y no hacían falta supervisores para asegurarse de que se estaba poniendo en práctica. Los operadores lo practicaban cuando les parecía oportuno, y seguían usándolo, según reconocieron ellos mismas, fuera del trabajo. Muy pronto muchos descubrieron que podían usar esas nuevas aptitudes en su círculo más cercano, en las relaciones con familiares y amigos. Cuando unos observadores externos evaluaron el grado de amabilidad en las comunicaciones todo el mundo quedó fuertemente impresionado. Los niveles de amabilidad habían mejorado más allá de todas las expectativas de la dirección, a pesar de que los operadores ni siquiera estaban intentando ser más amables. Solo estaban aprendiendo a escuchar y a expresarse más. Y se lo pasaban mucho mejor. Resultaba evidente que al sonar más como seres humanos y menos como robots aburridos los observadores externos los percibían como más amables. Y lo eran. Yo estaba acostumbrado a esperar ese tipo de resultados indirectos. Otros lo veían como una especie de magia.

Mientras tanto los operadores comunicaron que su nivel de aburrimiento y estrés había descendido en un promedio del cuarenta por ciento. El disfrute en el trabajo había subido en un treinta por ciento. La lección importante era que estos factores subjetivos estaban mucho más bajo su control de lo que habían pensado. Antes, atender a los clientes era simplemente un trabajo gris y aburrido. Ahora podían hacer que esa misma actividad se viviera de un modo distinto, con otra calidad. Dependía de ellos. Y el hecho de que usar esas nuevas aptitudes no fuera obligatorio les hacía sentir todavía más en control y eliminaba de raíz la resistencia.

Curiosamente la única negatividad sobre el proyecto vino de los supervisores. Como la iniciativa se dejó enteramente en manos de los operadores, algunos supervisores sintieron que los habían dejado a un lado del proceso y de esta manera también los habían excluido del mérito por los resultados. Esto me sirvió para aprender mucho acerca de cómo la competencia por hacer méritos en el ambiente empresarial puede poner en peligro iniciativas eficaces de cambio. Hubo que hacer algunos ajustes para involucrar a los supervisores en el entrenamiento sin que los operadores perdieran su libertad de elección. Finalmente, "El Juego Interior de la atención al cliente" fue embalado y entregado a cerca de veinte mil teleoperadores en cuatro regiones del país.

Esta experiencia me dejó una profunda impresión. Vi que los sencillos principios que había observado en las pistas de tenis producían resultados medibles en el lugar de trabajo. Vi que podían aportar un gran beneficio a miles de operadores que creían estar condenados al aburrimiento y el estrés de un trabajo rutinario realizado en medio de una gran presión. Que aunque un trabajo fuera pura rutina y pudiera hacerse "con los ojos cerrados" el trabajador que ponía en la labor toda su atención podía obtener una gran contrapartida. Y aunque no fuera necesario estar al cien por cien atento era beneficioso involucrarse en la medida de lo posible en el trabajo. Lo fundamental es que empecé a entender que el crecimiento y el desarrollo de la persona que estaba haciendo el trabajo era el trabajo más importante de todos. Esta idea se convirtió en la base del futuro trabajo del Juego Interior.

Manteniéndose abierto al Yo 2

Las fuerzas que inhiben al Yo 2 en la moderna cultura empresarial son poderosas y no es posible subestimarlas. Algunos de los centros que pusieron en práctica "el Juego Interior de la atención al público" hicieron obligatorio el proceso y colocaron a unos supervisores para que se encargaran de su implementación. Como es natural, la magia desapareció por completo de la experiencia, la amabilidad no mejoró, y buscaron excusas para interrumpir el programa. El ansia de la dirección por seguir manejando las riendas del comportamiento de los empleados no resultó una fuerza fácil de superar.

Se les dan diversos papeles a las personas y se les dice que por el bien de la empresa tienen que seguir siempre unas normas. Se escribe el guión y los empleados lo obedecen. Todo viene dirigido desde arriba pero nadie sabe realmente quién está dirigiendo la obra. Lo más triste es que, al haberse identificado con el guión los empleados internalizan los personajes que se les ha pedido que representen. El Yo 2, el ser que nació con los dones de la libertad y de la capacidad de expresarse puede acabar olvidado en medio de esa obra de teatro.

Hace poco descubrí una cita que lo expresa muy elocuentemente:

Existe un vigor, una fuerza vital, una pulsión que a través de ti se transforma en acción, y como eres un ser único, esta expresión también es única. Y si le impides manifestarse, nunca existirá a través de ningún otro medio y se perderá para siempre. El mundo no llegará a conocerla. Tú no tienes que decidir lo buena o valiosa que sea, ni cómo resulta al compararla con otras expresiones de la fuerza vital. Tu función consiste en no perderla, en mantener abiertos los canales. Ni siquiera tienes que creer en ti mismo o en tu trabajo. Lo único que tienes que hacer es mantenerte abierto y ser consciente de los impulsos que te motivan. Mantener abierto el canal. *

El objetivo de trabajar en libertad manteniendo la integridad del Yo 2 resulta complicado. Es necesario tener un gran control sobre los factores que influencian el entorno interno. Esto a su vez requiere que seamos más conscientes y a la vez más independientes del ambiente laboral en el que estamos inmersos, y que establezcamos una comunicación más consciente con nuestros compañeros. La cultura empresarial únicamente puede transformarse por medio de las interacciones entre los compañeros de trabajo.

---

* Martha Graham a su biógrafa Agnes de Mille en *Martha: The Life and Work of Martha Graham* (New York: Random House, 1992)

Cualquier directivo o coach de un equipo puede ejercer una gran influencia en las relaciones entre los miembros de un grupo. Esto puede minimizar la cantidad de autointerferencia e incrementar el acceso del equipo a sus capacidades colectivas para aprender y trabajar. Además, los líderes que son capaces de ver la tremenda fuerza de la cultura empresarial y sus consecuencias están en una posición que les permite aprender a descubrir los medios que hacen posible el cambio de mentalidad en la empresa. La meta es introducir cambios en la cultura organizacional que minimicen la autointerferencia y valoren las motivaciones y los talentos inherentes de los trabajadores.

Pero los patrones culturales tienden a cambiar lentamente, demasiado lentamente para que el trabajador pueda contar con un cambio significativo a corto plazo. Mi esperanza de que trabajo y libertad sean compatibles no puede descansar únicamente en los cambios externos, sino en cualquier cosa que pueda hacer para optimizar mi entorno laboral interno. Como bien saben todos los que hayan destacado en algún deporte, ganar, a la larga depende del estado mental. El estado mental (el entorno interior) a su vez depende la capacidad de la persona para centrar y mantener la atención.

El resto de este libro trata sobre la búsqueda de un medio que haga posible que los trabajadores, tanto individualmente como en grupo, puedan acceder cada vez en mayor medida al inmenso potencial del Yo 2.

3

EL CENTRO DE ATENCIÓN

"Los momentos en que estamos presentes, por breves y esporádicos que sean, resultan no obstante trascendentales y claves, son ellos los que determinan la naturaleza superior o inferior de nuestros destinos".

WILLIAM JAMES

Hay algo que tienen en común la excelencia en el deporte y la excelencia en el trabajo: la concentración. La concentración es el componente esencial de un rendimiento superior en cualquier actividad, no importa el nivel de destreza ni la edad de quien la lleva a cabo.

El hecho es que todo lo hacemos mejor cuando mantenemos la atención centrada, ya sea montar en bicicleta, diseñar el proyecto de un puente colgante, concebir una estrategia global para una compañía multinacional, negociar un contrato, vender un producto, cortar unas lonchas de jamón, degustar una copa de vino, apreciar un atardecer, lanzar una pelota, o escribir un libro. Y cuando perdemos la concentración, simplemente no damos de sí todo lo que podemos.

Los niños se concentran. Los animales se concentran. Los adultos se concentran. Es una aptitud primordial de todos los seres, quizá incluso esté fijada en nuestro ADN como una necesidad para la selección natural. Quienes más dificultades tenemos a la hora de centrar la atención somos los adultos. Los niños puede que tengan periodos de atención reducidos pero cuando algo les importa no se distraen fácilmente. Podríamos decir que la mayoría de los errores en que incurrimos los adultos se producen porque perdemos la concentración. Y cuando la atención deja de estar centrada en la tarea que tenemos por delante decrece la productividad, y también la capacidad de aprender y disfrutar con el trabajo.

Al centrar nuestra atención nos ponemos en contacto con todo lo que hay en nuestro mundo y solo a través de esto llegamos a conocerlo y entenderlo. Por eso la atención es clave para el aprendizaje, la comprensión y el dominio de la acción. Solo cuando ponemos toda nuestra atención en lo que estamos haciendo podemos sacar partido a todos nuestros recursos. ¿Por qué? Porque al prestar toda nuestra atención a algo se neutraliza la autointerferencia. En la plenitud de la atención no queda espacio para los miedos y dudas del Yo 1.

La concentración del Yo 2

Cuando, en una pista de tenis, descubrí por primera vez hasta qué punto era poderoso el hecho de simplemente centrar la atención, aquello me impactó y llegué a la conclusión de que la concentración era una aptitud fundamental para lograr el éxito en cualquier asunto. Es más, era la aptitud clave, que permitía el desarrollo de todas las demás aptitudes. Los deportistas suelen llamar a este estado de concentración "jugar en la zona". A mí me gusta llamarlo concentración del Yo 2. Cuando experimentamos este tipo de concentración, la calidad de nuestro juego o de nuestro trabajo se incrementa de una forma que parece mágica y casi sin esfuerzo. Si pudiéramos aprender a entender la naturaleza de este tipo de atención plena, seríamos capaces de ser mucho mejores en el desempeño de cualquier actividad, aprenderíamos más rápido y de forma más intensa y disfrutaríamos mucho más en el proceso.

Lo primero que hay que señalar es que no se puede lograr la concentración del Yo 2 solo con autodisciplina. El esfuerzo por concentrarse produce una atención constreñida y forzada que además resulta difícil de mantener. Es un proceso agotador, nada agradable en sí y, a la larga, sencillamente ineficaz.

Por ejemplo, ¿alguna vez te has encontrado con un vendedor al que le hayan enseñando recientemente la táctica de "mantener el contacto visual" para causar buena impresión? En realidad tiene el efecto contrario. En lugar de hacerte sentir más en contacto con el vendedor, y más seguro, hace que te sientas incómodo y a la defensiva. La diferencia entre la atención forzada y el interés espontáneo puede ser difícil de describir, pero la notas inmediatamente.

Si observas la concentración de un niño cuando está jugando o de un gato siguiendo a una mosca con sus ojos, estás viendo la concentración del Yo 2. El elemento esencial es la claridad del deseo que hay detrás de la concentración. El gato está fascinado con la mosca y el niño quiere jugar. El deseo centra la atención. Cuando estamos conectados con nuestro propio deseo la concentración del Yo 2 ocurre espontáneamente. Pero cuando falta ese deseo o existen dos o más deseos contradictorios, se nos ocurre que es necesario "luchar" para mantenernos concentrados. Entonces empiezan las órdenes internas, diciendo, "Mantén el ojo en la pelota"... o en la página... o en la persona.

Distracciones del Yo 1

Es fácil demostrar la concentración del Yo 2. Entrenando a un jugador de tenis le puedo dar la siguiente instrucción:

—Cuando la pelota venga hacia ti quiero que te fijes en algún detalle de su trayectoria que te interese.

A esto le suelen seguir unas cuantas preguntas para ayudarle a centrarse todavía más en los detalles específicos que el jugador encuentra interesantes. Cuanto más te centras en la pelota más notable será la mejora en la calidad de tu juego. Si hay público, les preguntaré frecuentemente a los espectadores cómo se explican que el juego mejore teniendo en cuenta la ausencia de instrucciones técnicas. La respuesta más frecuente a esta pregunta es:

—Lo distrajiste.

—¿De qué lo distraje? –pregunto.

Y me responden:

—Le distrajiste de pensar demasiado en cómo debe golpear la pelota. Le distrajiste de su preocupación por el resultado.

En pocas palabras, es evidente que centrar la atención es lo que nos distrae de cualquier cosa que nos esté distrayendo. Si todo el diálogo interno sobre los resultados y sobre las técnicas fuera de verdad beneficioso, el juego no habría mejorado. Pero el diálogo interno no te beneficia. Tan solo te distrae del esfuerzo que necesitas hacer.

Recientemente le pregunté a un directivo al que estaba entrenando:

—¿Qué te ayuda a centrarte cuando estás trabajando y qué te distrae?

Su respuesta inicial fue:

—Cuando disfruto lo que hago, mi concentración tiende a ser más profunda; cuando estoy haciendo lo que tengo que hacer pero realmente no quiero hacerlo mi atención se distrae más fácilmente.

Esto nos lleva a un punto esencial acerca de la concentración. Es más fácil mantener la concentración cuando estás haciendo algo que has elegido hacer libremente. En este sentido la concentración no es una aptitud que desarrollas aprendiendo una técnica. Depende más bien de tener las motivaciones adecuadas para hacer lo que estás haciendo. A un adolescente le puede resultar muy fácil concentrarse cuando está en la pista de baloncesto pero casi imposible cuando está en la clase estudiando gramática inglesa. Del mismo modo, un empleado que "no cree" en el propósito de una determinada tarea que le ha sido encomendada encontrará más dificultades para concentrarse que un empleado que entiende la importancia de la misma y está de acuerdo con ella. Por eso el interés, la motivación y la elección tienen mucho que ver con nuestra capacidad de concentrarnos profundamente y de mantener esa concentración por largos periodos de tiempo. Concentrarse es agradable, y el trabajo que surge de una mente concentrada es por lo general un buen trabajo.

Mi siguiente pregunta al directivo fue:

—¿Qué es lo que te distrae y te descentra cuando estás trabajando?

Me contestó:

—El teléfono, otras personas, sonidos o ambientes molestos.

Para profundizar un poco más le pregunté:

—Pero si estás solo trabajando en un proyecto y no hay distracciones externas, ¿tu concentración es constante o unas veces es mejor que otras?

El directivo pensó durante unos instantes y dijo:

—La verdad es que mi concentración fluctúa enormemente de un día para otro e incluso de hora a hora. Supongo que en parte tiene que ver con qué otras cosas hay en mi mente en el momento. Si tengo un asunto por resolver de otro proyecto, o algún tema familiar, entonces los pensamientos sobre ese asunto pueden venir y distraerme de lo que estoy haciendo. De hecho, con frecuencia tengo distintas prioridades que se disputan mi atención al mismo tiempo. Me concentro mejor cuando puedo meterme en un proyecto sin arrastrar ningún problema del pasado y estoy listo para dedicarle toda mi atención.

Prioridades contrapuestas es un término adecuado para describir la causa de la distracción. Según he venido observando, el Yo 2 tiene una prioridad muy simple. Quiere centrarse en cualquier cosa que le haga alcanzar sus objetivos internos. Cuando el Yo 2 se halla libre de interferencias del Yo 1 logra sus deseos con una notable economía de esfuerzo. Pero cuando el Yo 2 no es capaz de resolver las prioridades contrapuestas del Yo 1 y varias fuerzas externas, le resulta muy difícil concentrarse. El deseo de comunicarse con alguien o de solucionar un problema en el trabajo es muy diferente del deseo de evitar cometer un error, o del deseo de atribuirse el mérito de la solución de un problema. Aunque tanto el Yo 1 como el Yo 2 pueden perseguir el mismo resultado, el deseo del Yo 1, surgido de la duda y el miedo, es muy diferente del deseo natural de disfrutar con la expresión de nuestras capacidades. Es decir, las prioridades del Yo 1 basadas en la duda y el miedo, compiten con las sencillas prioridades del Yo 2. Conseguimos una concentración natural y relajada cuando nuestro interés está absorto en la tarea que tenemos en frente, estamos conectados con nuestras verdaderas motivaciones, y somos capaces de desdeñar las distracciones generadas por esa "internalización de voces ajenas" que es el Yo 1.

Cuando se produce la concentración del Yo 2 parece cosa de magia porque las acciones son más espontáneas y todo ocurre de una manera sorprendentemente fluida, sin apenas esfuerzo. Dejamos de vivir centrados en nosotros mismos. Dejamos de juzgarnos. Desaparecen los grandes mecanismos de control del miedo y la duda. En medio de esta concentración no existe ansiedad ni aburrimiento. En su lugar aparece un estado simple, difícil de describir, inherentemente gozoso, a menudo sorprendente y creativo, incluso en medio de las actividades más rutinarias. Dentro de la concentración del Yo 2 todo transcurre con una facilidad un ritmo que nos resulta enormemente placentero y satisfactorio.

Mihaly Csikszentmihalyi, en su trascendental obra sobre la experiencia del juego y el trabajo, *Beyond Boredom and Anxiety*, (Más allá del aburrimiento y la ansiedad) lo llama el *fluir*. Así es como lo describe:

> En el *fluir* una acción sigue a otra de acuerdo con una lógica interna que parece no necesitar de la intervención consciente del actor. Éste vive dicho estado como un *flujo* continuo de un momento al siguiente en el que él tiene el control de sus acciones, y en el que hay poca distracción entre el ser y su entorno, entre el estímulo y la respuesta, o entre pasado, presente y futuro.

Un maravilloso ejemplo de este tipo de concentración del Yo 2 lo podemos ver en la actuación de Michelle Kwan en los campeonatos de patinaje sobre hielo. Ella y otros excelentes patinadores muestran en sus actuaciones la facilidad y la elegancia que surge de este tipo de concentración incluso en medio de la presión de las competiciones de alto nivel. La diferencia entre Michelle y otros patinadores es evidente, no solo en cuanto a destreza técnica se refiere, sino en cuanto a la integración de su deseo, su capacidad, y su gozo interior expresado en acción. Y lo que atrapa al público no es solo la gran calidad de su actuación sino la ausencia total de autointerferencia que hace visible su talento y cualidades.

Y sin embargo la concentración puede ser la misma incluso en niveles más bajos de destreza. Cuando enseñaba tenis, mi experiencia me enseñó que en todos los casos, si el alumno era capaz de poner toda su atención en la pelota de tenis con el suficiente detalle, esto lo distraía de los pensamientos que se originan en la duda y el miedo. Al dejar a un lado la interferencia y los intentos de controlar todo el proceso el alumno golpea la pelota mucho mejor y emerge una alegría natural. La mejora en la técnica y el desarrollo de la destreza surgen automáticamente.

El △ CEC y la concentración del Yo 2

Lo que aprendí en las pistas de tenis fue que hay tres factores decisivos para lograr la concentración del Yo 2: conciencia, elección y confianza. Estos mismos elementos son los que posibilitan la concentración cuando realizamos cualquier tipo de trabajo.

Conciencia: La *Luz* de una atención centrada: la conciencia es como una luz.

Cada vez que la proyectamos sobre algo lo volvemos visible, es decir, podemos conocerlo y llegar a entenderlo. Igual que una luz enfocada permite que podamos ver los objetos con mayor detalle y claridad, *el enfoque de la atención* nos proporciona claridad y definición a la hora de percibir cualquier cosa que estemos observando. Cuando el enfoque es amplio podemos

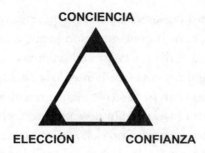

llegar a ver todo un paisaje; cuando es reducido podemos observar los detalles de una determinada hoja de alguno de los árboles que forman parte de ese paisaje. Es posible incluso centrar la atención en esa hoja en un primer plano de nuestra mente mientras de fondo nos mantenemos conscientes de todo el paisaje en su conjunto.

Gracias a la atención centrada nuestro mundo se vuelve comprensible. Cuando uno se fija solo en la parte superficial de las cosas la comprensión que surge también es superficial. Para acceder a una comprensión profunda hay que centrarse en lo que sucede bajo la superficie visible de las cosas. De igual modo, el alcance de nuestra comprensión de cualquier situación o sujeto depende de la atención que les demos a todos sus aspectos relevantes y a su relación entre ellos. De esta manera la calidad de nuestra atención está ligada a la calidad de nuestro aprendizaje y de nuestra actuación.

Los errores de juicio se cometen cuando la atención que prestamos es demasiado limitada, dando lugar a lo que comúnmente llamamos "visión de túnel". Esta visión de túnel puede darse en el interior de un individuo o en un equipo de personas que trabajan juntas. Cuando el enfoque de la atención de un equipo viene dictado por las prioridades del Yo 1 de sus miembros se pierde la concentración del grupo y se pone en peligro su eficacia.

DECISIÓN Y CONCENTRACIÓN: Lo que rara vez se suele tener en cuenta acerca de la concentración es que está gobernada por el deseo. Un carterista se centra en las carteras y los bolsos; un enamorado siempre está pendiente de la persona que ama. Alguien conectado con su deseo se fijará en cualquier cosa que sea importante para lograrlo. Un pescador de truchas no necesita "intentar concentrarse" sino que está atento a cualquier señal que delate la presencia de los peces. El músico escucha las diferencias de los ritmos, melodía y tono. De la misma forma una persona atrapada en las garras del miedo notará todo lo que le da miedo, y quien está enojado notará todo lo que le enoja. El deseo enfoca la atención. El único aspecto sobre el que tenemos poder de decisión es el de elegir qué deseos alimentar y qué deseos ignorar. Alimentar los deseos naturales del Yo 2 aumenta nuestra estabilidad y nos hace sentirnos realizados. Por el contrario, alimentar los deseos del Yo 1 refuerza la autointerferencia y nos lleva al conflicto interior y a la distracción.

Pero en el tema del deseo la decisión juega un papel importante. Tenemos el poder de elegir qué deseos alimentar y cuáles ignorar. A través de nuestras decisiones creamos unas prioridades que son las que hacen que actuemos de una u otra forma. Cuando tenemos claras nuestras prioridades es más fácil concentrarse. Cuando no es así se da un conflicto entre objetivos, nos desorientamos, y es difícil mantener la atención centrada en algo.

Esencialmente se trata de elegir entre el Yo 1 y el Yo 2. Puedo decidir estar en contacto con mis prioridades inherentes (Yo 2) o perderlas de vista y terminar asumiendo como propias las expectativas de otras personas (Yo 1). Conforme aumenta mi capacidad de distinguir entre mi verdadera voz y la de "los demás dentro de mí", voy accediendo con más facilidad a la concentración del Yo 2. Cada vez que elijo enfocar la atención estoy ejercitando mi poder de decisión.

CÓMO AYUDA LA CONFIANZA A LA CONCENTRACIÓN: Esto nos lleva al tercer elemento de la concentración. ¿Por qué la confianza resulta esencial para la concentración? Porque la concentración solo se logra cuando te desprendes de tu actitud controladora. Cuando el Yo 1 está en un estado de duda se rompe el estado de fluidez mental. Entonces es cuando es más probable que empieces a escuchar dentro de tu cabeza instrucciones sobre lo que debes o no debes hacer, o preguntas sobre cualquier decisión que estés tomando. La duda conduce a la confusión y a la parálisis de la acción. Cuando estás concentrado eres consciente de tu propósito, estás cien por cien en el presente y no escuchas la voz del Yo 1.

Cuanto más aprendo a confiar en el Yo 2 menos me afecta el miedo y la duda y más fácil me resulta mantener la concentración. Este desprenderse del control es lo que trae la magia a los deportistas, a los escritores y a quienes trabajan de forma creativa en la resolución de problemas. Cuando mi Yo 1 tiene el control obtengo resultados del tipo Yo 1. Cuando dejo que el Yo 2 actúe espontáneamente siempre sucede algo en lo que ni siquiera había pensado y que es más inteligente, más sencillo y verdadero. Cada vez que lo veo, lo mismo en mí que en otra persona, me quedo asombrado. Es maravilloso.

El precio de esta maravilla es que no la puedes controlar con el pensamiento consciente. Solo puedes dejar que suceda. Y para esto hace falta confianza y cierta dosis de humildad. La humildad es una parte importante de la concentración y de la confianza. La arrogancia es pensar que sé todo lo que está pasando, por eso creo que no tengo que prestar mucha atención. Si confías en ti mismo lo suficientemente para atreverte a admitir que no lo sabes todo, estarás más atento y aprenderás. Verás cosas que no habías visto hasta ahora y de una manera totalmente nueva. Esta frescura en la percepción es una señal de que el Yo 2 es el que está centrando la atención y de que el Yo 1 "sabelotodo" está callado. Da miedo renunciar al control del Yo 1 que te parece tan necesario. Pero debes confiar en que el Yo 2 tomará el control y lo hará mucho mejor.

LUCHAR CONTRA EL YO 1 NO FUNCIONA: En la concentración del Yo 2 hay una fluidez y un ritmo en nuestras acciones que es inherentemente gratificante. Parece que todo va bien a todos los niveles. Por lo general el trabajo (o el deporte, o cualquier actividad que nos ocupe) fluye con facilidad y con el mínimo esfuerzo, aprendemos de forma natural, espontáneamente, y está presente una sensación de bienestar. Cuando experimentamos este estado durante un corto espacio de tiempo es natural intentar mantenerlo de alguna manera, o, si lo perdemos, *hacerlo* regresar. Exigimos que vuelvan la espontaneidad y la fluidez. Y esto por lo general no funciona. ¿Por qué?

Cuando pierdo la concentración puedo estar seguro de que hay algún conflicto entre el Yo 2 y el Yo 1. Pero, ¿qué puedo hacer? Si uso las estrategias del Yo 1 para controlar al Yo 1, reforzaré al mismo tirano que está causando el conflicto. Si me obstino en resistir al Yo 1, solo conseguiré que las distracciones crezcan todavía más. Si intento forzar la concentración del Yo 2, tardaré en volver a experimentarla. Si le digo al Yo 1 que se calle, es probable que me grite más fuerte. Tanto si me rindo al Yo 1 como si lucho directamente contra él estaré perdiendo la batalla.

Entonces, ¿qué puedo hacer? Lo único que a mí me funciona es elegir al Yo 2: admitir su deseo y permitirle que se exprese. ¿Cómo puedo hacer esto cuando estoy en conflicto? ¡Si hay conflicto puedes estar seguro de que el Yo 2 está ahí! Si no estuviera, no habría ningún conflicto. La resistencia en sí es señal de que el Yo 1 no me tiene totalmente en sus garras. Una vez que soy capaz de reconocer la presencia del Yo 2 puedo dirigirme a él y ponerle toda mi atención. Al elegir de forma consciente prestarle atención estoy ignorando las voces de la autointerferencia. Un poco de atención se retira del Yo 1 disminuyendo su influencia y, simultáneamente, gano un mayor acceso a los recursos del Yo 2.

LA PRÁCTICA DE IGNORAR AL YO 1: Para representar esta práctica de concentración diseñé un ejercicio que debía usarse en los entrenamientos de ventas. Le pido a A que convenza a B para que haga alguna acción específica: como ir a ver una película, leer un libro, asistir a un curso, o comprar unas acciones. Tras esto al vendedor y al comprador se les asigna una persona que hace el papel de Yo 1. Las instrucciones al Yo 1 son simples: "Salvo intervenir físicamente, haz todo lo que puedas para distraer a tu pareja de la tarea que está llevando a cabo". Además se les dice que no pueden alzar la voz, solo hablar en susurros.

Es sorprendente lo creativo y sutil que puede ser el Yo 1 con sus estrategias y técnicas de distracción. "Mírala, no creo que se esté creyendo lo que le estás contando... a lo mejor deberías intentar otra cosa... Eso último ha estado muy bien... pero, ¿de verdad te lo crees?... Deberías encontrar cuáles son sus puntos débiles... Está resistiendo todo lo que le dices... me parece que a esta chica no le gustas demasiado... bueno, ¿por qué le ibas a gustar?... ¿Por qué no tratas de seducirla?... Sí, eso ha estado mucho mejor... ahora por fin estás yendo a alguna parte... ¿quieres más ideas?..".

En la parte del comprador puedes escuchar susurros del tipo "Está intentando forzarte a que hagas eso... si ni siquiera sabe de lo que está hablando... no te tragues ese cuento... ¿No crees que va un poco de listo?... No le hagas caso... ¿Sabes?, está convencido de que quieres algo con él... Me parece que está intentando ligar contigo... ¿te imaginas?... ¿por qué no le sigues un poco el juego?... Y al final, cuando ya se crea que te tiene le das un buen corte..".

Cuando se les pregunta qué han aprendido de este ejercicio a los que hacen de Yo 1, dejan muy claro unas cuantas cosas: (1) Les sorprende lo buenos que son representando esos papeles y comprenden que deben haber estado "practicando" esto durante mucho tiempo. (2) Es divertido hacerlo a propósito y a otra persona, en vez de a uno mismo. (3) El Yo 1 puede ser negativo o positivo. Tanto si se trata de minar la confianza de alguien o de hinchar su ego, lo único que tienen que hacer es captar la atención de sus "víctimas".

Los compradores y los vendedores aprenden lecciones parecidas. Al principio no sabían si los susurros estaban ahí para ayudarles o no. (Del mismo modo en que normalmente es difícil saber si el Yo 1 que susurra en tu cabeza es un amigo o un enemigo.) "Quizá les dijeron que sean nuestros consejeros", piensan algunos. Cuando el Yo 1 hace bien su papel, y normalmente lo hace, pasa bastante tiempo antes de que los compradores y los vendedores comprendan que los están distrayendo, y entonces intentan protegerse a sí mismos. Por supuesto si intentan empezar una pelea con su Yo 1 discutiendo con él, siempre pierden. Al astuto Yo 1 no le importa si le dan la razón o le llevan la contraria, en cualquiera de los dos casos ha tenido éxito en su meta de distraer al comprador o al vendedor de su tarea. La única manera de que el comprador o el vendedor puedan trabajar con efectividad es tomar la decisión de dejar de prestar atención a su Yo 1. Quienes toman esta decisión descubren que pueden llegar a bloquear las voces del Yo 1 si le ponen toda su atención a la comunicación con la otra persona.

Todos tenemos los susurros de nuestro Yo 1. Es bueno darse cuenta de que no estamos obligados a escucharlos. Nuestro Yo 1 se impone cada vez que nos convence de que necesitamos su consejo o de que necesitamos luchar contra él hasta doblegarlo. En cualquiera de los dos casos ha tenido éxito en distraernos de la tarea que estábamos haciendo. La concentración es así la mejor defensa y el mejor ataque contra la interferencia del Yo 1.

Cómo crear un "entorno interior" para la concentración

Una vez que empiezas a practicar la concentración, una de las primeras cosas que aprendes es lo fácil que resulta distraerse. Esta es una parte fundamental de la práctica de la concentración. ¿Qué es lo que te distrae durante el trabajo? La mayoría de las personas no se da cuenta de lo dispersa que está su atención hasta que intentan conscientemente aprender a mantener esa concentración. Mantener la concentración no es cuestión de no perder nunca la concentración sino de acortar los periodos de tiempo en los que la pierdes. La mejor manera de aprender la concentración es dominar el arte de volver una y otra vez a ella.

Aprende a reconocer las señales que te advierten de tu falta de concentración. A veces los errores que cometemos en una actividad ponen de manifiesto una pérdida momentánea (o más larga) de la concentración. También se pierde más fácilmente cuando estamos ansiosos, aburridos o confusos. ¿Qué provoca estas sensaciones? El Yo 2 suele ser el resultado de dos condiciones: suficiente grado de seguridad y suficiente grado de desafío. Cuando la persona siente que hay demasiado desafío y muy poca seguridad, tiende a volverse ansiosa y estresada.

Cuando la persona experimenta demasiada seguridad y muy poco desafío tiende a aburrirse. En ambos casos es fácil perder la concentración.

DEMASIADO DESAFÍO, INSUFICIENTE SEGURIDAD = ESTRÉS: La sensación de tener "demasiados frentes abiertos" es una de las condiciones que más suele hacernos perder la concentración. Prácticamente todas las personas con las que he tratado en el mundo de la dirección empresarial trabaja en un contexto de "tengo más cosas que hacer que tiempo para hacerlas". No es solo que todos los problemas parezcan estar llamándonos la atención al mismo tiempo sino que el simple hecho de sentirnos agobiados nos impide concentrarnos. La clave consiste en restablecer nuestra capacidad de decisión sobre la materia y aliviar esa sensación de que se nos exige más de lo que somos capaces de dar.

Una manera de reducir esa "exigencia" es desprenderse de las demandas innecesarias del Yo 1 en forma de perfeccionismo, control excesivo, aversión al riesgo, etc. Después de haber eliminado todas las demandas posibles del Yo 1, si todavía sigues teniendo más cosas que hacer que tiempo para hacerlas, puedes empezar a fijarte en cómo y por qué has aceptado unas obligaciones de las que no tienes tiempo para ocuparte y decidir cómo renegociarlas o delegarlas. Una manera de hacer esto es dividir tu tiempo en tercios. ¿Qué harías si tuvieras solo una tercera parte del tiempo del que dispones? ¿Qué harías si tuvieras dos tercios? Quizá sería bueno que te detuvieras aquí y dejaras el último tercio para emplearlo en tareas que ahora es imposible predecir.

En definitiva, puedes trabajar eficazmente solo si puedes mantenerte concentrado, y no puedes mantenerte concentrado cuando te sientes sobrecargado por demasiadas obligaciones.

Con frecuencia me sorprende cuánto tiempo ahorro cuando me desprendo de las exigencias del Yo 1 y de mi resistencia ante ellas. Al Yo 1 le gusta tomarse todo el tiempo posible para llevar a cabo una tarea. Al Yo 2 le gusta hacer la tarea con economía de tiempo y esfuerzo. Cuando salgo del modo del Yo 1, el Yo 2 me descubre un ritmo de trabajo que está en consonancia con su naturaleza. Sin ninguna excepción el trabajo simplemente se hace de forma más eficaz y efectiva.

Demasiada seguridad y muy poco desafío = Aburrimiento: Cuando una persona siente muy *poca* exigencia porque percibe su trabajo o tarea como demasiado rutinario e insignificante, la concentración termina siendo sustituida por una sensación de aburrimiento. El ciclo del aburrimiento funciona de una forma bastante parecida al ciclo de la ansiedad descrito anteriormente. La percepción de que "aquí no hay nada interesante" lleva a que se cierren los receptores del sistema nervioso y aparezca una ausencia de atención, una incapacidad para mantenerse interesado, que conduce a una falta de implicación en la actividad, lo que a su vez lleva a la conclusión de que "este trabajo es aburrido".

La falta de desafío es tan amenazadora para el bienestar del Yo 2 como lo es el exceso de desafío. El Yo 2 se duerme y la persona con frecuencia se ve forzada a buscar medios extremos de "excitación" y estimulación fuera del trabajo para poder sentirse viva otra vez.

Hay dos soluciones a este problema. Encontrar una manera de hacer de tu trabajo un mayor desafío mejorando su calidad y prestando una mayor atención a los detalles (como los operadores telefónicos), o buscar otro trabajo que tenga más sentido para ti o te resulte más estimulante. A veces el aburrimiento es un obstáculo más fácil de superar que la ansiedad porque hay más variables que están bajo tu control. Una de las claves es no identificarte a ti mismo con el trabajo que realizas. Incluso teniendo un "trabajo aburrido y rutinario", puedes ser una persona muy interesante e importante. Del mismo modo puedes estar haciendo un trabajo muy estresante y ser una persona muy tranquila y con un perfecto control de sí mismo. Es tu deber hacerte cargo de tu propio entorno interior y tomar la decisión de que no te permitirás a ti mismo pasar mucho tiempo aburrido o estresado.

RECUPERAR LA CONCENTRACIÓN: Quiero hacerlo... no quiero fallar. Sé que puedo hacerlo... no estoy tan seguro. Quiero la responsabilidad... no quiero la presión. Quiero aprender a tocar el piano... no quiero aguantar esas lecciones tan pesadas. Quiero abrir mi corazón... no quiero que me hagan daño. Estoy dispuesto a arriesgarme... no puedo permitirme cometer un error. Los ejemplos de objetivos y deseos contrapuestos pueden ser innumerables. Pero al final todo se reduce a no tener claras nuestras prioridades. El resultado es un estado de confusión en el que mantener la concentración resulta muy complicado.

La distracción surge cuando no resolvemos el conflicto interno de prioridades. Vivimos sometidos a demasiadas exigencias. Padres, jefes, parejas, directivos, colegas, maestros, gobiernos, amigos, religiones, entrenadores, niños, nuestros "ideales" y nuestras causas, todos parecen tener derecho a "exigirnos". La mayoría de nosotros siente la obligación de satisfacer una parte (o la mayor parte) de las exigencias que otros nos imponen, casi siempre en perjuicio de las prioridades del Yo 2.

¿Qué prioridad damos a nuestras necesidades inherentes de equilibrio, disfrute y crecimiento? ¿Hasta qué punto nos permitimos ser una prioridad en nuestras propias vidas? Algunos considerarán que se trata de un pensamiento egoísta. No es cierto. El sentido común nos dice que si la vaca no come hierba, no tendrá leche para darnos. Si no se reconoce y se alimenta al Yo 2, ¿qué es lo que va a ser capaz de darnos? La naturaleza de la sociedad es crearles a los individuos exigencias interminables. Sin embargo la naturaleza del espíritu humano es ser libre. El origen de nuestra incapacidad para concentrarnos se encuentra en este conflicto esencial entre el individuo y la sociedad que le rodea.

Se trata de una decisión sencilla, pero no siempre fácil de tomar. El primer paso consiste en aprender a distinguir la sensación de fuerza compulsiva de los deseos que surgen del Yo 1, de la suavidad de los impulsos del Yo 2. Es más fácil apreciar esta diferencia que describirla. Los deseos del Yo 1 se parecen a la sensación de conducir un auto con las manos fuertemente agarradas al volante, la del Yo 2 es la sensación de tomar el volante de una forma relajada pero firme. El Yo 2 expresa su excelencia natural de una forma espontánea y gozosa; el Yo 1 está siempre intentando demostrar su valor o ganar un reconocimiento que en el fondo no cree merecer. Hay muchas maneras de describirlo pero ninguna logrará remplazar a tu capacidad de distinguir esas sensaciones desde tu interior.

Cuando no sé lo que quiero termino cediendo a las intenciones del Yo 1. Así es como el Yo 1 va ganando fuerza. Ser sociable significa dejarse llevar por las propuestas de "los demás" haciendo caso omiso a tu propio sistema inherente de orientación. La concentración del Yo 2 se da cuando esos conflictos internos se han resuelto o cuando por el momento todos los deseos están alineados en la misma dirección.

La elección y el compromiso son fuerzas muy poderosas que están a nuestra entera disposición. Ser capaz de elegir no solo lo que haces en cada momento sino el camino que quieres seguir o la persona que quieres ser es una de las claves fundamentales para la concentración. Es más, es el ingrediente esencial de la libertad individual. No hay ningún truco sencillo para mantenerse centrado. Hace falta conciencia, elección, confianza y muchísima práctica.

4

LA PRÁCTICA DE LA CONCENTRACIÓN

La concentración consiste en prestar atención cuando estás haciendo algo. Es una aptitud que se puede practicar a través de cualquier actividad: conducir un vehículo, leer un libro, hablar y escuchar a otra persona, resolver un problema, manipular una máquina, trabajar en un grupo o trabajar solo.

Lo más importante sobre la concentración es que no se puede forzar. Hacer un esfuerzo para concentrarse no sirve. Produce frustración, cansancio, y rigidez mental. La concentración es consecuencia del interés, y el interés no necesita coacción. Basta con sujetar suavemente el volante de la atención.

Otra cosa que tienes que tener presente acerca de la práctica de la concentración es que no debes juzgarte. Al practicar la concentración te volverás más consciente de todas tus distracciones. Enfadándote contigo mismo por perder la concentración solo conseguirás distraerte aun más de la tarea que tienes entre manos. El enfoque alternativo es el del principiante. El principiante quiere mantener la concentración, pero también le interesa identificar lo que le distrae.

Cuando entrenaba a un alumno para que se concentrara en la pelota de tenis, mi principal esfuerzo era animarle a centrarse en algún aspecto del vuelo de la pelota que le pareciera interesante. Cuando dejaba de centrar su atención le preguntaba, "¿Dónde se fue tu atención?" El alumno pensaba un instante y luego expresaba su sorpresa de que su atención se hubiera ido a otra parte sin su permiso. El simple hecho de notar qué había atraído su atención solía bastar para que la distracción se debilitara y permitiera una mayor concentración.

No deberíamos pensar que cada vez que se produce un desvío de atención estamos dejando de concentrarnos. El Yo 2 desplaza automáticamente la atención cuando encuentra algo interesante o importante a lo que atender. Solo si aprendemos a notar esos desplazamientos de la atención podremos saber cuándo nos ayudan con nuestro objetivo y cuándo nos están alejando de él.

Mientras conduces un auto, tu centro de atención cambia constantemente en un esfuerzo de conseguir toda la información necesaria para que te mantengas a salvo y no pierdas el rumbo. Más que entorpecer tu capacidad de conducir, estos desvíos de la atención son fundamentales para que puedas conducir con seguridad e incluso pueden servir para aumentar tu concentración y mejorar tu conducción. Por ejemplo, una vez, conduciendo por una carretera rural, empecé a notar en qué parte de la carretera se fijaba mi mirada al tomar una curva. Conforme aumentaba mi concentración noté que mis ojos empezaban a encontrar un lugar más alejado del principio de la curva y más cercano al final de la misma. Concentrarme esa parte de la curva mejoró extraordinariamente la facilidad con que la atravesaba. Simplemente el hecho de ser consciente de dónde está tu atención aumentará tu concentración.

Practicar la concentración significa ser completamente consciente de las variables elegidas, estar presente. Al notar lo que te distrae, tus prioridades se vuelven más evidentes y tu concentración se refuerza. Esto es lo fundamental en la práctica del Juego Interior en cualquier actividad. Conforme aumenta la concentración, la autointerferencia disminuye y el rendimiento mejora inevitablemente.

COMUNICACIÓN CENTRADA: una de las áreas más valiosas de trabajo en las que podemos practicar la concentración es la comunicación con otra persona. Un trabajo efectivo requiere una buena comunicación, y el elemento clave para la comunicación eficiente es centrar la atención. De nuevo se trata de observar manteniendo una actitud exenta de juicios.

¿Alguna vez te has dado cuenta de hasta qué punto estás manteniendo una conversación en tu cabeza mientras hablas con otra persona? Creo que muchas veces los comentarios y sensaciones interiores nos distraen y nos impiden escuchar completamente a la otra persona. A veces me da la impresión de que sé lo que va a decir mi interlocutor y entonces ya no me hace falta seguir escuchando. Pienso si estoy de acuerdo o no con lo que dice y preparo mi respuesta. ¿Qué cantidad de atención absorbe esta conversación interna?

La tarea de escuchar a otra persona no es diferente de la de centrarse en una pelota de tenis. La voz de la otra persona se dirige hacia ti y tú tienes que responder. ¿Qué piensas y sientes mientras la comunicación viene hacia ti? ¿Eres como el tenista que se sentía amenazado cada vez que le lanzaban una pelota dirigida a su revés? "¿Aquí viene una crítica o un rechazo hacia mi punto débil?", o "Aquí viene una idea con la que no estoy de acuerdo". Lo mismo que los tenistas que juegan a la defensiva, también el que escucha está sujeto al ciclo de la autointerferencia. Respiración rápida y poco profunda, cara sonrojada, postura corporal tensa, y otras reacciones fisiológicas que alteran la armonía del entorno interior. El oyente es propenso a refugiarse en una postura defensiva que le hace tan difícil responder apropiadamente como lo es para el tenista devolver un buen lanzamiento.

¿Qué pasaría si me desprendiera del mecanismo de control del Yo 1 y le prestara toda mi atención al que habla? ¿Realmente necesito hacerme comentarios a mí mismo o preparar mi respuesta mientras la otra persona está hablando? Cuando estoy dispuesto a escuchar en profundidad la otra persona nota que se le está haciendo caso y por regla general empieza a hablar y a escuchar de una manera más centrada. El resultado puede ser una mejora general en la calidad de la comunicación para ambos.

Escuchar y hablar: La concentración del Yo 2 al escuchar y al hablar no puede conseguirse únicamente por medio de disciplina. Tienes que sentir interés por la otra persona. Y solo puedes sentir interés si no das por hecho que ya sabes todo lo que va a contarte. Así te sentirás un poco más abierto y vulnerable, pero esto es fundamental para la concentración del Yo 2. Cuando puedo aceptar estas sensaciones tengo más atención que dar, tanto al contenido de lo que me está diciendo la otra persona como a sus sentimientos. Por otro lado, cuando no estoy dispuesto a abrirme y a permanecer en un estado de "no saber", puedo ponerme a la defensiva, ser crítico, o sentirme ansioso o aburrido.

Déjame ofrecerte un pequeño ejemplo de la diferencia entre la escucha del Yo 1 y la del Yo 2. Estaba en una reunión formando parte de un pequeño grupo de trabajo al que se le había asignado una tarea. En este grupo había una directora de mediana edad que provocaba a mi Yo 1. Prácticamente cada vez que hablaba era para darle algún consejo a alguien sobre alguna cosa. Si una persona le estaba comunicando una preocupación o un problema ella automáticamente salía con "¿Por qué no intentas hacer esto?" Y entonces mi Yo 1 empezaba a murmurar, "Nadie te ha pedido un consejo, no hay cosa que más coraje me dé que eso..". Asumía una actitud tan crítica con ella como suele tener conmigo. Por supuesto que cuanto más me fijaba en este comportamiento tan molesto menos consciente era de del resto de la conversación que estaba teniendo lugar en el grupo y menos podía aportar a la tarea en la que estábamos embarcados. La evaluación del Yo 1 era "Esta reunión es una pérdida total de tiempo".

Hicimos un descanso para almorzar y empecé a charlar con alguien más del grupo que había sacado mucho partido de la reunión. Cuando le comenté lo mucho que me molestaba esta directora reconoció que había notado ese comportamiento pero que lo ignoró porque estaba interesado en otras cosas que se estaban diciendo. "Además, la conozco, y aparte de que sea un poco pesada con sus consejos, es una de las directoras más inteligentes y comprensivas de la compañía". Me quedé atónito. Era como si hubiéramos estado en dos reuniones completamente distintas y estuviéramos hablando de dos personas totalmente distintas. Comprendí en ese momento que no quería volver a la reunión en la que había estado antes y que tenía una *elección*: no sobre asistir o no a la reunión, sino sobre *lo que quería escuchar* mientras estaba en ella. Mi elección fue sencilla: iba a estar atento y a escuchar todo lo que pudiera en ese grupo de trabajo en lugar de escuchar solo lo que podía criticar.

Hablando de una manera objetiva apenas hubo diferencias entre la reunión de después del almuerzo y la reunión que había pensado que era una pérdida de tiempo. Pero de una manera subjetiva era una reunión completamente distinta. El comportamiento de la directora que daba consejos no cambió, pero la forma en que yo la veía cambió totalmente. Podía darme cuenta de que era inteligente y comprensiva y que de hecho era una magnífica directora. Seguía sin gustarme ese comportamiento en concreto pero era capaz de distinguir a la persona del comportamiento. Esto tuvo un gran impacto en la forma en que la veía. En lugar de ver solo el "grano" podía ver toda la cara. Desde esta perspectiva también podía escuchar con más concentración a los demás miembros del grupo. Me sorprendió descubrir que de verdad estábamos trabajando y encontré varias oportunidades para hacer mi contribución al esfuerzo común. Para cuando llegamos al final de la reunión tuve que admitir que había sido bastante productiva y probablemente había sido así desde el principio.

Fue una experiencia de aprendizaje muy valiosa sobre la diferencia entre la escucha del Yo 1 y la del Yo 2. Es fácil quedarse atrapado en el estado mental crítico del Yo 1, que busca evidencias para justificar nuestros prejuicios. Lo que no solemos ver en esos momentos es que no es la otra persona la que nos hace perder el tiempo sino que nosotros mismos estamos perdiendo el tiempo al escuchar con ese tipo de actitud. Lo cierto es que tengo elección, aunque es mucho más fácil echarle la culpa a otra persona, a la reunión o a la vida misma.

Hace falta poner mucha atención para entender realmente lo que la otra persona está diciendo. Incluso cuando simplemente nos limitamos a transmitir una información sencilla, está bien establecido por los investigadores que la gente generalmente no escucha lo que los demás están diciendo. Escuchamos lo que *esperamos* oír. Por si eso fuera poco tenemos que contar con el hecho de que la gente normalmente no dice lo que de verdad piensa. Muchas veces se ocultan los verdaderos sentimientos o ideas para tratar de ser amable, evitar una crítica o causar una buena impresión. Para llegar a entender lo que una persona realmente quiere decir, su interlocutor debe estar concentrado del todo en la escucha. Como nuestra capacidad de entender depende en gran medida de nuestra atención, y nuestra capacidad de entender a las personas con las que trabajamos tiene tanta importancia a la hora de trabajar bien (especialmente en equipos), aprender a escuchar con toda nuestra atención tiene un valor inmenso.

Esto es así también a la inversa. Hablar requiere de tanta concentración como escuchar. ¿Decimos lo primero que se nos ocurra aunque no tenga nada que ver con el tema que estamos tratando? Concentrarse en hablar es una cuestión de decir lo que piensas de una forma que pueda ser entendida, respetada y considerada relevante.

Una de las razones por las que a la gente no le gustan las reuniones de trabajo es que puede darse bastante dispersión. Incluso cuando existe un orden del día preestablecido, con frecuencia lo que una persona dice no tiene absolutamente nada que ver con lo que ha dicho la persona que acaba de hablar. Cuando pasa esto es fácil dar por hecho que cuando la primera persona estaba hablando, la otra en lugar de escucharla estaba pensando en lo que iba a decir cuando le tocara el turno. Si nos pusiéramos a analizar el flujo de estas conversaciones en el lugar de trabajo, sería sorprendente ver lo incoherentes y aparentemente aleatorias que suelen ser muchas de ellas.

Además es difícil mantener la concentración cuando la persona que está hablando se toma varios minutos para decir algo que podría decirse en unos segundos. Al hablar, lo mismo que en los deportes, al Yo 2 le gusta expresarse de forma concisa.

Siendo la comunicación un aspecto tan presente en nuestras vidas, nos proporciona una oportunidad ideal para practicar el centrar la atención cada vez que escuchamos o hablamos.

Céntrate en las variables clave

Contactamos y entendemos el mundo que hay a nuestro alrededor por medio de nuestra atención, que está constantemente cambiando de acuerdo con nuestro interés. En cualquier actividad hay un ilimitado número de posibles objetos de atención. Nuestro nivel de comprensión de una situación dada, es lo que decidirá qué objetos de atención seleccionaremos. A su vez, lo que percibimos con nuestra atención controla nuestro nivel de comprensión. De esta manera, mientras la comprensión puede crecer cada vez que centramos la atención también se reduce si dejamos de prestar atención o nos distraemos.

El Yo 2 es la inteligencia inherente que decide a qué tenemos que atender. Y el Yo 1 es la primera causa de distracción de la atención; puede disminuir la concentración y hacernos menos conscientes de dónde estamos y dónde vamos. Cuando el Yo 1 calla, la concentración del Yo 2 surge de manera natural, y selecciona espontáneamente los objetos que tienen una mayor relevancia. Yo les llamo "las variables clave". En un estado consciente del Yo 2 estos desvíos de atención ocurren de manera automática y traen nueva información con cada nueva observación. De esta manera la comprensión crece automáticamente y de esa comprensión brotan mejores decisiones y mejor rendimiento.

CONCENTRACIÓN EN LA VELOCIDAD: Cuando llegó el momento de enseñar a conducir a mi hijo adolescente, Steve, lo hice casi enteramente a través de la práctica de la concentración en las variables clave. Empecé con pequeños e informales "juegos de atención" mientras conducía y Steve iba sentado a mi lado. Le hacía preguntas como, "¿Vamos por la derecha, la izquierda o el centro de la carretera?" O "Tomando la longitud de este auto como medida, ¿a cuántos autos estamos del que va por delante? ¿y del que va detrás?" El objetivo de estas preguntas no era adivinar la respuesta correcta sino hacer que Steve fuera más consciente de la distancia y el espacio.

Una pregunta como "¿A qué velocidad vamos?" no nos brinda una oportunidad interesante para concentrarnos. Por eso el juego consistía en tratar de adivinar la velocidad sin mirar al indicador. Ambos hacíamos una estimación y luego mirábamos el indicador de velocidad para confirmarla. Entonces la pregunta era, ¿en qué te fijaste para llegar a esa estimación? Empezamos a ser conscientes de que dentro de la variable de *velocidad* había otras *subvariables*. El sonido del motor, el viento en el parabrisas, o las ruedas sobre la carretera nos daban información auditiva acerca de la velocidad. El "movimiento" de las líneas blancas de la carretera, postes telefónicos, árboles y otros elementos fijos del paisaje nos daban pistas visuales. Poner atención a esas pistas sensoriales hacía que las lecciones de conducir fueran interesantes, cautivaran el interés, y lo más importante, fomentaran la atención y la precisión. En ningún momento se trataba de hacer juicios sobre qué mal o qué bien conduces.

Cuando le llegó a Steve el momento de ponerse detrás del volante la conversación continuó sin juicios ni críticas. Tuvimos una charla corta sobre el objetivo de conducir: en pocas palabras, llegar sano y sin cometer infracciones de A a B. Una vez que el objetivo quedó claro empecé a hacerle preguntas que tenían que ver con la atención. Las primeras veces que le hice esas preguntas fue cuando Steve estaba conduciendo bien. Yo preguntaba y él respondía en un tono neutro de voz. El contexto exento de juicios de valor hizo que el aprendizaje progresara rápidamente, sin críticas. Era increíble ver lo consciente que Steve podía llegar a estar cuando no se le manipulaba para que copiara el "comportamiento correcto" sino que simplemente se le desafiaba a estar lo más atento posible. El ambiente en el interior del auto era cómodo y sin ningún tipo de tensiones entre los dos.

Es frecuente que en los deportes las variables clave sean variables físicas, mientras que en el trabajo pueden ser físicas o mentales. La magia de la concentración del Yo 2 no depende tanto de qué variable elijas como del hecho de que te centres en *alguna* variable. La concentración en *cualquier* variable puede ayudarte a ponerte en un estado de atención objetiva (sin críticas ni juicios de valor) y de esta manera reducir la autointerferencia. De manera que no te preocupes demasiado por elegir la "variable correcta". Hay muchas con las que puede funcionar.

CONCENTRACIÓN EN LAS VARIABLES CLAVE DURANTE LA VENTA: Comprar y vender son dos de las actividades más antiguas y universales. Todos compramos y la mayoría también vendemos. Aunque no seamos vendedores vendemos nuestras ideas, nuestro trabajo, nuestros puntos de vista y nuestras opiniones. El objetivo general de vender es "elevar el valor que se percibe" de algo para crear un resultado deseado. Existen numerosos libros y cursos sobre esta actividad con enfoques muy diversos. Y sin embargo es mucho lo que podemos aprender simplemente centrando la atención en el acto de vender.

Cuando hablo de este tema en mis cursos les pregunto a los asistentes cuántos de ellos tienen experiencia con niños de cinco años. "¿Qué tal son esos niños vendiendo?" pregunto. La respuesta es una unánime admiración por su increíble capacidad para "venderles" cualquier cosa a los padres. "¿Establecen una relación de confianza con el comprador?" Sí, de forma totalmente espontánea. "¿Se enfrentan creativamente a las objeciones?" Sí, realmente sí. "¿Saben presionar los "botones" del comprador?" Sí, saben muy bien cuáles son. "¿Alguna vez no se atreven a cerrar una venta?" Nunca. "¿Si alguien rechaza su propuesta, se buscan a otro posible cliente?" Siempre. "¿Usan la misma táctica para todos los clientes?" No, se adaptan a cada uno. "¿El miedo al rechazo o al fracaso les impide insistir una y otra vez?" No. No, hasta que conseguimos "educarlos". "¿Qué curso de ventas hicieron esos niños de cinco años para desarrollar todas esas habilidades? ¿Están siguiendo algún modelo para conseguir éxito en las ventas?" ¿O simplemente interfieren menos con el potencial de su Yo 2?

¿Cómo aprendieron estas aptitudes para vender? Creo que más que de observar el comportamiento de los padres vendiendo, lo han aprendido de prestar mucha atención a cómo se comportaban al comprar. Los niños vienen ya de nacimiento apuntados a un curso llamado "aprender de la experiencia". Para cuando llegan a esa edad ya han pasado más de cinco años en esta escuela y no conocen ninguna manera mejor de aprender que no sea mediante la observación, el intento y error, y la adaptación.

Para los niños aprender a vender no es un "trabajo". Es tan solo una parte del proceso natural de aprender a conseguir lo que uno quiere. Una niña de cinco años tiene absolutamente claros cuáles son sus objetivos y está en contacto con sus deseos. De forma instintiva la niña presta una gran atención a las variables clave y ajusta su comportamiento a la ley de la naturaleza: lo que resulta agradable y funciona. Aprende en cada nueva situación de ventas. Va cambiando de enfoque sobre la marcha, viendo las técnicas que funcionan con una persona y las que no funcionan. La niña desarrolla todas estas aptitudes sin la ayuda del razonamiento abstracto. Como adultos, cuando combinamos nuestra capacidad de reflexión con nuestra capacidad innata para aprender de la experiencia, tenemos el activo más formidable que se pueda imaginar.

¿Qué aprendemos de esta niña de cinco años sobre cómo concentrarnos durante la venta? ¿Cuáles son las variables que esta niña percibe? La primera variable es su propia motivación. Tiene una noción muy clara del resultado deseado, una enorme confianza en sí misma y una elevada esperanza de conseguirlo. Pero lo más importante es la sorprendente sensibilidad que despliega ante el cliente. Ha de ser capaz de notar cambios sutiles en el nivel de interés, cambios sutiles en el tono de voz que indican la seriedad o falta de seriedad de una determinada objeción. Además está alerta a posibles aperturas en la disposición del cliente y puede ver también por dónde no hay forma alguna de entrar. Estas variables son obvias en la venta, pero con frecuencia los adultos, mucho más complejos e "inteligentes" no se percatan de su existencia. A veces, como el Yo 2 es más infantil y natural, dice cosas que producen mejores resultados de lo que podríamos haber esperado. Una de esas veces fue cuando me pidieron que le *vendiera* a un grupo de entrenadores de ventas de AT&T el enfoque del Juego Interior con respecto a las ventas.

CONCENTRACIÓN DEL YO 2 EN VENTAS EN AT&T: Cuando AT&T se estaba preparando para convertirse en una compañía competitiva y sometida a la lógica del mercado, empleó una gran cantidad de tiempo y de recursos en construir una escuela de formación para los ejecutivos de ventas en Boulder, Colorado. Contrató a los mejores consejeros que se podían encontrar y diseñó un centro de vanguardia dotado con los mejores equipos técnicos y los más avanzados programas de ventas. Archie McGill, vicepresidente de marketing, había decidido que aquí es donde el Juego Interior podía tener mayor impacto en su organización. Me pidió que colaborara con una compañía líder en formación de ventas con sede en California para crear un programa de entrenamiento del Juego Interior destinado a los ejecutivos de ventas de AT&A.

Bill, el presidente de la compañía de formación y yo fuimos invitados a presentar nuestro programa en la sede central de AT&T. Era la primera vez que daba una charla tan formal y conforme nos conducían a la impoluta sala de juntas, me sentí un poco intimidado, sentía la presión de Bill para "conseguir la venta" y la presión de todas las personas de la sala para que hiciéramos de esta reunión algo que valiese una porción de su precioso tiempo. El orden del día tenía establecido que el equipo de diseño de AT&T haría la primera presentación. Emplearon una hora en hacer una exposición muy seria y muy bien organizada ayudándose con diapositivas cuidadosamente elaboradas. El punto principal de su entrenamiento era que los ejecutivos de ventas iban a vender "soluciones para los problemas", no productos. Aprender a "descubrir las necesidades" del cliente era una aptitud primordial que había que desarrollar. Su visión, planteamiento y exposición fueron realmente impresionantes, tan impolutos como la sala de juntas, y para mí igual de intimidantes. Finalmente, con un gesto triunfal, la presentación con diapositivas terminó y en toda la sala se escuchó un rumor de aprobación por el buen trabajo presentado.

Los ojos se volvieron entonces hacia mí.

—Ahora nos gustaría escuchar sus comentarios acerca de lo que hemos hecho y de cómo podría ayudarnos el Juego Interior.

Yo podía haber recurrido a la presentación que llevaba preparada, pero no veía de qué iba a servir, ya que la exposición previa había tratado todos los temas importantes. Me senté durante unos momentos pensando en lo que podía hacer y comprendí que realmente no habían expresado ninguna necesidad. Finalmente dije:

—La verdad es que no me siento muy motivado a decir nada –y permanecí sentado. Se quedaron bastante pasmados al oírlo; Bill estaba alarmado. Me dio un codazo en las costillas. para animarme a hacer la presentación que había planeado.

Sin dirigirme al pódium me puse de pie y dije con toda sinceridad:

—Me ha impresionado mucho la presentación, mucho. Por lo que nos habéis contado, no hay realmente ningún problema, ni tampoco se pueden mejorar mucho más las cosas. Os doy la enhorabuena por el buen trabajo realizado.

Me senté.

De repente la actitud de la persona que había liderado la presentación, un antiguo coronel de los marines, cambió por completo. Sus ojos se humedecieron como si estuviera avergonzado. En los siguientes cinco minutos bajó sus defensas y reveló los considerables problemas que estaban teniendo. Al oírle expresar sus necesidades me sentí listo para hacer mi presentación, para gran alivio de mi compañero, que más tarde me preguntó dónde había "aprendido ese montaje".

No había sido un montaje, y nunca antes había hecho nada así. Fue simplemente el Yo 2 siendo sincero. No calculé los resultados, pero al mismo tiempo sabía lo que estaba haciendo. Por suerte, en ese tiempo todavía no era consciente de lo poco que ese tipo de actos espontáneos suelen ocurrir en el mundo empresarial.

Quizá lo más importante que aprendí sobre el Juego Interior de las ventas fue la confianza. Cuando el comprador y el vendedor confiaban mutuamente en su integridad el proceso

LA PRÁCTICA DE LA CONCENTRACIÓN

era bastante sencillo y podía llevarse a cabo con sinceridad y sin manipulación. Sin embargo en la mayoría de las conversaciones de ventas de las que había sido testigo había un significativo fondo de desconfianza, no tanto de las personas implicadas sino de las prácticas habituales.

La confianza es definitivamente una variable clave en las ventas: quizá la principal. He visto muchos cursos de formación de ventas en los que se entrena a los vendedores para inspirar confianza. La mayoría son técnicas de naturaleza manipuladora o se vuelven manipuladoras cuando se usan como herramientas para conseguir un fin. Normalmente, con el tiempo los clientes aprenden cómo resistir la manipulación y todo el proceso de ventas se resiente.

La confianza es como la sinceridad. Es difícil de definir e imposible de "fabricar". La forma más fácil de crear confianza es simplemente evitar hacer esas cosas que minan la confianza y reparar rápidamente los fallos cuando ocurran. Para confiar en que el cliente comprará cuando así lo crea conveniente hace falta desprenderse de técnicas manipulativas. Como resultado se abre un nuevo tipo de comunicación en el que el vendedor se va centrando más en los elementos importantes del proceso de *compra* del cliente.

EJERCICIO: CONCENTRARSE EN EL NIVEL DE INTERÉS: En un ejercicio diseñado para los ejecutivos de ventas de AT&T se pidió a dos voluntarios que representaran la compraventa de un coche de segunda mano. Disponían de cinco minutos para llevar a cabo la venta. Al vendedor se le había instruido para que centrara su atención en los cambios del nivel de interés del comprador en el curso de esos cinco minutos. Le pidieron que no intentara hacer nada para influenciar su nivel de interés, simplemente observarlo. De igual modo se les pidió al comprador mismo y a los alumnos que estaban observando el ejercicio que observaran el nivel de interés del comprador y anotaran sus observaciones al final de cada minuto en un simple gráfico.

Al final del ejercicio pidieron al vendedor y al comprador que marcaran sus observaciones en el gráfico. El gráfico del comprador ofrecía este aspecto: 34757

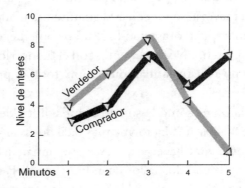

El gráfico del vendedor era 46841.

Al preguntar al vendedor qué había observado dijo:

—El nivel de interés iba subiendo de una forma constante hasta casi el final. Luego me rendí y lo perdí por completo.

Le hicieron la misma pregunta al comprador.

—Yo estaba interesado hasta que sentí una objeción en el cuarto minuto. Algo cambió en el vendedor. Parecía mucho más relajado y cómodo, a partir de ese momento decidí comprar.

Esto supuso una conmoción y también una gran experiencia de aprendizaje para el vendedor. ¡Justo cuando se rindió, el cliente empezó a querer comprar! Y no se había dado cuenta.

—Pensé que había sido muy torpe al responder a la última objeción —dijo el vendedor—, por eso dejé de esforzarme.

—Yo sentí de repente que desaparecía la presión de comprar, y me sorprendió la manera en que esto cambió mi disposición a hacerlo –dijo el cliente.

Lo que el vendedor aprendió fue que, sin saberlo, estaba presionando mucho al cliente para que comprara y así conseguía justo lo contrario: aumentar su resistencia. Cuando dejó de presionar, la resistencia se desvaneció. De hecho él estaba orgulloso de su persistencia y se había juzgado duramente a sí mismo por abandonar al final.

Centrarse en el nivel de interés del cliente redujo la interferencia del Yo 1 y realzó el aprendizaje y la creatividad del Yo 2. Los vendedores descubrieron asimismo que la calidad de su escucha podía tener un gran impacto en la comunicación con el comprador. La gente sabe cuando se le está prestando toda la atención. También sabe cuando estás simplemente esperando a que terminen para exponer tu punto de vista. Cuando una persona le presta toda la atención a otra el efecto tiende a ser contagioso, influyendo en la calidad de la forma de hablar y escuchar de ambos participantes.

CONCENTRÁNDOSE EN LOS RESULTADOS: En uno de mis cursos para directivos, un dentista propietario de una gran clínica preguntó cómo se podía aplicar el enfoque del Juego Interior sobre las variables clave para ayudarle a gestionar mejor su consulta. El problema era simple: los pacientes pasaban demasiado tiempo en la sala de espera. Su criterio era que nadie debía esperar más de veinte minutos. Había intentado muchas técnicas tradicionales de gestión para remediar la situación pero nada había funcionado.

Había muchas variables diferentes que se podían haber usado como foco de atención para proporcionar el aprendizaje que traería consigo la mejora de los resultados. Le sugerí centrarse en los resultados deseados.

—Ya que el tiempo es la variable clave final en este asunto, ¿por qué no nos centramos en cuánto tiempo pasan los pacientes esperando en la sala de espera? –le sugerí.

Como la mayor parte del personal no estaba en la posición de observar la sala de espera solo podían hacerse una idea aproximada observando las variables que estaban dentro del área de su observación directa. Iba a ser un simple juego de atención en el que cada empleado escribiría al final del día el número estimado de pacientes que había estado esperando más de veintes minutos. La meta era hacer la estimación más acertada posible, en lugar de mejorar el rendimiento. A la mañana siguiente se revisaron todas sus estimaciones y se informó del número correcto con base en la observación directa de la recepcionista. Sugerí que el dentista hiciera este experimento durante dos semanas antes de aceptar recomendaciones del equipo sobre posibles cambios que se pudieran hacer.

El dentista me llamó dos semanas más tarde muy excitado y sorprendido. Al final del primer día había habido una reducción sobre el promedio anterior de quince personas esperando, bajando a diez personas. Al final del quinto día no había ninguna. El promedio de toda la semana siguiente fue de una persona al día esperando. Le había preguntado a su personal que es lo que estaban haciendo de forma diferente y nadie pudo decirlo.

—O sea que funcionó –dijo–, pero no sé por qué.

Yo tampoco lo sabía, pero no estaba sorprendido. Lo que sabía es que el personal se volvió más consciente de las variables clave y, sin saber exactamente cómo, empezó a hacer mejor uso del tiempo. También me figuré que como nadie sentía que le estuvieran presionando para obtener mejores resultados, había menos resistencia por parte del personal al hacer el ejercicio.

La fórmula de a mayor conciencia menor interferencia estaba una vez más produciendo resultados positivos.

EL TIEMPO COMO VARIABLE CLAVE: El tiempo es una variable clave de la mayoría de las actividades. Probablemente la queja más común de las personas con las que trabajo, en cualquier nivel de una organización, es "no tengo tiempo suficiente para hacer todo lo que necesito hacer". Una persona puede ver el tiempo de que dispone para completar una tarea como una ayuda para la concentración o como algo que la dificulta.

Un ejecutivo amigo mío me hizo un comentario sucinto y muy esclarecedor sobre la gestión del tiempo:

—Nadie ha tenido nunca éxito en la gestión del tiempo. Si acaso, es el tiempo el que te gestiona a ti.

Pensando en esta frase me di cuenta de que la "gestión del tiempo" era un término completamente inapropiado. El tiempo es algo que a nuestro Yo 1 le gustar pensar que puede llegar a controlar, pero en realidad, el viejo río del tiempo sigue fluyendo sin parar y no podemos hacer nada contra eso. Como mucho podemos tomar decisiones inteligentes acerca de lo que hacemos dentro del tiempo. Pero el tiempo en sí está fuera del alcance de nuestras capacidades de gestión.

Pero lo que podemos hacer es volvernos más conscientes del tiempo en relación con las tareas que tenemos delante. Muchas personas hacen listas de lo que quieren hacer en un determinado día y luego se sorprenden de no haber conseguido lo que pensaban que podían haber hecho. ¿Podría ser que no somos conscientes del tiempo que toman ciertas tareas?

EJERCICIO DE CONCIENCIA DEL TIEMPO: Una premisa básica del Juego Interior es: Antes de intentar cambiar algo, hazte más consciente de cómo es. Si yo quisiera aprender a hacer un mejor uso de mi tiempo, calcularía el tiempo que espero que me llevaría cumplir cada objetivo de mi lista de tareas. Luego, antes de mirar al reloj para ver cuánto tiempo tardo en cumplir alguna de ellas, haría una estimación. Después miraría el tiempo que realmente me tomó hacerlo. (Para este ejercicio será conveniente anotar la duración de interrupciones imprevistas.) Puede que me sorprendiera. Creo que la mayoría de las personas descubrirían que no son particularmente conscientes de cómo pasa el tiempo, ni siquiera en las tareas rutinarias, mucho menos en aquellas cosas en las que tienen menos experiencia. Conforme practicamos el tomar más conciencia del tiempo en relación a una tarea iremos aprendiendo lecciones muy interesantes e importantes que mejorarán nuestra eficacia en relación a las tareas y al tiempo.

COMPROMETER MÁS TIEMPO DEL QUE DISPONES: Hubo una época, hace algunos años, en la que me sentía particularmente desbordado por mi carga de trabajo. No podía entender por qué parecía ir siempre a la zaga de tantos proyectos. Decidí tomarme unos minutos para hacer una lista con todos los proyectos con los que me había comprometido y estimar la cantidad total de tiempo que me llevaría cumplir cada uno de mis compromisos con cada uno. Cuando sumé el total del tiempo por el que me había comprometido comprendí que incluso trabajando a niveles altísimos de rendimiento, ¡había comprometido alrededor del 200 por ciento de mi tiempo disponible!

Cuando acordé hacerme cargo de esos proyectos, la decisión se basó en mi idea de que eran valiosos en términos de beneficios, importancia, interés personal, o una combinación de esos tres factores. Al decir sí a cada proyecto me sentí bien, incluso noble. Pero, como todo el mundo, tenía una cantidad limitada de tiempo: veinticuatro horas al día. Había prometido un tiempo del que no disponía. Si mi tiempo fuera dinero en el banco era como si tuviera 240 euros y hubiera prometido 100 euros a tres personas y luego 40 euros a cinco personas más. Simplemente no era posible. Y además tampoco era honesto.

Mi Yo 1 puede ser lo bastante arrogante como para pensar que puede hacerse cargo de cualquier proyecto que quiera sin considerar las limitaciones del tiempo. El Yo 2, a pesar de ser infinito en su potencial, siempre apunta a la mayor posible economía de acción y esfuerzo para realizar un propósito. Pero incluso así, el Yo 2 no puede hacer lo imposible, sobre todo cuando el Yo 1 agrava el problema interfiriendo en la concentración que podamos tener sobre la tarea que estemos realizando.

FÍJATE EN LO QUE NOTAS: En cualquier situación una de las mejores maneras de encontrar una variable clave en la que centrarse es darte cuenta de las cosas que notas. ¿Qué es lo que significa esto? Si les pides a tres personas que miren por la misma ventana y luego le pides a cada uno de ellos que te diga lo que lo que le "ha llamado la atención", te saldrán con tres respuestas diferentes. De las miles de opciones para elegir dentro de la escena, una persona nota que hay un agujero en el tejado de una granja que se ve a lo lejos, otra los colores del cielo, otra se fija en cómo está cambiando el color de las hojas de una higuera cercana. Y lo mismo sucede cuando conocemos a una persona, pensamos en un problema de negocios o miramos un producto. La atención de las personas es selectiva. Con frecuencia lo que se selecciona puede decirte algo importante sobre el observador, aparte de sobre el objeto de la observación. Al hacer coaching a un deportista o a un hombre de negocios, fijarte en lo que destaca de una determinada situación proporciona claves valiosas para ver dónde hay que enfocar la atención.

Por ejemplo, un equipo de directivos con los que estaba trabajando me pidió que les ayudara a mejorar la calidad de sus reuniones. Cuando hice la pregunta habitual, "¿Qué te llama la atención de esas reuniones?" recibí tres sencillas observaciones: (1) "No nos ceñimos al orden del día". (2) "Las reuniones, no empiezan a tiempo o bien no acaban a su hora". (3) "Unas pocas personas monopolizan la charla". Hubiera sido posible hacer un análisis profundo de las reuniones y generar así un conjunto de medidas para cambiar esos comportamientos. El enfoque que tomé fue mucho más sencillo. Le pedí a uno de los directivos que se centrara en "ceñirse al orden del día". Lo único que tenía que hacer en las reuniones era alzar la mano cada vez que observaba que la conversación se estaba desviando. Otro directivo se dedicaría a observar a qué hora empezaban y terminaban las reuniones, observación que implicaba llevar un registro de la cantidad de tiempo asignada y empleada en cada punto del orden del día. Un tercer directivo llevaría un registro de la frecuencia y extensión de las intervenciones de cada persona. No se recomendaban ni se obligaban ningunas correcciones. Sin embargo en las semanas siguientes, y únicamente gracias a que el equipo tomó una mayor conciencia de esas variables, las reuniones empezaron y terminaron a tiempo, las intervenciones cada vez se desviaban menos de las cuestiones centrales del orden del día, y empezaron a participar más personas y a hablar de una manera más sucinta.

Yo solía decirles a los alumnos de tenis que si no les gustaban las instrucciones que les daban los profesionales del tenis o los compañeros, podían transformar cada orden en la observación de alguna variable clave. Si el profesional les decía, "No estás golpeando la pelota que te viene de frente", podían simplemente empezar a observar dónde estaban golpeando la pelota y confiar en que el Yo 2 haría las correcciones automáticamente.

De igual modo, cada vez que un directivo, un cliente, o incluso tú mismo, te exigen que cambies un comportamiento, lo que mejor suele funcionar en estos casos no es obedecer ni resistir, sino simplemente observar las variables que integran esa "orden". Al evaluar el trabajo de un directivo puede que, por ejemplo, le digan lo siguiente: "Tienes que dejar de ser tan severo con tus subordinados. He recibido muchas quejas en ese sentido". Quizá el directivo esté de acuerdo. Pero en lugar de asimilar la orden "No seas severo", ¿qué pasaría si sencillamente decidiera convertir "severidad" en una variable que podía observar en su propia forma de comunicarse y en la de los demás?" Me imagino que cuando se diera cuenta de lo mucho que estaba abusando de esa severidad vería como ésta empezaba a disminuir, o al menos a modificarse y hacerse más tolerable.

SELECCIONAR UNA VARIABLE CLAVE: Hay tres elementos a tener en cuenta cuando elegimos una variable en la que centrarnos. Primero, tiene que ser *observable*. Una de las funciones de la concentración es mantener la atención en el aquí y el ahora. De esto se deduce que el objeto de la concentración debería ser directamente observable en el presente. Por este motivo el lenguaje corporal de la persona con la que te estás comunicando sería una mejor variable que "conseguir el acuerdo". Segundo, ayuda mucho que la variable sea *interesante*. Escuchar intentando distinguir las sutilezas de sentimientos e intenciones en cualquier comunicación es más interesante que simplemente registrar el contenido de lo que se está diciendo. Como demostraron los operadores de AT&T, en una voz hay mucho que escuchar además de la información. Tercero, una variable clave efectiva es la que tiene *relevancia* para el objetivo de la tarea. De entre todas las variables relevantes, puede haber una o dos que requieran de una mayor atención por tu parte: bien porque tienes tendencia a ignorar esa variable o bien porque tiene una importancia crucial. Por ejemplo, un vendedor que está aprendiendo a ejercer menos "presión" podría centrarse en las señales de apertura o resistencia por parte del cliente. Este tipo de ejercicio de atención le ayudaría a llevar a cabo su tarea y además a obtener el deseado aprendizaje.

Es obvio que existen muchas variables que el Yo 2 registrará cuando está concentrado. A continuación menciono algunas de las variables importantes para la compra y venta eficaz, que varios vendedores mencionaron en sus cursos de formación. No se trata del conjunto definitivo de las variables a tener en cuenta sino tan solo de un ejemplo de cuántas variables se pueden usar.

CONFIANZA: notar tu propia sinceridad y apertura, así como la de la otra persona.

RESPETO: menospreciar, admirar o mirar como a un igual.

CONTROL: ¿quién está controlando el flujo de la conversación? ¿Cuándo?

TIEMPO: tiempo empleado hablando y tiempo empleado escuchando.

CLARIDAD: de la necesidad percibida, del valor percibido. ¿Obstáculos?

PRESIÓN: en ambos lados y respeto por la elección.

MOTIVACIÓN: nivel, dirección, momento, en ambos lados.

En general he descubierto que es mejor seleccionar una variable clave que sea simple y fácil de observar: "bote-golpe" en tenis; velocidad del auto al conducir; nivel de interés en ventas. Una variable no debería exigirnos esfuerzo intelectual. Más bien debería ser un lugar neutral en el que enfocar tu atención consciente que te permitirá hacer un mayor uso de las facultades del Yo 2. Lo que siempre me sorprende como coach es ver que el Yo 2 es capaz de un aprendizaje muy sutil y complejo cuando la mente consciente está centrada en hacer algo bastante sencillo.

La eficacia de centrar la atención es doble. Primero, permite que una mejor corriente de información llegue al cerebro: veo la pelota mejor, escucho mejor a la persona, y por tanto puedo responder mejor. Pero la segunda ventaja es que reduce la autointerferencia y permite un mayor acceso al Yo 2. Desde este punto de vista importa relativamente poco cuál es el centro de atención que elijamos; en tanto en cuanto estés centrado, habrá menos obstrucción de tus capacidades para aprender y actuar.

VARIABLES INTERNAS Y EXTERNAS: Entre las variables externas de una determinada tarea se encuentran el propósito declarado de la misma, los recursos y herramientas disponibles, otras personas, el calendario y el criterio requerido. Entre las variables internas podemos citar la motivación, la actitud, los valores, las creencias, las definiciones, el contexto, el punto de vista y los sentimientos. Tanto las variables internas como las externas son fundamentales para el éxito. La mayoría de las personas están más familiarizadas con centrarse en las variables externas, sin embargo se puede ganar mucho volviéndose más consciente de las variables internas, ya que al final estas son las que están más bajo nuestro control. La variable en la que te centras la decides tú en función a los objetivos de rendimiento y aprendizaje que tengas en un momento determinado.

CUIDAR LA ACTITUD: Unas palabras de advertencia. Cuanto más "interno" se vuelve tu enfoque de la atención, más importante es evitar una actitud de autocrítica. Notar un error

121

externo puede ser menos angustioso que notar que tienes una "mala" actitud. Además es necesario mucho más valor para arreglar una actitud que un error. Una vez que seas consciente de cuál es tu actitud te darás cuenta de la gran verdad que hay en la frase "La conciencia es en sí misma curativa". Escuchar al Yo 1 decirte, como un padre, "Tienes una mala actitud", no es conciencia. Es solo escuchar cómo te juzgas. Necesitas hacer un esfuerzo para ponerte en contacto con esa parte de tu ser que controla la actitud. Pero cuando lo consigas podrás ajustar tus sentimientos con tus pensamientos.

Una persona a la que estaba entrenando me explicó una vez que nuestros pensamientos y sentimientos pueden ser como el equipaje en los compartimentos superiores de un avión. Si la actitud del avión es inclinarse hacia arriba o hacia abajo, el equipaje terminará desparramándose por el compartimento. No importa lo que intentes para intentar colocarlos de nuevo en su lugar, no lograrás hacerlo. El único remedio es encontrar la palanca de mando que cambia la actitud de la nave.

RESUMEN: No hay aptitud más importante para el aprendizaje y la consecución de la excelencia que saber enfocar la atención. Como la mayoría de las aptitudes, la concentración requiere práctica y un esfuerzo consciente. Al contrario que la mayoría de las aptitudes, sin embargo, puede ser practicada durante cualquier actividad: mental o física. También requiere un ataque y una defensa. El ataque implica hacer una elección consciente de las variables clave, internas o externas, que necesitan atención. La defensa implica conciencia de lo que distrae nuestra atención. La práctica de la concentración fortalece los músculos de la atención y asimismo revela, a veces dolorosamente, lo que aún tiene el poder de distraernos. Por tanto la concentración requiere fortalecer los músculos de la elección consciente (Yo 2) y al mismo tiempo debilitar las pulsiones de nuestras elecciones inconscientes (Yo 1). El próximo capítulo trata sobre las actitudes inconscientes que llevamos al trabajo y ofrece una redefinición del trabajo diseñada para hacer más fácil que se pueda mantener la concentración del Yo 2 durante periodos más largos de tiempo.

CLASIFICACIÓN DE POSIBLES VARIABLES CLAVE EXTERNAS E INTERNAS			
Tarea	**Resultado deseado**	**Variables clave externas**	**Variables clave internas**
Conducir un auto	Llegar sin contratiempos de A a B	Velocidad, espacio, posición, carretera, condiciones climáticas, condición del auto	Actitud, concentración, nivel de comodidad del conductor y pasajeros
Comunicación	Dar y/o recibir un mensaje, llegar a un acuerdo	Nivel de interés de la otra persona, claridad, concisión, tono y relevancia	Actitud, concentración, lo que estás escuchando, tu nivel de respeto, emoción, punto de vista, suposiciones
Trabajo físico	Consecución de una tarea, aprendizaje, disfrute	Tiempo, tu cuerpo, herramientas, economía de movimiento, la tarea en sí, otras personas	Actitud, concentración, facilidad, equilibrio, estrés, aburrimiento, disfrute, propósito

CLASIFICACIÓN DE POSIBLES VARIABLES CLAVE EXTERNAS E INTERNAS			
Tarea	Resultado deseado	Variables clave externas	Variables clave internas
Trabajo mental		Tiempo, visión, información, especificaciones, recursos, alternativas, consecuencias, y las otras personas implicadas	Actitud, integridad mental, punto de vista, suposiciones, deseo, duda, criterios de evaluación, propósito
Resolución de problemas	Resolver el problema, aprendizaje, disfrute		
Planificación	Crear el plan		

5

REDEFINIENDO EL TRABAJO

¿Tiene alguna importancia tu definición de "trabajo"?

Del mismo modo que "jugar en la zona" es posible en los deportes, también es posible trabajar en un estado de concentración del Yo 2 (el llamado "fluir"). Pero hay que dar varios pasos para conseguir mantener este estado durante algo más que breves periodos de tiempo. Lo que descubrí en los deportes fue que una persona podría mantener la concentración del Yo 2 mientras el entrenador estuviera a su lado para "sostener" un contexto de conciencia sin prejuicios y pleno de confianza. Mientras que algunos deportistas eran capaces de recrear espontáneamente el mismo espacio por cortos periodos de tiempo por sí mismos, al final siempre se daba alguna circunstancia que interfería con la magia. El Yo 1 recuperaba el control, el jugador volvía a vivir "en automático", y a jugar como siempre lo había hecho.

Para lograr disminuir la autointerferencia lo primero que tenemos que hacer es aprender a concentrarnos y a volver una y otra vez a la concentración cuando nos distraigamos. Pero a veces no basta con esto: tenemos que ir al fondo del asunto. Para mantener la concentración durante periodos más largos de tiempo debemos contemplar con más atención cómo definimos o qué significado le damos a la actividad que estamos desempeñando: tenis, golf, música, relaciones, o trabajo. Nuestras definiciones se convierten en los contextos en los que realizamos estas actividades y de esta manera ejercen una gran influencia en nuestros pensamientos, sentimientos, actitudes y acciones. Como por lo general surgen de la mentalidad social en la que estamos inmersos, con frecuencia son invisibles para nosotros. Pero si somos capaces de verlas, podemos cambiarlas. Un sencillo cambio de contexto puede ofrecernos un campo de posibilidades totalmente nuevo, y al mismo tiempo, excluir toda una serie de interferencias.

En el trabajo llevamos con nosotros nuestras propias definiciones de *jefe, cliente, producto, empleado, la compañía, propiedad, objetivos* y *justicia*. Algunas de estas son realidades objetivas, pero todos tenemos nuestras interpretaciones subjetivas de esas palabras. Estas definiciones determinan en muchos aspectos lo que entendemos como "realidad" y, por tanto, cómo respondemos a la realidad que percibimos.

¿Qué definición de "trabajo" llevas al trabajo?

Muchas personas definen el trabajo casi exclusivamente en términos de los resultados producidos en el mismo. Construir una casa es trabajo. Cargar un camión es trabajo. Vender un auto es trabajo. Dirigir una empresa es trabajo. El trabajo consiste en *hacer* y tiende a ser definido únicamente en los términos de sus resultados. Las siguientes son algunas de las respuestas más usuales que obtengo al preguntar a la gente qué palabras asocian con "trabajo":

- Lo que debo hacer en vez de lo que quiero hacer.
- Lo que hago para recibir una paga.
- Terminar lo que tengo que hacer.
- Hacer lo que el jefe me diga que haga
- Algo que hago y tiene relación con "duro" y "difícil".
- Logros.
- Obligación, deber.
- Responsabilidad, rendir cuentas.

Nuestras definiciones son concepciones mentales, funcionan como lentes internas a través de las cuales vemos la realidad. A veces solo podemos adivinar cómo son mediante un proceso de deducción. A veces llegamos a conocerlas en momentos de una excepcional claridad mental.

Este capítulo está dedicado a examinar las definiciones de "trabajo" con las que acudimos al trabajo. Solemos pensar en las definiciones como en los significados de palabras que pueden encontrarse en los diccionarios. No estamos acostumbrados a pensar que tenemos una elección a la hora de aceptar una u otra definición y que la definición que elijamos tendrá un gran impacto en nuestras vidas. Pero el significado que le damos a "trabajo" se convierte en el contexto y en la mentalidad que impregna todas nuestras actividades laborales. Veamos un ejemplo del mundo del golf en donde el impacto del contexto es más fácilmente visible.

¿Qué responderá un golfista medio si le preguntas si el golf es un juego en el que existe mucha presión? Cuando yo hago esta pregunta la respuesta es normalmente, "Sí, por supuesto". Pero luego le pregunto al jugador cómo le explicaría a alguien que no sabe nada del golf, excepto las reglas (a un marciano, por ejemplo) de dónde viene esta presión. El marciano dice:

—Entiendo que el golf es un deporte en el que golpeas una bola hasta que cae dentro de un hoyo y cuentas el número de veces que la has golpeado para llegar a introducirla en dieciocho hoyos. ¿Dónde está la presión?

El golfista explica que golpear la bola para meterla en el hoyo no es tan fácil como parece. El marciano dice:

—Eso lo entiendo, pero las reglas del golf dicen que si no consigues meter la bola en el hoyo simplemente te ponen un número más alto en tu tarjeta de puntuación.

—Exactamente –dice el golfista–. Y eso no es bueno. Podrías perder ante los demás que están compitiendo contigo.

Marciano: ¿Pierdes más de lo que has gastado para llegar a jugar?

Golfista: No, normalmente no. Pero pasa otra cosa, y es que tu desventaja aumenta.

Marciano: Y entonces, ¿qué pasa?

Golfista: Es una cuestión de orgullo y autoestima. Si obtienes una mala puntuación, especialmente cuando eres capaz de hacerlo mejor y lo sabes, tu autoestima suele verse afectada.

Marciano: ¡No he leido nada de eso en las reglas del golf!

Golfista: Bueno, porque no está escrito; simplemente es algo que todos los jugadores dan por hecho.

Al llegar a este punto de la discusión, la fuente del miedo y la presión que siente el golfista resulta evidente. Viene de una definición del juego que pone a la autoestima en peligro. El marciano, que no se había "contagiado" de la mentalidad social causante de esa definición, veía solo las dificultades físicas del juego. Él no hubiera sentido el mismo miedo y la misma presión en caso de haber jugado.

De igual manera, si el golfista pudiera reconocer que esta definición de golf era únicamente una definición, es decir que él mismo le había asignado al juego un significado que había tomado de su cultura, se encontraría en la posición de poder cambiar esa definición. Podría jugar a un "juego" distinto mientras jugaba al golf, y al hacerlo evitaría las semillas del miedo que se encontraban latentes en su antigua definición.

¿Podemos definir el trabajo de otra manera? Mi propio esfuerzo por redefinir el trabajo ha sido crear una definición más acorde con la naturaleza y las capacidades inherentes del Yo 2.

Un ejercicio para redefinir el trabajo

Hay un proceso muy sencillo para redefinir cualquier palabra importante. Empieza por preguntarte de dónde salió tu definición actual. Luego puedes evaluar esa definición y hacer cualquier cambio. A mí me gusta crear una tabla de tres columnas para este ejercicio (ver página 131). En la primera columna pongo los recuerdos que contribuyen a mi actual definición de la palabra. En la segunda columna escribo la definición que vino de esa fuente. En la tercera columna me planteo la validez de mi antigua definición a la luz de propósitos y valores actuales. Es importante ver que no existe una definición "objetiva" correcta de trabajo. Lo que influencia la forma en que vivimos el trabajo es la definición subjetiva que le damos. Elegir conscientemente las lentes con las que vamos a ver el trabajo es el objetivo de esta redefinición.

Beneficios de cambiar la vieja definición de trabajo

Cuando miro mi tabla de redefinición del trabajo veo como una y otra vez se repite la exigencia interna de disfrutar, aprender y expresar el potencial por medio del trabajo. También veo la tendencia a sentir la presión de las exigencias externas de otras personas y la sociedad en general. Hay dos prioridades contrapuestas que recorren mi vida laboral: por un lado están mis propósitos, unos propósitos de los que ni siquiera soy consciente, y por el otro están las prioridades de los demás, los propósitos que intentan imponerme. De estos últimos sí que soy plenamente consciente. Muchas personas me han expuesto con una claridad que no deja lugar a ningún género de dudas cuáles son sus exigencias; en otros casos, el de la sociedad por ejemplo, lo hacen con la misma rotundidad aunque no lo pongan en palabras. Cuando yo era niño la voz de "los otros" parecía muy fuerte y poderosa. A veces esa voz buscaba lo mejor para mí, a veces buscaba lo mejor para sí misma. La resistencia parecía posible solo de una manera simbólica. Conforme fui dejando atrás la niñez se me hizo cada vez más difícil conservar un sentido de integridad, de identidad. La confusión se adueñó de mí y comenzó a tomar cada vez más fuerza la formación y el adoctrinamiento para que llegara "a ser alguien en la vida".

Dudo mucho que hubiera sido posible decirle al mundo a esa temprana edad, "Estoy aquí, y ya soy alguien. Dejadme en paz". Yo creía que "ellos" sabían lo que era la vida y la manera en que había que vivirla. También era consciente de que yo no sabía. Dependía de lo que mis padres y la sociedad me dijeran.

Por eso un Yo 1, formado por estas voces, emergió dentro de mí. Buscaba la aprobación de las personas de quienes dependía para su seguridad y aceptación. Tanto cuando estaba solo como cuando estaba con alguien el Yo 1 estaba siempre allí, un jurado interno listo en todo momento para condenarme o darme su aprobación. La meta era convertirse en alguien merecedor de respeto a los ojos de este jurado.

Cuando mi Yo 2 estaba más presente había facilidad y calidad en cualquier *actividad* que tuviera desempeñando, también *aprendizaje*, y una sensación de *placer* independiente de los resultados del trabajo. Estos elementos se daban a un mismo tiempo y se apoyaban los unos en los otros.

RECUERDOS DEL TRABAJO	CONTRIBUCIÓN A DEFINICIÓN DE TRABAJO	EVALUACIÓN ACTUAL
TRABAJO EN LA INFANCIA (5-13)		
Ayudar a mamá a hornear galletas y a papá a lavar el auto	El trabajo es hacer algo divertido con la gente que amas	Un buen comienzo
Tareas domésticas: limpiar el patio, hacer las camas, lavar los autos solo	Se me asigna un trabajo. Hay que hacerlo antes de jugar. Es algo habitual. Ligado a la asignación semanal	A medida que el trabajo se convierte en una obligación con recompensas externas y consecuencias usadas como motivadores, el disfrute disminuye.
Deberes diarios de la escuela. Exámenes y notas	El trabajo se mide. Las notas se usan para medir los logros y la capacidad. El trabajo se convierte en una actividad competitiva	Al convertirse el trabajo en una competición se abre la puerta a varias formas de autointerferencia. La motivación intrínseca y el placer disminuyen.

EL JUEGO INTERIOR DEL TRABAJO

RECUERDOS DEL TRABAJO	CONTRIBUCIÓN A DEFINICIÓN DE TRABAJO	EVALUACIÓN ACTUAL
TRABAJO EN EL INSTITUTO Y LA UNIVERSIDAD		
El trabajo académico se hace bajo una fuerte presión para poder ir a una "buena universidad".	Trabajo asociado con plazos estrictos, estrés y dificultad	La sensación de que los objetivos propios han sido remplazados por la prioridad de tener éxito en el sistema.
Trabajo en los veranos recogiendo manzanas. Pagado a destajo	Trabajo físico cansado pero menos estresante. Trabajo=dinero= independencia	La relación directa entre esfuerzo y recompensa monetaria crea un buen ritmo de trabajo.
En la universidad decidí dividir el tiempo entre esforzarme para aprobar y esforzarme para aprender. Tareas de larga duración. La presión de prepararme para "ganarme la vida".	Supervivencia y éxito dependen de las notas. Esforzarse para obtener buenas notas es diferente de esforzarse para comprender.	El conflicto entre las prioridades individuales y las del sistema deja poco espacio para disfrutar el trabajo.
OFICIAL DE LA MARINA DE EE.UU		
Ser oficial de línea en un crucero portamisiles a cargo de personas que están más preparadas que yo.	Se me asigna un trabajo y un área de responsabilidad. Hago el trabajo por medio de otras personas. Orden y control.	Entorno de "orden y control" impulsado por el miedo. Mucho del potencial del Yo 2 se pierde para el individuo y la organización.
DIRECTOR DE ADMISIONES EN LA UNIVERSIDAD MIDWESTERN		
Diseñar y crear una empresa de educación idealista.	El trabajo es crear algo a partir de nada. La compensación es una consecuencia.	El trabajo que aporta un significado es un motivador. Es posible dejar que "la causa" sustituya las necesidades del ser.

RECUERDOS DEL TRABAJO	CONTRIBUCIÓN A DEFINICIÓN DE TRABAJO	EVALUACIÓN ACTUAL
AÑOS DECISIVOS 1969-1971		
Año sabático como profesional en un club de tenis en California. Reinventar la enseñanza del tenis	Trabajo es aprender de la experiencia mientras se ayuda a la gente.	Lo que se aprende trabajando puede ser más valioso que la paga y más divertido que el juego.
Convertirme en un estudiante de las capacidades "inherentes" del ser humano.	La posibilidad del trabajo como una expresión de gratitud.	La oportunidad de trabajar como una expresión de amor es gratificante.
EL Juego Interior DEL TRABAJO		
Coaching, escribir libros, dar conferencias, cursos, diseño y presentación, cursos para empresas, dirigir un negocio.	La posibilidad del trabajo como una contribución a los demás que trae consigo disfrute, aprendizaje y compensación económica	La decisión de aceptar el trabajo como oportunidad para hacer una contribución valiosa recibiendo a cambio aprendizaje, satisfacción y compensación económica.
Trabajo voluntario	Trabajar por el placer de participar en un proyecto valioso	Los beneficios intrínsecos del trabajo anulan la necesidad de un provecho económico

Estos elementos se convirtieron en la piedra angular de mi nueva definición de trabajo porque eran coherentes con el Yo 2, cuyas prioridades había decidido aprender a escuchar y tener en cuenta.

En mi antigua definición el *trabajo* era simplemente una actividad. Es decir, *trabajo* equivalía a *hacer*. Pero detrás de esa definición estaban todos esos significados críticos del Yo 1 que se atribuían a hacer algo *bien*: éxito, fracaso, competencia, incompetencia, ser mejor que una cierta persona, ser peor que otra.

Pero el aprendizaje y el disfrute siguen siendo dimensiones inherentes al trabajo, incluso si no les prestas atención. Tú solamente puedes estar superándote, evolucionando y desarrollando tus capacidades o bien estar estancado. En el peor de los casos, estarás yendo "hacia atrás" mientras trabajas, es decir, siendo cada vez menos tú mismo. Independientemente de dónde te encuentres dentro de esta gama de posibilidades, el componente del aprendizaje es parte del trabajo.

Lo mismo se puede decir del *disfrute*. Mientras trabajas sientes *algo* que se encuentra en un punto entre la agonía y el éxtasis. Incluso si nos entumecemos hasta el punto de "no sentir nada" es prácticamente imposible evitar el querer sentirse mejor. La necesidad de disfrutar es universal. Lo que varía es el grado en el que reconocemos y valoramos este elemento en nuestras vidas. Con mucha frecuencia creemos que hay que sacrificar el placer para conseguir la excelencia en el trabajo. Los mejores trabajadores y deportistas nos ofrecen muchas pruebas de lo contrario. La mayoría de nosotros sabemos también por nuestra experiencia que hacemos las cosas mejor cuando las estamos disfrutando.

EL TRIÁNGULO DEL TRABAJO: En mis cursos dibujo un triángulo con las palabras rendimiento, aprendizaje y placer en los extremos. "¿Si el trabajo fuera un triángulo tendría esos tres componentes?" pregunto. "¿Son interdependientes?"

La respuesta suele ser sí, son interdependientes. Entonces pregunto, "Si el lado del aprendizaje del triángulo se aumentara, ¿esto afectaría al rendimiento y al placer?" Obviamente sí. "Del mismo modo, si descendiera mucho el placer, ¿tendría esto un impacto negativo en los resultados del aprendizaje y el rendimiento?" De nuevo, sí.

"¿A cuál de estos tres aspectos del trabajo se le otorga más énfasis en el ambiente en el que trabajas?", pregunto. Ante esta pregunta la gente suele reírse, como si fuera demasiado obvio para preguntarlo. "¿En qué medida supera el énfasis que se le pone al rendimiento al del aprendizaje y el disfrute?" Coloco mi bolígrafo en el centro del triángulo y empiezo a moverlo lentamente hacia el vértice de rendimiento del triángulo.

"Decidme cuándo debo parar". Cuando estoy cerca del vértice, unos pocos dicen, "Detente ahí". Se oye un coro de objeciones del resto diciendo, "¡No, sigue, sigue!" No me dejan parar hasta que el bolígrafo sobrepasa con creces los límites del triángulo.

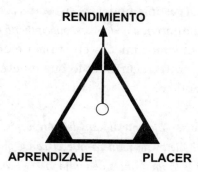

Es obvio para la mayoría de las personas que ponerle énfasis al rendimiento no hace que este mejore. Más bien lo contrario es cierto. Los tres lados del triángulo del trabajo forman parte de un sistema interdependiente. Cuando se ignora al lado del aprendizaje o al del placer, el rendimiento a la larga se ve afectado. Cuando esto sucede los directivos se sienten amenazados y empujan todavía más a los trabajadores para que aumenten su rendimiento. Aprendizaje y placer disminuyen todavía más. Se forma un ciclo que impide que el rendimiento llegue a alcanzar alguna vez todo su potencial.

APRENDER MIENTRAS SE TRABAJA: UNA IDEA PARA NUESTROS TIEMPOS: Ha llegado el momento de reconocer el aprendizaje como un verdadero componente del trabajo y no meramente como un posible efecto. Dudo que cualquiera que esté leyendo este libro no haya oído de mil maneras distintas, "Estamos viviendo en un mundo de cambios acelerados... Vivimos en la era de la información... La cantidad de información disponible se duplica cada pocos años... Tan pronto como aprendemos una nueva información se vuelve obsoleta, así como las últimas tecnologías... Esta es la era del trabajador con conocimiento".

Peter Drucker, autor de *La sociedad Post-capitalista* y otros veinte libros más, es uno de los pensadores más influyentes sobre la historia de la gestión moderna, su estado actual y su futuro. Él acuñó el término *trabajador con conocimiento* en referencia al hecho de que el conocimiento en la mente del trabajador, más que cualquier otro recurso, es lo que mueve la economía mundial. Drucker dice:

El conocimiento es diferente al resto de los recursos. Se vuelve constantemente obsoleto, de manera que el conocimiento avanzado de hoy en día es la ignorancia de mañana. Y el conocimiento que

importa está sujeto a rápidos y abruptos cambios: de la farmacolo-
gía a la genética en la industria de la salud, por ejemplo, o de los
ordenadores a Internet en la industria informática. La productivi-
dad del conocimiento y los trabajadores con conocimiento no será
el único factor competitivo en la economía mundial. Sin embargo
es muy probable que se convierta en el factor decisivo.

La más obvia implicación del trabajador con conocimiento es que el trabajo está inextricablemente ligado a nuestra capacidad de aprender. Para el trabajador con conocimiento, meramente "cumplir con su trabajo" es una pérdida de tiempo, a
menos que en el proceso haya incrementado su "know-how".
La vieja definición de trabajo decía que tú aportabas tus conocimientos y los usabas para producir resultados a cambio de
unos beneficios. En la nueva definición el trabajo es un proceso por el cual vas aumentando tus capacidades, mientras pro-
duces resultados, con el objetivo de mejorar cada vez más esos
resultados.

En la era del conocimiento el aprendizaje, lo mismo que el
rendimiento, aportan beneficios tangibles para el trabajador y
la empresa, además de contribuir al bienestar económico de la
sociedad. Hasta ahora, en la reciente economía industrial, puede que fuera cierto que una compañía podía tener éxito con-
tratando a trabajadores que sabían cómo realizar ciertas funciones. Esta realidad está cada vez más superada. Solo aquellas
empresas que fomenten la capacidad de *desarrollar el potencial* de
los trabajadores podrán triunfar.

INSCRITOS EN EL MAYOR SEMINARIO DE LA TIERRA: Si el
aprendizaje es fundamental para tener éxito, ¿dónde y cuándo
podemos aprender? Las demandas del mundo moderno nos
permiten pocas horas y una cantidad limitada de dinero para la

formación. Quiero recomendar un seminario para el que apenas se necesita tiempo extra o dinero. En mi opinión se trata del mejor seminario que se haya diseñado nunca. No es mío, pero estudio en él y de él proceden mis más valiosos conocimientos, aptitudes y desarrollo personal. Es altamente interactivo, con increíbles gráficos en 3D. Lo mejor de todo es que está perfectamente diseñado para enseñarme justo lo que más necesito aprender.

Este seminario es tu vida diaria. Te inscribiste en él el mismo día en que naciste. La parte de este seminario que trata sobre el *trabajo* se imparte durante cada minuto de cada hora que trabajas. No deberíamos tomarnos a la ligera su valor. Crear un seminario artificial de tal magnitud y complejidad sería una tarea formidable e increíblemente cara. Piensa lo que sería diseñar todos los escenarios y circunstancias, las infinitas variaciones de consecuencias que se originan a partir de tus decisiones individuales, por no hablar de las valiosas interacciones con el resto de los participantes del seminario. Lo que más me gusta de él es que está adaptado a las necesidades de cada uno. Cien personas en la misma situación pueden tener cien experiencias de aprendizaje diferentes, perfectamente adecuadas a sus necesidades individuales.

¿Y cuál es el precio de admisión? La humildad para estar dispuesto a ser un alumno y el interés en aprender. Debes decidirte a ser un *aprendiz* durante tus horas de trabajo, aparte de realizar tu labor. Después de eso, debes prestar *atención* al maestro, que es la propia experiencia. Una vez que cumplimos estos requisitos, la pelota nos enseña a jugar tenis, el cliente nos enseña a vender, el subordinado nos enseñará a dirigir la empresa, los seguidores a liderar, y cada proyecto de trabajo nos enseñará cómo optimizar nuestro trabajo.

El *seminario de la experiencia* admite a todo el mundo. Puedes entrar y salir cuando quieras. Cuando entras y prestas atención como alumno comienza tu proceso de aprendizaje. Empiezas desde tu punto actual de comprensión y vas avanzando a tu propio ritmo. Pero si te quedas tan metido en el drama y en el trauma de tu trabajo que te olvidas de que eres un alumno, el seminario sigue adelante sin ti. Espera pacientemente hasta que regreses, garantizándote siempre la libertad de tomar conciencia o no, de prestar o no prestar atención. Y la variedad de cursos en los que te puedes matricular es prácticamente ilimitada.

Hay muchos motivos para inscribirse en este seminario. El deseo de aprender es tan fundamental para nuestro ser como el deseo de sobrevivir y disfrutar. La manera en que trabajamos nos cambia. Desarrollamos cualidades y aptitudes. Capacidades intelectuales, emocionales, creativas e intuitivas fruto de nuestras experiencias de trabajo. Así van creciendo la determinación, el valor, el compromiso, la empatía, la imaginación y un gran número de habilidades de comunicación. Puede que no *veamos* todo este aprendizaje si nos centramos únicamente en el rendimiento, pero en retrospectiva podemos darnos cuenta de que se ha llevado a cabo.

DISTINGUIR ENTRE METAS DE APRENDIZAJE Y METAS DE RENDIMIENTO: La mayoría de las personas que trabaja está acostumbrada a establecer y perseguir objetivos de rendimiento. Una vez que te matriculas en el seminario de la experiencia de tu trabajo diario, es importante hacer una distinción entre lo que es una meta de rendimiento y una meta de aprendizaje. La mayoría de los trabajadores te mirarán como si te hubieras vuelto loco si se te ocurre preguntarles cuáles son sus metas de aprendizaje, o simplemente te nombrarán una meta, más o menos disimulada, de rendimiento. Por ejemplo, "Me gustaría aprender a ganar más dinero" y "me gustaría aprender a dar menos de ochenta golpes en un partido de golf" son simplemente metas de rendimiento que hacen uso de la palabra *aprender*.

¿En qué difieren una meta de aprendizaje de una meta de rendimiento? El rendimiento es algo que tú haces, y que produce un cambio observable en el mundo externo. Aprender, por otro lado, es un cambio que se produce dentro de la persona que aprende, aunque con frecuencia, como resultado de una interacción con el mundo exterior. De esta manera un cambio en la manera de ver las cosas basado en una nueva información, o en una nueva interpretación de una información que ya conocías, podría ser clasificado como aprendizaje. Del mismo modo, el conocimiento añadido para hacer de ti un mejor comunicador, solucionador de problemas, piloto de avión, o líder, sería en cada uno de estos casos un cambio que se produce dentro del individuo y por tanto un logro de aprendizaje. Echa un vistazo a la lista que viene a continuación:

METAS DE RENDIMIENTO
- Aumentar el salario en un diez por ciento antes de finales del año próximo
- Desarrollar un equipo más efectivo
- Incrementar el valor de las acciones
- Terminar mi reportaje para mi jefe
- Crear un plan de desarrollo personal

METAS DE APRENDIZAJE
- Duplicar mi velocidad de lectura
- Aumentar mi comprensión de las dinámicas financieras
- Superar el miedo al rechazo
- Eliminar el estrés
- Mejorar mi capacidad de escucha
- Desarrollar empatía

Las metas de rendimiento pueden o no requerir de algún cambio en las capacidades de la persona. Cada una describe un logro externo. Las metas de aprendizaje, por otra parte, representan cambios en la capacidad. Aunque sus logros pueden tener poco valor en sí mismos hasta que las nuevas capacidades se aplican al mundo del rendimiento, cada meta de aprendizaje tiene el potencial de contribuir en el futuro a la consecución de incontables metas de rendimiento. En una cultura como la nuestra, orientada hacia los resultados, se le reconoce muy poco valor al poder que se obtiene al desarrollar una capacidad, comparado con el de la mera realización de una tarea determinada. Construir un puente es un magnífico logro pero adquirir la capacidad de construir un puente podría llevar a construir muchos puentes.

Precisamente porque el aprendizaje tiene lugar dentro de la persona, no es fácil observarlo hasta que ves aparecer en el mundo del rendimiento los resultados del mismo. El aprendizaje no se puede medir de la misma manera que el rendimiento. Y las estrategias y tácticas que pueden parecer adecuadas para lograr las metas de rendimiento quizá no se puedan aplicar al aprendizaje. Esta es una de las principales razones por las que muchas iniciativas para el aprendizaje, tanto individuales como a nivel de organización, fracasan.

Recuerda que aprender tiene que ver con lo desconocido. Las metas de aprendizaje pueden establecerse solo de acuerdo con lo que uno ya sabe sobre lo que quiere aprender. Pero mucho de lo que aprendemos son cosas que no sabíamos que desconocíamos. ¿Cómo puedes establecer metas con eso? Intenta tener tan claro como sea posible lo que quieres aprender y por qué. Y después prepárate para seguir tus intereses y mantenerte abierto a lo inesperado.

La siguiente pregunta que debes hacerte es: *¿Dónde* tendrá lugar este aprendizaje? ¿Qué partes de mi experiencia laboral son mejores para enseñarme lo que quiero aprender? Puede que sean tus conversaciones con los clientes o compañeros de trabajo, o tu proceso de planificación, o una determinada tarea o proyecto. ¿Cuál será tu método de aprendizaje? ¿Qué cuestiones o variables clave podrías usar para concentrarte en tu trabajo?

Ejemplo: El vendedor convertido en estudiante: Tomemos el ejemplo de un vendedor que ha estado dos semanas vendiendo sus productos y ahora se reúne con el jefe de ventas y con sus colegas para una reunión periódica. Normalmente, ¿qué preguntas puedes esperar que te haga el jefe de ventas? Por lo general se centra en el *rendimiento*: el número de clientes a los que has llamado, el número de ventas cerradas, ingresos comparados con los objetivos, reconocimiento de un buen trabajo, críticas por bajo rendimiento. Se volverán a revisar la estrategia, las tácticas y los planes, y quizá el jefe le ofrezca algo de "inspiración" para motivar y conseguir el máximo esfuerzo durante el próximo periodo de ventas.

¿Y si el jefe de ventas preguntara al vendedor lo que había aprendido sobre las necesidades o perspectivas del cliente, sobre lo que está haciendo la competencia o sobre nuevas formas de gestionar las objeciones? Hay un sinfín de preguntas que se podrían hacer para reunir y compartir todo el aprendizaje que se ha producido. Con que solo uno de los vendedores mostrara disposición para aprender mientras hacía su trabajo, habría respuestas interesantes a estas preguntas, respuestas que, de hecho, habrían venido de conversaciones con clientes que no compraron. Y estas respuestas podrían contribuir al aprendizaje no solo del individuo, sino del equipo de ventas y de la compañía, dando lugar a mayores ingresos en el futuro.

Centrarse en el aprendizaje manda también el mensaje de que hay algo realmente valioso aparte de las ventas en sí. Un buen vendedor, además de vender, aprende. La ironía del asunto es que si nos centramos únicamente en el rendimiento ignorando el aprendizaje, el mismo rendimiento terminará pagando las consecuencias.

El vendedor, como estudiante no solo vende sino que es consciente de que una parte integral y fascinante de las ventas consiste en aprender sobre las necesidades del cliente, cómo descubrirlas, cómo estudiar objeciones que ni siquiera se han verbalizado, cómo hacer frente a sus preocupaciones, miedos y resistencias, y cómo mirar la situación desde el punto de vista del cliente. Este tipo de vendedor se convierte en un estudiante del arte de vender mientras va realizando las funciones de la venta. En un caso puede hacer una venta pero no aprender nada. Con el próximo cliente puede que no consiga vender pero aprende muchas cosas que le beneficiarán a él y a su empresa. Una vez que entiende esto, el juego de las ventas cambia para siempre.

Digamos que Anne se da cuenta de que tiene dificultades con los clientes que recurren a su falta de recursos para rechazar la compra de un producto. Cuando se da esta circunstancia se pone a la defensiva y se inhibe, o, por el contrario, se vuelve agresiva, lo cual provoca todavía mayor rechazo por parte del cliente. Como estudiante de ventas establece una meta de aprendizaje para reaccionar de una manera más creativa. En concreto decide aprender a cuestionar con mucho tacto las objeciones del posible comprador para mostrarle las consecuencias realistas de comprar o no comprar. Solo por establecer esta meta de aprendizaje, ha cambiado la manera en que reaccionará con su próximo cliente. En lugar de temer el momento en el que el cliente saque a colación el tema de los costos, ahora lo agradece, ya que es la única manera en la que puede cumplir su objetivo de aprendizaje. Y el resultado es que ya no ha vuelto a ponerse a la defensiva ni a ser agresiva. En su mente hay espacio para que puedan surgir las preguntas que ayuden al cliente y permitan dar con soluciones creativas a sus problemas financieros.

Anne ha descubierto una manera de enfrentarse a una situación problemática y ha dado verdaderos pasos para solventar su miedo al rechazo. El resultado es que ahora se beneficia enormemente de esas mismas situaciones con el cliente que antes solían darle miedo. Lo que ha aprendido será positivo para ella a un nivel personal y profesional. En este momento se encuentra en una posición en la que puede compartir algo de valor con sus compañeros de trabajo y aprender de sus experiencias. Reconocer los beneficios de aprender inspira a otros a que hagan lo mismo. De esta manera aprender se convierte en algo contagioso y se extiende orgánicamente a través de las personas que forman parte de un equipo o una organización.

Por supuesto que los mejores vendedores se dan cuenta de esto por sí mismos. Pero generalmente nadie les pide que compartan con el equipo lo que han aprendido. "Solo tienes que darnos las cifras... Muchas gracias". No se habla del aprendizaje con el equipo y muy probablemente se consideraría "raro" porque no encaja con la definición establecida de trabajo. El resultado es que los vendedores no se dan cuenta de la importancia que tiene para ellos mismos, para el equipo, el cliente y la compañía.

Por otro lado he trabajado con compañías en las que, además del rendimiento, aprender y disfrutar formaban parte de su definición de trabajo y habían obtenido un éxito sorprendente en las tres dimensiones. Se animaba a los vendedores a establecer objetivos de aprendizaje específicos al mismo tiempo que objetivos de ventas y se les pedía que compartieran con el resto del grupo lo que habían aprendido. Las buenas preguntas se valoraban tanto como las buenas respuestas. Se consideraba a los clientes como "maestros", no solo compradores en potencia. Se aprendió mucho acerca de cómo formar relaciones de larga duración con los clientes: no a base de "trucos", sino aprendiendo de cada interacción con el cliente.

ESTABLECIENDO METAS DE APRENDIZAJE: QUEST: Al pensar sobre las posibles metas de aprendizaje, hay una palabra que encuentro particularmente útil. Es una palabra que procede una de las actividades más básicas de la persona que está aprendiendo: cuestionar. La palabra es *quest* (búsqueda, en inglés). Mientras que cuestionar puede meramente reflejar una vaga curiosidad, *quest* (búsqueda) es algo que uno persigue con verdadera determinación. Implica un gran sentido de compromiso. Uno puede tener millones de preguntas pero solo se embarca en unas pocas búsquedas.

Además de ser una palabra que inspira al aprendiz, *quest* es también un acrónimo para cinco tipos diferentes de metas de aprendizaje, cada una de las cuales expande nuestra capacidad de una manera distinta.

Cualidades   (**Q**ualities)
Comprensión   (**U**nderstanding)
Habilidad profesional (**E**xpertise)
Pensamiento estratégico (**S**trategic Thinking)
Tiempo   (**T**ime)

CUALIDADES: Cuando se les pregunta a los encargados qué cualidades son las que quieren que los miembros de su equipo apliquen a un determinado proyecto pueden hacer una lista que incluye responsabilidad, integridad, iniciativa, creatividad, orientación hacia la tarea, persistencia, claridad, cooperación, etc. Cada uno de nosotros tiene todas estas cualidades y más, dentro de sí como una potencialidad. Pero hemos aprendido a sacar más algunas que otras. ¿Qué cualidades te gustaría ver más en ti mismo? ¿Qué les gustaría a otros miembros de tu equipo ver aumentado o reducido? Aprender a acceder a cualquier cualidad o atributo determinado y manifestarlo es un tipo de meta de aprendizaje que cualquier puede establecer para sí mismo.

COMPRENSIÓN: Para comprender hace falta algo más que información. Hace falta comprensión de todos los elementos de un sujeto particular o de un sistema y de la relación entre sus componentes. Puede que tengas una gran cantidad de información sobre un trabajo sin llegar a entenderlo realmente. Yo puedo ser capaz de enunciar la misión de la compañía o de un determinado proyecto, ¿pero entiendo esa misión lo suficiente como para ser efectivo? Hazte esta pregunta para establecer una búsqueda significativa de aprendizaje: Teniendo en cuenta mis metas de rendimiento actuales, ¿qué haría más fácil o más probable mi éxito, si lo entendiera mejor? Estas metas se pueden enunciar en términos de "Expandir mi comprensión de..". (por ejemplo, mis compañeros de trabajo, mi jefe, los clientes, la competencia, la dinámica de mercado, los sistemas y procesos, finanzas, obstáculos, etc.).

HABILIDAD PROFESIONAL: La habilidad profesional es lo que yo llamo el *know-how* o aptitud. Puede ser de tipo técnico o no. Pregúntate a ti mismo: ¿Qué aptitudes podría perfeccionar o desarrollar que me permitan alcanzar un nivel superior de rendimiento? ¿Qué aptitudes estoy aprendiendo que pueda aplicar en mi trabajo actual o futuro? De estas aptitudes, ¿cuáles pueden aprenderse a través de la experiencia en el trabajo y cuáles necesitan de algún texto o de aprendizaje en una clase? ¿Qué aptitudes he desarrollado ya y no hace falta que les dedique más tiempo ni atención? Puedes elegir desarrollar ciertas aptitudes de informática, negociación, contabilidad, aptitudes técnicas, comunicación, gestión o liderazgo, o dominar un determinado cuerpo de conocimiento. Esta habilidad profesional mejorada, una vez que la desarrollamos queda disponible para usarla en una gran variedad de tareas futuras.

PENSAMIENTO ESTRATÉGICO: El pensamiento estratégico puede verse como una cualidad, una aptitud, o una comprensión. Pero es un tipo claramente distinto de pensamiento. Es la capacidad de dejar a un lado el árbol y ver en su totalidad el bosque. Es la capacidad de elevar nuestro pensamiento por encima de los objetivos inmediatos y contemplar objetivos a largo plazo. Es un componente clave de la capacidad de trabajo: no solo para unos pocos líderes, sino para cualquiera dentro de una organización. Pregúntate a ti mismo: ¿hasta qué punto estoy pensando estratégicamente? ¿Tengo una perspectiva estratégica o solamente táctica? ¿Cómo de claras están mis prioridades en el trabajo? ¿Mis actuales actividades son coherentes con mis objetivos a largo plazo? ¿Pienso con la suficiente independencia? ¿Mi vida laboral está equilibrada y en armonía con el resto de mi vida? ¿Mi definición de trabajo ha salido de mí? ¿Mi idea de mi trabajo es fruto de la comparación con otros trabajos? ¿Veo su relación con la misión general de mi vida? Establecer un objetivo de aprendizaje no significa solo establecer objetivos estratégicos en algún área de tu vida laboral sino desarrollar el hábito y la capacidad de pensar estratégicamente para usarla en cualquier cosa y siempre que sea necesaria.

Tiempo: Todo trabajo tiene lugar en el tiempo y está relacionado con él. Aprender esta relación es clave para que el trabajo se resuelva con éxito. Las mejores estrategias y los mejores expertos han fallado por culpa de su incapacidad de aceptar este hecho. ¿Terminas tu trabajo en el tiempo adecuado? ¿Hasta qué punto eres consciente del tiempo que se requiere para completar las actividades de tu lista de tareas? ¿Te sientes continuamente presionado por el tiempo? ¿Vas siempre retrasado? ¿Dejas las cosas para más tarde? Si es así, podrías plantearte establecer una meta de aprendizaje sobre la relación entre tiempo, tarea y prioridades. (Ver "Un ejercicio de conciencia del tiempo", página 115.)

Un proceso para aprender de la experiencia: El enfoque del Juego Interior sobre el aprendizaje se basa en el hecho de que el aprendizaje se produce durante la interacción con el trabajo. La excusa más común que se suele dar para no ocuparse del aprendizaje en el trabajo es "no tengo tiempo para eso". Pero lo bueno de aprender de la experiencia es que se hace simultáneamente al trabajo y por tanto requiere muy poco tiempo *extra*. Se necesita algo de tiempo para lo que yo llamo unas "instrucciones de aprendizaje" para establecer el objetivo de aprendizaje antes de una determinada experiencia de trabajo. Luego, una vez que hemos terminado el trabajo, un corto periodo de tiempo para la reflexión que consiste en unas preguntas o "repaso del aprendizaje". Ambas conversaciones pueden hacerse en solitario o con un coach y no hace falta emplear más de un par de minutos con cada una de ellas.

En las instrucciones de aprendizaje puedes clarificar lo que quieres aprender y dónde centrar tu atención. El propósito más importante de las instrucciones es recordarte que asumas una mentalidad de estudiante durante esa determinada experiencia de trabajo. En el repaso del aprendizaje las preguntas pueden usarse para reflexionar sobre lo que has observado durante tu experiencia de trabajo y dar lugar a que surjan ideas frescas, nuevas preguntas, y los próximos pasos a seguir. Todo esto termina formando parte de tus instrucciones para tu próxima experiencia de trabajo.

EL SÁNDWICH DE LA EXPERIENCIA

La experiencia de trabajo que transcurre entre las instrucciones y las preguntas del repaso puede variar de una tarea breve a un proyecto de larga duración. Lo importante es que te impliques en el proceso de aprendizaje mientras trabajas, y que avances así hacia esos objetivos de aprendizaje que se podrán usar en un trabajo futuro y, cuando sea apropiado, los compartas con el resto de los trabajadores. Usar este proceso para aprender más de la experiencia constituye una aplicación muy práctica de cualquier cosa que te resulte valiosa en este libro. Como el tiempo nos presiona tanto, necesitamos un poco de disciplina para implicarnos en este proceso. Pero los trabajadores que han desarrollado un hábito basado en este proceso afirman que el tiempo que necesitan para las instrucciones de aprendizaje y las preguntas finales es muy poco comparado con el tiempo que ahorran gracias a lo que aprenden.

Estos son ejemplos de los formularios de instrucciones de aprendizaje y de preguntas finales que uso en los seminarios del Juego Interior:

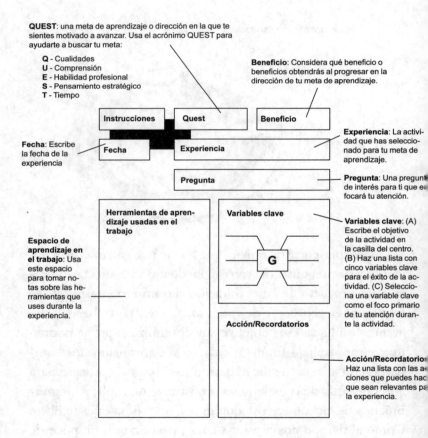

QUEST: una meta de aprendizaje o dirección en la que te sientes motivado a avanzar. Usa el acrónimo QUEST para ayudarte a buscar tu meta:

Q - Cualidades
U - Comprensión
E - Habilidad profesional
S - Pensamiento estratégico
T - Tiempo

Beneficio: Considera qué beneficio o beneficios obtendrás al progresar en la dirección de tu meta de aprendizaje.

Fecha: Escribe la fecha de la experiencia

Experiencia: La actividad que has seleccionado para tu meta de aprendizaje.

Pregunta: Una pregunta de interés para ti que enfocará tu atención.

Espacio de aprendizaje en el trabajo: Usa este espacio para tomar notas sobre las herramientas que uses durante la experiencia.

Variables clave: (A) Escribe el objetivo de la actividad en la casilla del centro. (B) Haz una lista con cinco variables clave para el éxito de la actividad. (C) Selecciona una variable clave como el foco primario de tu atención durante la actividad.

Acción/Recordatorios: Haz una lista con las acciones que puedes hacer que sean relevantes para la experiencia.

Instrucciones | Quest | Beneficio
Fecha | Experiencia
Pregunta
Herramientas de aprendizaje usadas en el trabajo
Variables clave
G
Acción/Recordatorios

El disfrute como elemento del triángulo de trabajo:
La calidad de la experiencia de un trabajador es probablemente el *resultado* al que menos atención se presta en el trabajo. La creencia general es que el trabajo no tiene por qué ser agradable. No hay ganancia sin dolor. En algunos casos la gente da por hecho que si no te sientes "estresado" o "agotado" no estás trabajando lo suficiente o, probablemente, no estás "cumpliendo". Por otro lado hay un dicho, "Encuentra un trabajo que de verdad disfrutes haciendo y nunca tendrás que volver a trabajar un solo día más en tu vida". La premisa es que si disfrutas lo que haces, no es trabajo.

Existe una tradición puritana muy antigua detrás de esta actitud, y tras ella una tradición que se remonta a la Edad Media, la tradición de "motivar" a los trabajadores con el miedo. La ética puritana hundía sus raíces en la idea de que el éxito mundano y la salvación futura estaban conectados entre sí. Tener éxito era visto como una señal de gracia y una indicación de que uno se encontraba entre los pocos elegidos para la salvación. El éxito era el resultado de adoptar los buenos valores puritanos de trabajo, ahorro y autodisciplina. Se ponía énfasis en la dureza del trabajo y, ciertamente, no en ningún placer que se pudiera derivar del mismo. La tradición feudal encarnaba la noción de que los trabajadores eran propiedad de los señores. A cambio del trabajo los señores proporcionaban a los trabajadores unos medios de subsistencia. Ambas tradiciones se encuentran en el trasfondo de la definición de trabajo que surgió con la edad industrial. Pero el mundo postindustrial y los cambios en las creencias y los valores de la gente desafían al antiguo concepto de trabajo.

La creencia de que la persona debería disfrutar con su trabajo (bien dedicándose al tipo de trabajo que le gusta, o bien encontrando la manera de hacer que le guste el trabajo que tiene) está ganando terreno en la mayoría de los países desarrollados. Al mismo tiempo está cada vez más superada la noción de que el trabajador es tan solo un medio de producción *perteneciente* al dueño de la empresa. Y la noción de que los trabajadores deben sus vidas laborales a un solo empresario va quedando obsoleta. La toma de decisiones basada en una mentalidad impositiva de orden y control está dando paso a sistemas que permiten una mayor participación en las decisiones de la empresa de todos aquellos a quienes afectan. Los trabajadores están empezando a entender que el éxito de la empresa depende de sus conocimientos y capacidades. Muchos de los trabajadores de los países avanzados se encuentran en una posición en

QUEST: Escribe el objetivo de aprendizaje en el formulario de configuración.

Repaso	Quest
Fecha	Experiencia

Fecha: Escribe la fecha de la experiencia

Experiencia: La actividad seleccionada en la configuración.

Pregunta

Pregunta: Copia la pregunta que usaste en la configuración.

1. Observaciones: Haz una lista con todo lo que has notado durante la experiencia. Recuerda que no hay respuestas "acertadas" o "erróneas". La lista de lo que has observado y de lo que destacas te servirá como guía para reflexionar y sacar conclusiones acerca de la experiencia de aprendizaje.

1 Observación: ¿Qué destaca?

2 Reflexiones y conclusiones

2. Reflexiones y conclusiones: Un espacio para tus pensamientos sobre tus observaciones. Patrones, ideas, y cualquier cosa que hubieras hecho de forma distinta.

3. Próximas preguntas/variables: Basándote en tus reflexiones, ¿cuál sería otra pregunta, o una pregunta más adecuada para plantear en tu próxima experiencia de aprendizaje? ¿Qué otras variables se te ocurren?

3 Próximas preguntas/Variables

4 Acciones

4. Acciones: Haz una lista con las próximas acciones e incluye como prioridad hacer el formulario de configuración para la próxima experiencia de aprendizaje.

la que su trabajo les permite satisfacer exigencias y deseos que van más allá de las meras necesidades de subsistencia.

Pero el hecho de que haya una relativa tendencia al incremento de la libertad en los trabajadores no significa realmente que el individuo en sí sea libre. Al observar a los miles de personas que van a trabajar en un lunes por la mañana cualquiera no puedo decir que lo que veo en sus caras sean precisamente expresiones de alegría. La mayoría parece que van a golpe de látigo al trabajo. Sin embargo hay algunos que caminan con una determinación que dice, "Tengo algo muy importante que hacer, y voy a ello". Puede que parezcan un poco sombríos, pero están motivados. Luego hay unos cuantos más que ni siquiera parece que vayan a "trabajar". Parecen contentos de estar vivos y de hacer lo que hacen. Aprecio este tipo de satisfacción cuando la veo en los demás y cuando la siento en mí mismo. A falta de un término más elocuente llamaré a este estado el estado de *disfrute*. Y es el estado en el que me gustaría pasar tantas horas de trabajo como fuera posible.

LA META DE DISFRUTAR EN EL TRABAJO: ¿Cómo podemos enfocar semejante meta? El disfrute parece ser más bien un don que una consecuencia. Al mismo tiempo he observado que interferimos de muchas formas con la posibilidad de disfrutar en el trabajo. Una manera de enfocar esta meta es desprendernos de todas las interferencias que podamos. Otro enfoque es comprender la lógica de que es preferible una actitud de disfrute a una de sufrimiento. A los niños no hay que enseñarles a disfrutar. Les surge de forma natural. Si acaso lo que nos han enseñado es a *no* disfrutar, y tenemos que desaprenderlo. Es un reto fascinante.

Empecemos por reconocer que realmente es inevitable sentir algo mientras trabajamos. Esa sensación que tenemos cuando trabajamos es una parte ineludible del trabajo, por más que intentemos ignorarla. Es una sensación que se sitúa en algún punto entre el sufrimiento y el éxtasis. Las cuestiones importantes son: ¿En qué lugar de esa escala nos encontramos, en qué dirección nos estamos moviendo, y hasta qué punto nos afecta?

Te invito a completar la siguiente autoevaluación. Para ello debes puntuar tu vida laboral en una escala del uno al diez en la que diez equivale al mayor grado de disfrute que has tenido trabajando y uno al menor. (Nota: si la palabra disfrute no te resulta apropiada usa cualquier otra que represente la manera en que te gusta sentirte cuando estás trabajando.)

Estado anímico durante el trabajo	Porcentaje del tiempo que trabajas en este estado
Disfrute (8-10)	
Entre una cosa y otra (4-7)	
Sufrimiento (1-3)	

El siguiente paso es hacerte a ti mismo dos preguntas: (1) "¿Qué contribuye a que disfrute mientras trabajo?" (2) "¿Qué contribuye a que me sienta mal mientras trabajo?" Aquí tienes una pequeña muestra de las respuestas a estas preguntas recogidas en los seminarios del Juego Interior.

Sobre lo que contribuye al disfrute:
- Tener el corazón puesto en lo que estoy haciendo.
- Hacer algo para alguien a quien quiero agradar.
- Llevarme bien con mis compañeros.
- Que todo el equipo esté trabajando unido para un propósito común.

- Actuar por elección, no por imposición.
- Que me guste el trabajo que estoy haciendo.

Sobre lo que contribuye al sufrimiento:
- Tener un conflicto con los compañeros de trabajo.
- Que mi carga de trabajo esté por encima de mis posibilidades.
- Que no haya bastante tiempo para hacer un trabajo de calidad.
- Que se me pida que haga cambios sin ninguna razón aparente.
- Que el trabajo sea rutinario y no haya nada que aprender.
- Sentir que todo lo que hago está siendo evaluado, tanto por los demás como por mí mismo.
- Sentir falta de respeto por parte de los demás o de mí mismo.
- Perder el control de la dirección y dedicarme solo a apagar fuegos aquí y allí.
- Comprometer más tiempo del que debía ser necesario.
- Estar demasiado apegado emocionalmente a los resultados.
- Que no me crean.

Al mirar esta lista veo que hay una variable clave subyacente en el trabajo: La relación del trabajador consigo mismo. En la medida en que me valoro a mí mismo, mi tiempo y mi vida, no me permitiré trabajar en un estado de estrés o de sufrimiento. El disfrute de cada momento se convierte en una prioridad importante en cualquier lugar en que esté. Tengo que ignorar el condicionamiento que me enseñó que esto era egoísta. La experiencia me ha demostrado una y otra vez que solo cuando disfrutaba rendía al máximo en mi trabajo y podía hacer mis mejores contribuciones a los demás.

El primer paso para disfrutar más trabajando es simplemente ser consciente de hasta qué punto disfrutas tu labor. Les pedí a algunos jugadores de golf, grupo notorio por su compromiso con los resultados, que llevaran un registro de su nivel de disfrute mientras jugaban. En cada hoyo debían marcar el número de golpes empleados y su nivel de disfrute del uno al cinco. Al principio se daba una relación inversamente proporcional entre el número de golpes y el nivel de disfrute. Me explicaron, como lo más natural del mundo, que disfrutaban más cuando jugaban mejor. Sin embargo, conforme se hacían más conscientes de que el placer de jugar era algo valioso en sí mismo, entendieron que es posible disfrutar tanto si juegan bien como si no. Sin ningún esfuerzo por su parte los golfistas descubrieron que el tiempo que emplean en sufrir después de un mal golpe decrecía y que aumentaba la capacidad de disfrutar el recorrido entre golpe y golpe.

Lo mismo se puede decir del trabajo. Muchas veces intentamos ignorar cómo nos sentimos al trabajar. Lo ignoramos porque no entendemos hasta qué punto contribuye a la calidad de nuestra labor y pensamos que no tiene importancia. La tabla de la página 154 puede usarse como una práctica diaria de conciencia de disfrute. La variable clave es percibir con sinceridad cómo te estás sintiendo en cada segmento de tu trabajo. Y entonces, cuando quieras, puedes plantearte qué es lo que contribuye al disfrute o a la falta del mismo. Antes que apresurarte a "arreglar" la situación prueba simplemente a observar cómo te sientes. Puede que te sorprenda comprobar hasta qué punto el ser consciente es en sí curativo.

EL EQUIPO DE VENTAS QUE DECIDIÓ HACER DEL DISFRUTE SU PRIORIDAD: Un jefe de ventas que conozco creía tanto en el poder de equilibrar el triángulo del trabajo que decidió tomar lo que yo en ese momento consideré una medida un tanto radical. En los pasados seis meses el equipo había tenido los peores resultados de todos los equipos de la compañía. Él había hecho todo lo que estaba en su mano para intentar mejorar los resultados del rendimiento y hablaba continuamente de aumentar los ingresos. Pero llegó a la conclusión de que en realidad no tenía nada que perder por tratar de requilibrar el triángulo. ¡Anunció que durante el siguiente trimestre no habría cuotas de ventas! Hizo saber al equipo que tenían que continuar vendiendo pero que no se les exigiría ningún nivel específico de ingresos. Lo que esperaba que hicieran era aprender a disfrutar vendiendo. Les pidió a sus vendedores que marcaran su grado actual de disfrute en una escala del uno al diez y establecieran los objetivos que querían conseguir en su "puntuación de disfrute".

Durante las siguientes reuniones de ventas comentaron lo que habían hecho para hacer más agradable su trabajo. La mayoría se volvió más consciente de lo que interfería con su disfrute. Para algunos era el miedo a fracasar. Para otros era hacer las cosas de forma rutinaria. Otros descubrieron que estaban trabajando hasta el punto del agotamiento. Los resultados de rendimiento ni siquiera se trataban en las reuniones, solo se mandaban en informes breves.

Lo que sorprendió enormemente tanto al equipo de ventas como a su jefe fue que, para finales de ese trimestre, el equipo se había situado a la cabeza de toda la compañía en resultados de ventas. Cuando revisaron la experiencia se quedaron impresionados con lo que descubrieron. En total el equipo había empleado un 25 por ciento menos de tiempo con los clientes y sin embargo había visto el mismo número de clientes.

Habían empleado un 30 por ciento menos de tiempo planeando las presentaciones y un 30 por ciento menos en trabajo de oficina. Pero la conclusión fue que el beneficio real había venido de la calidad de la relación con el cliente. Se encontraban mucho más relajados con los clientes y viceversa. Los clientes parecían más abiertos a mostrar sus problemas y necesidades y respondían mejor a las recomendaciones de los miembros del equipo. Cada vendedor sabía que estaba teniendo más ventas, pero pensaba que era por casualidad, hasta que vio que el total de ingresos del equipo se había incrementado en un 40 por ciento durante ese trimestre.

Ninguno de los elementos específicos de este ejemplo debería tomarse como una receta. Pero vale la pena reflexionar sobre la noción de que el nivel de disfrute está ligado al nivel de aprendizaje, que a su vez está ligado al nivel de rendimiento.

Incrementar el disfrute en el trabajo no siempre es fácil. Suceden muchas cosas que son frustrantes. Hay muchas cosas sobre las que no tenemos control. Los problemas parecen venir como en una corriente interminable. La gente en la que confiábamos puede defraudarnos. Y lo peor de todo, nosotros mismos podemos defraudarnos o defraudar a otros. Podemos perder dinero. El mercado puede hundirse. Pueden echarnos. Podemos cometer errores. Nuestros jefes pueden ser desagradables. Los jefes de equipo pueden ser unos inútiles. La burocracia se puede convertir en un obstáculo que nos vuelva ineficientes. La lista de cosas que pueden impedirnos disfrutar nuestro trabajo es interminable y, en su mayor parte, inevitable.

Sin embargo hay gente que disfruta trabajando. La clave es que *ellos mismos* se divierten mientras trabajan. Saben distinguir entre ellos mismos y los resultados de su trabajo. Esta distinción implica un desapego que hace que el placer sea independiente de las circunstancias. Para mantener la distinción hace falta un esfuerzo consciente pero vale la pena. La alternativa es que tu disfrute dependa siempre de que las cosas vayan como tú quieres que vayan.

Encuentra tu equilibrio en el triángulo del trabajo

La relación entre rendimiento, aprendizaje y disfrute no debería ser estática. Es como montar en bicicleta. Tienes que hacer algo más que pedalear. Tienes que dirigirla también. Tienes que mantener el equilibrio. Y realmente nadie te puede enseñar a hacerlo. Es más, no hay manera de definir la proporción correcta de variables para montar en bicicleta, lo mismo que no hay una proporción "correcta" para los tres elementos del trabajo. La clave es mantener una relación dinámica pero equilibrada, permitiéndote que tú o la situación determine el énfasis en uno u otro.

El Yo 2 cambia y equilibra espontáneamente las prioridades de acuerdo con la situación. Si vas de vacaciones, el placer se coloca en primer lugar, aunque con un poco de suerte también habrá algo de aprendizaje, y tienes que prestar la suficiente atención a tu rendimiento como para poder poner a punto todos los detalles del viaje, desde hacer las maletas hasta reservar el hotel. Si estás leyendo un libro, estudiando un curso, o deteniéndote a reflexionar, el aprendizaje será el elemento que de forma natural resalte por encima de los otros, pero con suerte habrá también placer en el proceso y se cumplirán algunas metas de rendimiento.

En cualquier día de trabajo las prioridades cambiarán naturalmente dependiendo de la situación. Hay momentos claves en cualquier situación de trabajo que piden un énfasis en el rendimiento. Quizá en esos momentos muy poco más es importante. Pero después de que esa situación crítica ha pasado llega el momento de parar el ritmo de rendimiento para reflexionar y aprender. Lo importante es encontrar y mantener un equilibrio que funcione para ti.

¿CUÁL ES LA RENTABILIDAD DE TU TIEMPO DE TRABAJO?: Mirar al trabajo desde el punto de vista del Yo 2 puede aportar una nueva perspectiva a la vivencia de ese trabajo. Cuando el valor de tu trabajo se mide solo en términos de lo que consigues con tu rendimiento es muy fácil que te sientas defraudado. Lo que ganas por tu trabajo, quitando los impuestos y tus gastos puede que no sea igual a lo que tú piensas que vale. Es fácil sentirse estafado o explotado. Pero antes de que decidas buscarte otro trabajo asegúrate de haber evaluado la rentabilidad total de tu tiempo de trabajo.

El triángulo del trabajo muestra que desde la perspectiva del Yo 2 la remuneración del trabajo se puede dar en *tres* formas. Además de la remuneración por el rendimiento en sí misma están los beneficios del aprendizaje así como la recompensa del disfrute. Doy mi esfuerzo y además mi tiempo, un recurso limitado y tremendamente valioso. Llevo conmigo el potencial que heredé de nacimiento y que he desarrollando desde entonces. Si mis capacidades crecen, tengo todavía más cosas para dar en el mañana, y así la posibilidad de ganar más. Me pagan por producir, pero si estoy aprendiendo mientras trabajo, también estoy aumentando mi potencial económico. Me paga mi jefe, con dinero, y el Yo 2, con todo el disfrute que estoy ganando.

Cada día doy algo de mí y recibo tres formas de pago. Solo necesito asegurarme de que el balance es positivo. ¿Es posible dar más de lo que recibes? Es posible y de hecho es muy normal que un trabajador pierda a la hora de recibir una compensación por su trabajo. Pero asegúrate de que no es tu propio Yo 1 el que te está estafando. Siempre puedes dejar un trabajo que no te guste y tratar de encontrar otro. Pero esto no implica que consigas desprenderte del control de tu Yo 1, que es el jefe que no te deja respirar. La única manera que conozco de hacerlo es permitir más al Yo 2 que se haga presente y estar dispuesto a renunciar a algunas de las exigencias de aprobación, reconocimiento y gratificación del ego con que te esclaviza el Yo 1.

El Yo 2, por otro lado, siempre obtiene beneficios cuando da. Toma el ejemplo de Madre Teresa, que recibió muy poca compensación material por una gran cantidad de trabajo duro. Cuando un visitante le dijo, "Yo no haría esto por todo el dinero del mundo", la Madre Teresa asintió y le dijo, "Yo tampoco".

No tenemos que ser santos para cambiar el balance de los pagos del Yo 1 al Yo 2. Solo hace falta comprometerse con uno mismo. Quiero aprender, quiero disfrutar, y quiero ser productivo. Quiero recordar por qué estoy trabajando y para quién estoy trabajando en realidad. Cuando unas pocas personas se comprometen con su aprendizaje y su disfrute sirven como catálisis para otros a través de las cualidades que expresan al hacer su trabajo. Aquellos que aceptan este tipo de desafío pueden conseguir mucho más como resultado de su trabajo que los resultados de rendimiento por los que les pagan.

6

DE LA CONFORMIDAD
A LA MOVILIDAD

Buscar la libertad en el trabajo no es lo mismo que buscar estar libre de responsabilidad o de las exigencias de jefes, empresas o clientes. Se trata de elegir trabajar de una manera en la que te hagas verdaderamente responsable de ti, una manera que sea coherente con tus propias decisiones, valores e intereses. Para hacer real esta posibilidad no basta con una redefinición del trabajo, lo cual al fin y al cabo, es solo un modelo conceptual.

Las pautas de condicionamiento del Yo 1 que solapan las aspiraciones del Yo 2 son fuertes e impregnan la mayor parte del entorno de trabajo. Las normas y definiciones se han ido formando durante muchos años y limitan las posibilidades que podemos ver para nosotros mismos. Las presiones para que nos conformemos a normas y modelos externos (hacer y pensar las cosas de la misma forma que las hemos venido haciendo hasta ahora) nos aleja de nuestra brújula interior y, por tanto, de pensar de forma independiente. Vivimos y trabajamos en grupos y se nos hace difícil no pensar como el grupo.

Hay una tensión que venimos arrastrando desde hace muchísimo tiempo entre el "fuego" vivo que hay en el interior del individuo y las "formas" que le impone la sociedad en la que vive. *Conformidad* es la palabra que uso cuando el individuo da prioridad a la forma externa por encima del fuego interno. Encontrar satisfacción en el trabajo se vuelve prácticamente imposible cuando el individuo o la cultura de la empresa en sí permiten que la conformidad apague nuestro fuego interno.

La conformidad puede ser atractiva y tienes sus propias compensaciones. Ofrece un tipo de seguridad basado en la apariencia de ser, hacer y pensar como los demás. Ofrece maneras prácticas de integrarse en la sociedad. En asuntos superficiales el conformismo no tiene por qué ser dañino. Pero cuando uno basa sus decisiones vitales en voces externas a expensas de ignorar la voz de su propio ser interior se puede estar perdiendo algo realmente valioso.

Muchas personas que conocen el coste de la conformidad se rebelan contra ella para proteger su integridad como individuos. Pero rebelarse *contra* algo nunca ha producido el tipo de libertad que nos satisface. Por eso uno debe aprender a hacer caso a los impulsos de su más profundo y auténtico ser. Yo he aprendido a recibir con los brazos abiertos el impulso del Yo 2 cuando se abre paso entre la rigidez de mi pensamiento condicionado. Este impulso es lo que me demuestra que sigo vivo y con ganas de luchar aunque aún no sea libre del todo. Cuando lo reconozco y lo respeto se va volviendo cada vez más fuerte. Es el presagio de que algún día seré libre.

En el conflicto entre el poder aplastante de la sociedad y las necesidades inherentes del individuo no parece haber un equilibrio justo de fuerzas. Por un lado tenemos un ligero impulso que viene del interior pidiéndonos que le hagamos caso. Por el otro tenemos los modelos dominantes de conformidad que nos rodean y nos sugieren que nos adaptemos a ellos. Cientos de revistas nos muestran qué aspecto debemos tener, cómo debemos vestir. En la televisión y en las películas se nos ofrecen incontables modelos para aprender a pensar y comportarnos. Se establecen las reglas y se obedecen sin pensar si nos benefician o nos perjudican. A quienes no quieren o no pueden seguirlas se les hace creer que están equivocados. Se les trata como fallos que hay que corregir. Quienes siguen las reglas y tienen éxito se convierten en nuestros héroes y modelos a imitar. Hay demasiada presión externa y la voz interior es demasiado débil. El exterior parece demasiado grande y el interior demasiado pequeño.

Pero nuestro interior tiene una gran ventaja: *siempre* está ahí. Donde quiera que vayas el Yo 2 te hablará, si aprendes a escucharlo. Otra ventaja del Yo 2 es que tiende a disfrutar. Nos gusta sentirnos bien. Y tenemos tendencia a vivir juntos en armonía. Debido a estas tendencias internas reaccionamos ante la belleza de un atardecer, disfrutamos el sabor de la buena comida, nos gusta amar y respetar a los demás, queremos libertad e integridad, y sentimos la necesidad de entender todo aquello que nos importa. Tener al ADN de tu parte no es una ventaja pequeña en esta batalla entre el fuego y la forma. Pero aun así sigue siendo una batalla imponente y hace falta mucho valor y mucha sabiduría para ganarla.

Redefinir el trabajo como rendimiento, aprendizaje y disfrute, en coherencia con los deseos innatos del Yo 2 es un paso gigante hacia el trabajo libre. El próximo paso es intentar entender por qué el conformismo nos resulta tan atractivo y cómo afecta a nuestra capacidad de trabajar libremente. La palabra que encuentro más útil para explicar este concepto es *movilidad*. Esta movilidad no se refiere a una dirección específica sino a la capacidad de moverse en cualquier dirección que se desee sin ningún tipo de autolimitaciones. La movilidad es la búsqueda de esa libertad, ese movimiento que surge de la reacción del ser humano libre ante sus impulsos internos más profundos. Manteniendo esta posibilidad en mente contemplemos brevemente la alternativa: una sensación de ser y actuar en conformidad con las presiones, recompensas y castigos externos.

Un primer intento de romper las cadenas de la conformidad

Hasta que fui a la universidad vi muy poca alternativa al conformismo. Las reglas predominantes y la definición de éxito estaban tan generalizadas que eran invisibles para mí. Sin embargo durante mi segundo año en Harvard me matriculé en un curso que me despertó y me ayudó a comprender que yo estaba mucho más condicionado de lo que imaginaba. El motivo de este pequeño "despertar" fue un curso llamado Ciencia Natural 114: La Ciencia del Comportamiento Humano, ofrecido por el profesor B.F. Skinner, que por aquel entonces iba camino de convertirse en el padre del conductismo.

Había elegido esa clase porque estaba interesado en aprender más acerca de mí mismo y de cómo "funcionan" los seres humanos. El primer día de clase, tras examinar los rostros de los estudiantes durante algún tiempo, el profesor Skinner dijo:

—Me alarma un poco comprobar que no hay más chicas en la clase... —Hizo una pausa y yo pensé qué es lo que podía significar aquello—. Este curso os va a dar a los estudiantes de Harvard una ventaja injusta sobre ellas.

Según el profesor Skinner esta "ventaja injusta" no era solo educativa sino una "ventaja" para ganar la antiquísima "batalla de los sexos". Ciertamente cautivó mi atención cuando siguió explicando que la clase estaba a punto de aprender cómo entender y controlar el comportamiento humano. El profesor Skinner parecía estar diciendo esto no solo para motivar a sus estudiantes sino para expresar la profunda confianza que tenía en sus métodos y su sincera preocupación por proporcionar a los chicos una ventaja excesiva.

Para la clase solo había que leer un par de textos, ambos escritos por Skinner: *La Ciencia del Comportamiento Humano* y otro llamado *Walden Dos*. El primero presentaba la teoría de que el comportamiento humano podía ser controlado por medio de un reforzamiento positivo de los comportamientos deseados. La descripción del curso en el catálogo de Harvard decía: "Énfasis en la predicción práctica y el control del comportamiento y sobre las implicaciones de una ciencia del comportamiento en los asuntos sociales". El segundo era una novela basada en una "sociedad utópica" establecida sobre los principios de Skinner sobre "ergonometría". La teoría de Skinner era bastante sencilla. El comportamiento de todos los animales, entre ellos los humanos, es el resultado de reacciones a varios estímulos positivos y negativos del entorno. Aquellos comportamientos que dan lugar a un reforzamiento positivo tienden a repetirse mientras aquellos que dan lugar un reforzamiento negativo tienden a evitarse.

No es posible saber científicamente lo que sucede "dentro" de la mente del sujeto porque no puedes observarlo, pero tampoco es necesario hacerlo. Todo lo que necesitas hacer es controlar los reforzadores y de esta manera podrás controlar los comportamientos resultantes.

El profesor Skinner demostró este método en el laboratorio con su famosa "caja de Skinner", una caja envuelta en gasa con una paloma dentro. Preguntó:

—¿Qué queréis que le haga hacer a la paloma?

Alguien gritó:

—¡Hágala saltar en sentido contrario a las agujas del reloj sobre su pata izquierda!

Pensé que era una petición injusta y que sería imposible, pero Skinner no se arredró. Tan solo se puso manos a la obra para aprender a controlar el comportamiento de la paloma, de la misma manera en que, como nos explicaría más tarde, se podía controlar el comportamiento, mucho más complicado, de los seres humanos.

La caja de Skinner tenía un comedero a través del cuál la paloma podía tener acceso a la comida cada vez que Skinner pulsaba el botón apropiado de su mando a distancia. Ese mando también controlaba la luz de la caja y podía hacer sonar una campana. La paloma, que me figuro que se encontraba bastante hambrienta en ese momento, estaba moviéndose alrededor de la caja muy erguida exhibiendo el típico comportamiento de cualquier paloma. Skinner la miraba atentamente. En el momento en que veía a la paloma hacer un claro movimiento hacia la izquierda, pulsaba los botones de su mando, se encendía la luz, sonaba la campana y se abría el comedero. La paloma picaba un poco de pienso y el comedero volvía a cerrarse. El ave volvía una vez más a moverse de un lado a otro hasta que Skinner notaba otro elemento del comportamiento deseado. El proceso continuaba: luz, campana, comida y un número en constante aumento de movimientos en dirección contraria a las agujas del reloj por parte de la paloma.

Después de una media hora, la paloma estaba definitivamente usando cada vez más su pata izquierda y girando más hacia la izquierda que hacia la derecha. De todos modos, pensaba yo, con este ritmo de aprendizaje no había forma de que la paloma se pusiera a saltar sobre su pata izquierda en dirección contraria a las agujas del reloj antes de que terminara la clase del laboratorio. También pensé que había un intercambio bastante equitativo entre Skinner y la paloma. "¿Skinner está entrenando a la paloma para que salte o la paloma está entrenando a Skinner para que le dé comida?" me preguntaba. Pero de pronto el profesor Skinner hizo un pequeño pero significativo cambio en su metodología que aceleró considerablemente el proceso.

Pulsó los botones que encendían la luz y hacían sonar la campana, ¡pero no el de la comida! Ahora Skinner no tenía que esperar a que la paloma fuera al comedero a comer. Explicó:

—Al principio la luz y la campana eran estímulos *neutrales* para la paloma. No estaban cargados positivamente ni negativamente para reforzar comportamientos. No eran recompensas ni castigos. Pero después de que fueran asociados a la comida, la luz y la campana quedaron cargados positivamente y podían usarse como reforzadores positivos de comportamiento.

Este era el momento de la verdad para ver quién estaba entrenando a quién. La paloma dejó de recibir la recompensa por sus esfuerzos dejando claro a los observadores quién tenía de verdad el control.

Para mí las implicaciones de la demostración de Skinner eran sobrecogedoras. ¿Hasta qué punto mis comportamientos y decisiones eran el resultado del condicionamiento de mi entorno? ¿Quién o qué tenía su mano sobre el mando? ¿Quién había ideado el "programa" que yo estaba ejecutando? Y, si el comportamiento humano estuviera condicionado por reforzadores que están meramente *asociados* con necesidades reales, ¿cuáles serían las "luces y campanas" que me hacían saltar en "círculos en dirección opuesta a las agujas del reloj" en Harvard? ¿Podría haber surgido mi sensación general de insatisfacción a esa edad del hecho de que no estaba consiguiendo bastante comida real?

Pensé en el aplauso en las gradas al final de un partido de tenis victorioso. El aplauso era meramente un sonido, justo como la campana, sin embargo, ¿qué es lo que sería capaz de hacer por oír aquel sonido? Por supuesto el sonido estaba asociado con "reconocimiento" y "aprobación", pero, ¿esta era la comida real o era solo otra asociación?

Pensé en todos "los saltos" que di en clase para conseguir un sobresaliente. Una pequeña marca en un trozo de papel: un mero símbolo. ¿Realmente significaba algo? ¿Qué importancia tenía para mí? ¿Qué es lo que significaba para los demás y por qué? Estaba empezando a acercarme a esos asuntos que sentía que no "debía" cuestionarme. Si conseguir un sobresaliente y ganar un juego de tenis ya no parecían metas por las que valiera la pena esforzarse, todo mi sistema de motivación y significado estaba en peligro de colapsarse. Si la definición de éxito de la sociedad era solo un condicionamiento social para reforzar comportamientos culturalmente aceptados, entonces, ¿qué era lo real?

Durante un momento pude vislumbrar toda la conformidad que me rodeaba. Pero en ese momento no tenía la suficiente confianza en mí mismo como para dejar a un lado el condicionamiento. No podía ver ninguna alternativa al éxito tal y como lo definía la sociedad. Después de todo había ido a Harvard porque me habían dicho que era la mejor. "Si voy a la mejor universidad y tengo éxito, seré el mejor" era la lógica de esta paloma. De manera que seguí saltando y saltando hasta que el agotamiento me llevó al borde del fracaso. Y fue la perspectiva de un fracaso absoluto lo que me dio la oportunidad de vislumbrar una "salida" a mi particular "caja de Skinner" académica.

El cansancio y la desidia me habían llevado a quedarme atrás en el curso. Ante la imposibilidad de ponerme al día estaba tan estresado que apenas lograba concentrarme cuando me sentaba para leer. Mis ojos se paseaban por la página pero con escasa o nula concentración. Pronto iba a tener un examen en el curso de ciencia política para el que no había estudiado prácticamente nada. No creía que fuera posible estudiar lo bastante para pasar el examen ni siquiera aunque estuviera rindiendo como lo hacía normalmente. Sin embargo, como era de esperar, decidí hacer un último esfuerzo y echar toda la carne en el asador. Tres días antes del examen saqué de la biblioteca una bolsa llena de libros que no había leído, diciendo que los estudiaría durante seis horas seguidas tanto si podía concentrarme lo suficiente para entender su contenido como si no. El curso que estaba estudiando se llamaba Gobierno 180: Principios de Política Internacional; lo enseñaba un profesor llamado Henry Kissinger.

Empecé leyendo muy lentamente, palabra por palabra, y al final de la primera página me pregunté a mí mismo si había entendido algo. La respuesta era no. No podía recordar nada de lo que había leído. Intentar leer rápido tampoco sirvió de nada. El estrés que sentía hacía imposible la concentración y cuanto más veía que no estaba entendiendo nada, más estrés sentía. Era un círculo vicioso. De todas formas, respeté mi decisión y seguí estudiando durante seis horas. Cuando terminé mis ojos habían pasado por muchas páginas pero, por lo que podía ver, no se me había quedado nada.

Metí otra vez todos los libros dentro la bolsa y bajé las escaleras de la biblioteca en dirección a la calle. Mientras descendía las escaleras, una voz dentro de mi cabeza me dijo en tono convincente, "No hay manera de que puedas aprobar este examen". Acepté esta declaración como un hecho. Cuando estaba abriendo la puerta para salir de la Biblioteca Lamont la voz dijo, en el mismo tono convincente de antes, "Si ya no puedes leer, no solo suspenderás este examen, terminarán echándote de Harvard". Conforme la puerta de la biblioteca se cerraba acepté también esta declaración como un hecho. En el instante en que oí el portazo, me pareció que cualquier posibilidad de éxito se acababa de cerrar detrás de mí. Para cuando salí a la Avenida Massachusetts, tenía completamente asumido que había fracasado en Harvard. Aunque una idea como esa nunca se me había pasado por la cabeza, ahora era un hecho aceptado.

Se había acabado el cuento. Estaba fuera de la universidad, y como los estudios eran mi única forma de tener éxito, me había quedado fuera del "éxito" mismo. Yo, que hasta ese momento jamás me había permitido suspender un solo examen en todos mis años de estudio, en un instante ¡acababa de convertirme en un fracaso absoluto!

Lo que pasó a continuación es difícil de relatar. Estaba caminando por la Avenida Massachusetts sintiéndome un estudiante fracasado sin ningún sitio al que ir. No podía pensar en regresar a casa y enfrentarme a mi familia y mis amigos, y no podía permanecer en la universidad. Estaba al final de un mundo sin ser capaz de ver el próximo. Sin embargo en algún lugar muy dentro de mí brotó la capacidad de aceptar este inimaginable destino. La única pregunta que se me ocurrió fue simplemente "¿Ahora qué?"

Estaba anocheciendo y en la calle vi a un mendigo con las piernas amputadas a la altura de los muslos. Estaba sentado sobre una manta en la acera, vendiendo lápices. Había pasado junto a él otras veces y siempre me sentía incómodo, batallando en mi interior con la idea de si debía o no comprarle un lápiz. Ahora todos esos pensamientos habían desaparecido. Lo miré y vi solo a un ser humano igual que yo. Estábamos conectados, éramos iguales en dignidad, nos unía el hecho de ser dos seres humanos. Recuerdo que pensé, "No miro a esta persona ni con admiración ni con desprecio: lo miro de igual a igual". Era una buena sensación la de sentirse parte del género humano.

Quizá llevaba mucho tiempo buscando este sentimiento de conexión, pero lo había dejado a un lado en mi loca carrera por sacar magníficas notas. Había asociado los sobresalientes con mi propia valía como persona. Lo irónico del caso es que ahora, después de que desapareciera la prueba externa de mi valía, era cuando acababa de probar el sabor de la "comida real" que tanto necesitaba. Caminé por la calle sintiéndome otra persona. Miraba a las personas de una forma distinta. En lugar de querer compararme con ellas quería llegar a conocerlas. Con la puerta del "éxito" cerrada el estrés había desaparecido y simplemente estaba contento de estar vivo, sin ninguna idea de en qué consistía la vida.

Durante unas horas viví de forma diferente; estaba fuera de mi caja de Skinner, era una paloma libre. Una paloma fracasada que sentía un inmenso alivio. Aunque en realidad no había pasado nada especialmente significativo estaba mirando la vida desde una perspectiva distinta. Cada momento parecía fresco e interesante. No tenía miedo de hablar con desconocidos y sobre temas que antes no me interesaban. No me sentía ni contento ni triste. Tenía una sensación neutral y estaba muy en el presente, pensaba con una gran claridad. Me había quitado de encima un terrible peso que llevaba cargando sin ni siquiera saberlo.

A la mañana siguiente me desperté sintiéndome muy bien y libre de todo ese estrés que tenía siempre. Entonces volví a hacerme la misma pregunta: "¿Ahora qué?" Seguir asistiendo a las clases era una opción tan buena como cualquier otra. Pero parecía una opción, no un deber. Aunque no puedo decir que caminara por Harvard Yard con un tremendo entusiasmo por aprender, la antigua sensación de presión por "tener que ir a clase" había desaparecido. Iba a clase libremente. Cuando me senté y empecé a escuchar a los mismos profesores hablando sobre los mismos temas me sorprendió ver que disfrutaba oyéndolos y que algunas de las cosas que decían me resultaban interesantes. Lo que había desaparecido era esa voz que continuamente se preguntaba dentro de mí si estaba entendiendo lo que exponían o si lo recordaría para el examen. Todavía me quedé más sorprendido al descubrir que cuando me puse a leer el libro del curso de política internacional escrito por el profesor Kissinger me interesó muchísimo ese mismo texto que el día anterior no había sido capaz de leer. Por primera vez en semanas, pude comprender lo que leía y sin preocuparme. Y aunque para el examen final que tuvo lugar al día siguiente había leído únicamente la mitad de la lectura recomendada no me sentí estresado. Escribí ensayos basándome en lo que sabía y no me preocupé por el resto.

A la semana siguiente cuando me devolvieron el examen con un bien, me sentí de nuevo seguro de que podría sacar adelante mis asignaturas. Poco a poco volví a mi horario de estudio habitual y a ser capaz de concentrarme, mucho mejor que antes. Mis notas estaban pasando de bien a sobresaliente. Sin embargo, mientras esto ocurría empecé a sentir como esa sensación de libertad que tenía hasta entonces se iba debilitando. Los sobresalientes, y el éxito que prometían, habían empezado a ejercer otra vez una gran influencia sobre mí y, casi sin darme cuenta, empecé a saltar otra vez al son de las campanas y las luces del sistema académico.

Descubrí que trabajar libremente no era un logro fácil de mantener en ese entorno académico y que no había conseguido salirme de una vez por todas de la "caja". Pero había sentido el impulso de liberarme y había probado la posibilidad de la libertad y ya nunca sería capaz de olvidarlo. Desde ese momento supe la verdad que hay en la frase "Es posible que necesitemos vivir con la gente, pero no tenemos que vivir como ella".

Sé que la mayoría de las personas han sentido este impulso de ser libre incluso en medio de sus responsabilidades como adultos. No es que realmente queramos liberarnos de nuestras responsabilidades sino que queremos sentirnos libres mientras las asumimos. Cuando nuestras responsabilidades están principalmente impuestas por presiones externas es cuando terminamos bailando al ritmo de las campanas y las luces de la conformidad y perdemos contacto con el impulso de ser libres. Al hacerlo se hace más difícil distinguir nuestras necesidades reales de las meramente simbólicas.

¿Qué hace falta para sacar a una persona de este tipo de trance? Por desgracia, a veces una tragedia o una crisis. A veces salimos del trance porque fracasan nuestros sueños. A veces por agotamiento, o por una enfermedad. Sentí una gran admiración por Christopher Reeve cuando le escuché decir que había conocido una felicidad mayor siendo tetrapléjico por el simple hecho de estar vivo que siendo "Superman" para millones de personas. ¿Qué podrían aprender de este ejemplo aquellos que todavía están intentando convertirse en superman o superwoman a los ojos de los demás?

¿Si pudiéramos escaparnos de la caja del pensamiento condicionado, qué nos quedaría? ¿Cuáles serían nuestras verdaderas ambiciones? ¿Cuál sería nuestro propio deseo, y qué sueños contemplaría ese deseo? ¿Qué diferentes serían de nuestros sueños actuales? ¿Dónde querríamos ir y cómo querríamos ir hasta allí?

Para responder a estas preguntas primero debemos adentrarnos más profundamente en la naturaleza del Yo 1 y el Yo 2.

Clarificando la distinción entre Yo 1 y Yo 2

¿Cómo podemos hacer una mejor distinción entre el Yo 1 y el Yo 2? Suelo llamar al Yo 1 un yo *inventado* o una construcción mental, mientras que el Yo 2 es el yo con el que venimos al mundo, el ser *natural*. Como las personas nacemos con la capacidad de pensar, pensar forma parte también del Yo 2. Pero los conceptos que formamos con nuestro pensamiento son algo separado y distinto del ser que los concibe.

Estos conceptos, tanto los que creamos nosotros como los que son resultado del condicionamiento externo, nos influyen poderosamente. Por ejemplo, si me identifico con un concepto como "No soy lo bastante bueno", probablemente empezaré a mirar a mis sentimientos y mi comportamiento a través de las lentes de ese concepto. Del mismo modo interpretaré cómo me ven los demás a través de las mismas lentes. Y sin duda encontraré una gran cantidad de "pruebas" para apoyar mi autoimagen negativa. Ahora el concepto negativo se ha reforzado y se empleará para descubrir más pruebas que lo apoyen. Es un círculo vicioso.

Muchas personas, comprendiendo el poder de un concepto negativo de sí mismo, intentan darle la vuelta al proceso a base de afirmar conceptos positivos. Pero el concepto "Soy el más grande" sigue siendo un mero concepto. Y aunque una autoimagen positiva puede producir comportamientos positivos, nunca me he sentido satisfecho con limitarme a cambiar una programación negativa por una positiva. Es cierto que nuestros pensamientos sobre nosotros pueden ser tan reprogramables como el software de un ordenador, pero ¿de verdad quiero verme como un ordenador obedeciendo un programa? Yo creo que lo que de verdad es importante es reconocer que los conceptos que tengo sobre mí mismo, ya sean negativos o positivos, acertados o no, son solo construcciones mentales: están hechos únicamente de pensamiento y no son *yo*. Yo soy algo diferente.

Lo que realmente soy está por encima de los pensamientos que pueda tener acerca de mí mismo. Este es el yo que me interesa, desde su infancia y a través de todas las etapas de su desarrollo natural. Cuando soy consciente de este yo puedo reconocerle el mérito de ser la fuente de mis mejores cualidades, sentimientos, pensamientos e impulsos. De él surge todo lo que es genuino y brillante. No tengo el menor problema en reconocer la esplendidez, la benevolencia y el poder de lo que haya sido capaz de crear a semejantes seres. En esos momentos el Yo 1 no tiene mucho poder. Estoy satisfecho con ser quien soy y no tengo nada que probarme a mí mismo ni a los demás.

Ciertamente este yo (el Yo 2) puede llegar a ser obstruido y distorsionado por los conceptos que tengo de mí mismo, dando como resultado comportamientos que son cualquier cosa menos genuinos o brillantes. Estas distorsiones se pueden distinguir claramente del Yo 2 y pueden llegar a integrarse dentro del rico tapiz de nuestra existencia. Entonces es posible sentir, si cabe, una mayor apreciación por la existencia y las cualidades del Yo 2.

El Yo 2, en el proceso de su crecimiento hacia la independencia es muy vulnerable a la gran cantidad de ideas erróneas que albergamos sobre nosotros mismos, ideas que además de falsas son limitadoras y perjudiciales. Todos crecemos en una comunidad, grande o pequeña, y somos fácilmente influenciados por el pensamiento predominante en esa comunidad. Creencias, valores y conceptos van pasando a los recién llegados con una gran eficacia y rápidamente forman parte de la programación de nuestro Yo 1. Conforme intentamos entender quiénes somos y cómo nos ven los demás, nuestras percepciones cambian día a día y parece como si fueran fruto del azar. Un día nos vemos a nosotros mismos como competentes, respetados y amados. Luego fallamos al realizar una tarea o notamos que alguien no nos aprecia y nos vemos como fracasados, sin ningún valor, ni capacidad.

Mientras nuestro Yo 2 evoluciona haciéndose más independiente y consciente, puede aprender a distinguir el programa de condicionamientos y a no confundirlo con su naturaleza inherente, y de esta manera puede decidir lo que acepta y lo que rechaza. Ejerciendo esta capacidad de hacer distinciones es como podemos librarnos de las distorsiones que inhiben nuestro crecimiento.

Mi pasión por este tema surge en parte del hecho de que he sufrido en mis carnes algunas de las peores "cualidades" del Yo 1 y he sido lo bastante afortunado como para reconocer y respetar lo mejor del Yo 2. Para mí lo importante no es la distinción filosófica entre los dos sino la capacidad de *conocer* la diferencia. Cuando soy capaz de conectar con el Yo 2 a través de una sensación es cuando verdaderamente puedo reconocer su existencia. Necesito ser consciente del Yo 2 dentro de mí. Entonces puedo empezar de verdad con el proceso de autodescubrimiento y el contraste con lo que es meramente conceptual se hace evidente. Aunque alguna combinación de ambos seres estará siempre presente en cualquier cosa que haga, el objetivo del Juego Interior es aprender a dar una expresión plena al Yo 2 con un mínimo de autointerferencia.

Para terminar, hay otro aspecto del Yo 2 al que no se le da demasiada importancia en los libros del Juego Interior sobre deportes. Es la parte del Yo 2 que es capaz de pensamiento consciente e intencionado. Siempre se había reconocido que el mérito de nuestras mejores actuaciones y nuestro más alto rendimiento le correspondía al Yo 2, pero el pensamiento activo no era un requisito importante para golpear una pelota de golf o de tenis. De hecho en los deportes parece que jugamos mejor cuando la mente pensante está en silencio. Pero en el trabajo la mayoría de nosotros necesitamos pensar. No solo necesitamos pensar en lo que estamos haciendo sino en *por qué* lo hacemos.

La capacidad del Yo 2 para ser consciente: crear o reconocer significados y realizar una acción *intencionada* es uno de los mayores atributos humanos. Dos personas pueden estar jugando al mismo juego de tenis pero quizá solo uno de ellos sabe por qué. De la misma manera dos personas pueden tener el mismo trabajo pero solo uno de ellos entiende claramente cuál es la finalidad de ese trabajo o por qué debe hacer un esfuerzo para hacerlo bien. El próximo segmento de este capítulo destaca el poder del pensamiento consciente y la acción intencionada en el trabajo.

AE: Un Amigo Ejecutivo

Durante los últimos veinte años he entablado conversaciones constantes con muchos ejecutivos sobre el tema del rendimiento óptimo y el desarrollo de las capacidades de los trabajadores en el entorno laboral. De todas estas hay una serie de conversaciones que sobresale como única. Son las conversaciones que mantuve con un amigo al que me referiré simplemente como "mi amigo el ejecutivo". Es probablemente el ejecutivo más exitoso que conozco, no por la posición que ocupa sino por su extraordinaria capacidad para realizar sus metas y sueños. En el transcurso de muchas conversaciones con él aprendí mucho sobre el crecimiento y el desarrollo de la persona en el trabajo. Durante más de treinta años se ha convertido en un amigo verdaderamente valioso y respetado. Por respeto a su privacidad y al carácter informal de nuestras charlas me referiré a él a partir de ahora como AE.

Muchas de mis conversaciones con AE tuvieron lugar mientras jugábamos al tenis. Como no jugábamos por puntos nos limitábamos a lanzarnos la pelota una y otra vez mientras charlábamos. Cuando la conversación requería más concentración tomábamos un descanso y finalizábamos el diálogo junto a la red. AE me había dicho que su motivación para jugar al tenis era el beneficio del ejercicio físico, la mía en cambio, era el extraordinario aprendizaje que se producía durante nuestra interacción.

Es difícil describir el impacto que tuvieron en mí esas conversaciones. Los comentarios de AE estaban llenos de sentido común. Eran sencillos y profundos al mismo tiempo. A veces eran tan simples que solo por respeto a su extraordinario éxito personal y profesional me los tomaba en serio. Me iba a casa después de jugar al tenis y reflexionaba sobre lo que había dicho. A veces pasaba bastante tiempo antes de que pudiera ver el significado filosófico y práctico de sus palabras. AE no se consideraba un filósofo. Era un hombre práctico y estaba interesado en las ideas teóricas solo en tanto y en cuanto pudieran ayudarle a conseguir sus metas.

AE viaja bastante y sus puntos de vista se basan en infinidad de experiencias internacionales que abarcan numerosas culturas y sin embargo parecen trascenderlas a todas. Siempre se muestra más interesado en lo que los seres humanos tienen en común que en lo que los diferencia.

Hablamos de los distintos estilos de gestión en Occidente y Oriente, sus puntos fuertes y sus debilidades, y sobre aprendizaje y comunicación dentro de las organizaciones. Hablamos sobre la importancia de que los individuos piensen por sí mismos, y sobre lo fácil que resulta amenazar su integridad con la presión de las exigencias del grupo o la sociedad a la que pertenecen. Y en casi todas nuestras conversaciones nos planteábamos lo que significa tener éxito como ser humano.

Un día, después de una hora de tenis particularmente agotadora en la que apenas habíamos hablado, AE me alargó una sola hoja de papel que había escrito en su ordenador y luego imprimido diciéndome, "En este texto hay un descubrimiento sobre el tema del que hemos estado hablando. Me interesaría conocer tu opinión". Tomé el folio y, con una gran curiosidad, me lo llevé a casa.

"**Movilidad**": La página tenía por título una sola palabra: Movilidad. Contenía un texto con unos pocos cientos de palabras y un gráfico simple: una reproducción del hombre universal de da Vinci, los brazos y las piernas extendidos, con flechas que indicaban la capacidad de moverse en todas las direcciones. Como da Vinci, mi amigo ejecutivo era un genio en su campo, además de un versátil estudiante de muchos otros. Ambos son una muestra del pensamiento que aprecia la apariencia de las cosas pero encuentra una fascinación mayor en las profundas estructuras que subyacen bajo ellas.

El texto de AE comenzaba con una simple introducción:

Estos son algunos de los factores que pueden hacer avanzar a las personas en la dirección de las metas a las que aspiran o bien impedirles alcanzarlas.

Le seguía una definición:

Movilidad. La capacidad de moverse o ser movido.

Y un desarrollo de la definición:

Aplicada a nosotros significa la capacidad de movernos o adaptarnos, cambiar o ser sujetos del cambio. Asimismo significa la capacidad de lograr los propios objetivos de una manera satisfactoria, alcanzar las metas en el momento apropiado y de un modo que nos haga sentir bien. Por tanto movilidad no es solo cambio sino satisfacción y armonía ante nuestro progreso.

Al llegar a casa me senté y me puse a pensar, "¿Qué es lo que realmente quería decir AE con *movilidad*?" Al principio pensé que simplemente significaba flexibilidad y oportunidad en el logro de una meta. Pero "lograr los objetivos deseados *de una manera satisfactoria*" significaba que tanto los objetivos del trabajo como los objetivos personales debían cumplirse al mismo tiempo. Esta era una noción simple pero tenía un significado e implicaciones muy profundas. Claramente AE vio que la satisfacción personal era posible en el trabajo pero también entendió que esto era muy poco frecuente. La noción más extendida es la que la satisfacción del individuo es consecuencia del cumplimiento de los objetivos. Movilidad, en esta nueva definición, significa que ambos, el destino y el viaje pueden y deben ser satisfactorios.

El siguiente párrafo de AE hablaba sobre cambio y toma de conciencia. Eran dos temas que tratábamos con frecuencia, tanto en la vertiente del cambio personal como en la del cambio a gran escala en el nivel organizacional. A AE le interesaban especialmente las ideas que podían aplicarse a todos los niveles:

Movernos de esta manera nos hace más conscientes y genera en nosotros la capacidad de efectuar pequeños ajustes cuando sean necesarios. Ser capaces de hacer cambios dentro de los cambios puede llegar a marcar la diferencia entre éxito y fracaso.

Esto es claramente lo que yo había visto en el proceso de entrenamiento del Juego Interior, en el deporte y en el trabajo.

Cuando el jugador de tenis o el trabajador eran más conscientes de lo que estaba ocurriendo, dentro y fuera, el cambio tenía lugar de una forma natural. El proceso de aprendizaje que se da cuando tomamos conciencia es sutil pero muy efectivo. Es mucho menos mecánico y coercitivo que el método de control y orden. La armonía con el Yo 2 en el proceso de cambio permite una mayor conciencia, que a su vez permite que se lleven a cabo los ajustes que sean necesarios.

AE continuaba describiendo una de las mayores dificultades a las que se enfrentan los individuos y las organizaciones en tiempos de cambio, la de cambiar por cambiar:

> *Cuando la gente siente cierta frustración, tiende a pensar que con tan solo hacer unos cambios lo arreglará todo. Pero los cambios aleatorios producen resultados aleatorios.*

Si las compañías entendieran esa última frase, se ahorrarían billones de dólares e incontables horas de trabajo gastadas en esfuerzos inapropiados por cambiar. Una de las cosas que aprendí en los deportes y en el trabajo fue que *no* debía intentar cambiar todo lo que pensaba que debía cambiar. Si me ocupaba de las cosas que era necesario *cambiar* con una actitud libre de juicios de valor, muchos de los demás problemas se corregirían solos.

Al principio me costó trabajo entender el siguiente párrafo de AE:

> *Los cambios solo tienen valor cuando están sincronizados con el resto de los elementos y se producen en la proporción correcta. La movilidad nos da la capacidad de movernos, pero no la razón para hacerlo. La capacidad de cambiar no garantiza que los cambios efectuados conduzcan al éxito. Por tanto, la movilidad debe*

sujetarse estrechamente a la dirección. Cuando a una de las dos se le quita la otra, se vuelve inútil. Sin dirección no puede haber un cambio satisfactorio.

Comprendí que AE estaba hablando de algo similar al pensamiento sistémico. La naturaleza está llena de ejemplos de sistemas que funcionan solo cuando todos los elementos necesarios se encuentran presentes y funcionando en sintonía con el resto de los elementos. Si haces un cambio en una parte de un sistema, puede que origines un cambio inintencionado en otra parte y de esta forma en el sistema entero. Un producto químico pensado para limpiar una masa de agua puede terminar destruyendo las algas que alimentan a los peces que a su vez mantienen el agua limpia.

Este fenómeno se produce también en los sistemas familiares, especialmente en aquellos que tratan con problemas de adicción. Cuando el adicto es el único miembro de la familia que recibe tratamiento, se ocasiona un desequilibrio en el papel de los otros miembros que han estado luchando contra esa adicción. A veces se produce un ambiente tan enrarecido que la tensión que se genera presiona a la persona para volver a su adicción.

En los negocios hay innumerables ejemplos de cambios aleatorios que no benefician a la empresa en su conjunto. Un cambio diseñado para solucionar un problema causa otros diez. Las soluciones en un departamento terminan teniendo un impacto negativo en otro departamento que al final da lugar a complicaciones mucho más serias.

Para realizar cambios específicos que sean coherentes con el propósito general y al mismo tiempo estén en sintonía con los demás cambios que se producen hace falta ser muy consciente de todos los elementos importantes de un sistema. Comenzar a hacer cambios para resolver problemas específicos sin tener en cuenta el impacto en los otros componentes del sistema puede dar lugar, y es muy frecuente que así sea, a victorias a corto plazo que, a la larga, contribuyen al fallo del sistema en su conjunto.

La página de AE terminaba con una lista de los cinco elementos de la movilidad:

1. Concédete movilidad porque la tienes.
2. Forma una imagen lo más clara posible de a dónde quieres llegar.
3. Disponte a efectuar cambios dentro de tu cambio.
4. Mantén claro tu propósito.
5. Mantén sintonizados tu movimiento y tu dirección.

ESA ES LA MOVILIDAD FUNDAMENTAL: El significado primordial que extraje de esta página fue que hablaba de conseguir la libertad de movimiento para alcanzar las metas internas y externas. También entendí que requeriría romper las ataduras de la conformidad exterior innecesaria y remplazarlas con un nivel de conciencia y pensamiento consciente mucho más elevado. De alguna manera esto encajaba con lo que ya había llegado a entender acerca de la importancia de permitir al Yo 2 una mayor oportunidad de expresarse. Ciertamente estaba en consonancia con el triángulo de trabajo y la necesidad de conseguir no solo metas de rendimiento sino también de aprendizaje y disfrute. Además se le daba valor a la conciencia, la capacidad de elección y la confianza. La movilidad era la esencia de lo que yo había estado aprendiendo sobre el Juego Interior del trabajo. Sin embargo había algo más en esta noción de la movilidad, algo que todavía no había entendido y estaba deseando aprender.

¿Cómo podía aplicar la movilidad a mi propia vida de trabajo? ¿Podía realmente encontrar tanta satisfacción en el proceso de trabajar como en sus resultados? ¿Qué significaría realmente estar satisfecho con el progreso de uno a un nivel tanto interior como exterior? ¿Podría lograr la movilidad y luego ayudar a mis clientes a que también la consiguieran?

DANDO LOS PASOS: Vamos a estudiar con más detalle lo que significan las instrucciones de AE en términos de tu movilidad y lo que puedes hacer para eliminar obstáculos.

1. Concédete movilidad porque la tienes: Piensa en un aspecto de tu trabajo con el que no te encuentres totalmente satisfecho. Puntúa tu satisfacción en una escala del uno al diez (diez sería el grado más alto de satisfacción y uno el más bajo). Piensa en las tres dimensiones de la movilidad: (1) su contribución a la consecución de tus metas externas; (2) su contribución a tu satisfacción interna; (3) cómo valoras la cantidad de tiempo empleada en este trabajo para conseguir cumplir los puntos (1) y (2).

Digamos que tu satisfacción general está entre 4 y 5, y asumamos que te encuentras atascado en este nivel desde hace tiempo. La movilidad significa que puedes incrementar ese nivel de satisfacción en las tres dimensiones. La movilidad no significa que en este preciso momento sepas cómo convertir ese 4-5 en un 8; solo significa reconocer que, si quieres, puedes descubrir cómo hacerlo.

Concederte a ti mismo esta movilidad para que de verdad creas que puedes lograr una mayor satisfacción en el trabajo no siempre es fácil. Es muy probable que haya obstáculos que te impidan alcanzar esa satisfacción, de lo contrario no estarías insatisfecho. Pero detrás de todos esos obstáculos, internos y externos, hay un deseo, una esperanza, y la capacidad de avanzar hacia tus objetivos deseados. Para concederte a ti mismo movilidad tienes que conocer *ambas* caras de la ecuación.

El diálogo interno puede ser más o menos así: "Sí, creo que puedo llegar a encontrar una mayor satisfacción en este aspecto de mi trabajo, *pero*..". Puede serte útil aprender a reconocer la voz del optimismo y la voz de la duda escribiéndolos. Si los obstáculos están en un primer plano de tu mente, ponlos uno a uno por escrito hasta que ya no se te ocurra ninguno más. Fíjate ahora en cuáles de estos obstáculos son internos y cuáles externos. Ahora considera los recursos internos de que dispones. Has usado estos recursos anteriormente para salir de situaciones en las que te sentías atascado. Has conseguido ciertos logros en el pasado. Y, finalmente, recuerda que la esencia de tu capacidad para avanzar hacia las metas deseadas existe porque *tú* existes (porque eres un ser humano) y no por ninguna otra razón. Reconocer tu movilidad inherente puede ayudarte a rodear esos obstáculos reales o imaginarios, a cruzar por ellos, o a saltar por encima. Es tu primer paso y el más importante de todos.

El bloqueo que por lo general nos impide ver nuestra movilidad es pensar que las circunstancias la hacen imposible. Por descontado que siempre hay cosas que escapan de tu control. Pero no pueden detener tu movilidad innata. La movilidad no depende de las circunstancias. No depende del pasado. Ni siquiera depende de si crees o no que la tienes. La movilidad no se centra en lo que no puede controlar sino que se mueve haciendo cambios en lo que *puede* controlar. En mi propia experiencia incluso en los momentos de mayor desesperación la movilidad está ahí esperando que la reconozcas para así poder activarse.

La manera más sencilla de convencerte a ti mismo de que no tienes movilidad es formarte unos conceptos rígidos acerca de quién eres y de cómo haces las cosas: "Yo soy así y hago las cosas de esta manera". La libertad consiste en entender que en cada momento tienes la capacidad de elegir empezar a moverte en la dirección que desees, sin tener en cuenta tu pasado. Esta es la esencia del primer paso. Tienes movilidad y siempre la has tenido. Solo que quizá tengas que recordártelo a ti mismo de vez en cuando".

Hay una cita muy conocida de Johan Wolfgang Goethe, poeta, dramaturgo, novelista y filósofo alemán del siglo XVIII, que hace referencia al inmenso poder que está al alcance de aquellos que tienen la valentía de concederse movilidad: "Con respecto a todos los actos de iniciativa existe una verdad cuya ignorancia mata incontables ideas y planes espléndidos: en el momento en que uno se compromete definitivamente la Providencia se pone en movimiento. Ocurren toda clase de cosas para ayudarnos, que de otra manera nunca podrían haber ocurrido. Toda una corriente de incidentes surge de la decisión, alzándose en nuestro favor toda clase de circunstancias imprevistas, encuentros y asistencia material con la que jamás hubiéramos podido soñar tropezarnos. Cualquier cosa que puedas hacer o sueñes que puedes hacer, hazla. El coraje contiene genio, poder y magia. Comienza ahora".

Trabajo = Rendimiento   De... a

2. Forma una imagen lo más clara posible de a dónde quieres llegar: Una vez que has reconocido que tienes la capacidad de moverte en cualquier dirección que desees el siguiente paso es formarte una imagen lo más clara posible de tu destino deseado. Creo que AE eligió la palabra "imagen" de forma intencional porque para fijarnos objetivos una imagen definitivamente vale más que mil palabras.

Es más efectivo para un golfista "ver" la trayectoria de su bola de golf elevándose en un arco por el cielo y luego cayendo en el césped y rodando hasta el hoyo, que decirse a sí mismo, "Quiero que entre de un golpe en el hoyo". Del mismo modo, si tu objetivo es mejorar el trabajo en equipo con tus compañeros, ayuda a la movilidad visualizar qué aspecto podría tener, cómo podría sonar, esa nueva situación. Cuando usas imágenes, sonidos y palabras para proyectar el estado en el que deseas estar en el futuro hay muchas más partes de tu cerebro que se involucran a la hora de establecer ese objetivo. De esta manera se incrementan las probabilidades de que en el proceso de su consecución participen más partes de tu cerebro.

Una vez hice el ejercicio de establecer objetivos con los altos directivos de una gran compañía que se encontraba en pleno proceso de transición. Sus objetivos escritos eran imprecisos y discordantes. Pero cuando les di lápices de colores y papel y les pedí que dibujaran su situación actual y el estado al que aspiraban, se dio una similitud impresionante entre los dibujos. Seis de los diez dibujos contenían una imagen de un muro de ladrillo en el que se había abierto una brecha. Hasta ese momento apenas habían reconocido que existieran obstáculos importantes. Además había un acuerdo común acerca de la naturaleza de los obstáculos representados por los muros de ladrillo. De manera que es más fácil acceder a una información importante que ya existe dentro de nosotros usando imágenes que intentar llegar a ella por medio de palabras.

Se suele decir que a la hora de establecer objetivos estos deben ser específicos, medibles y realistas. A pesar de que he alcanzado muchos de esos objetivos no me gusta limitar mi visión a ese criterio. Mis metas más importantes comenzaron de una manera más bien imprecisa, bastante imposible de medir y en el momento en que las concebí parecían muy poco realistas.

Trato de que mis compromisos sean específicos y realistas, pero las aspiraciones no deberían tener límites. Lo importante de los objetivos es que surgen del deseo.

Cuando, como entrenador, pregunto a los jugadores de tenis qué les gustaría mejorar de su juego, me dicen:

—Me gustaría dar más golpes por encima de la red y dentro de la pista.

Cuando les pregunto cuántos golpes más les gustaría dar, me dicen que un 50 o 70 por ciento.

—¿No te gustaría que todos tus golpes entraran? –replico.

La respuesta siempre es:

—Sí, pero no creo que eso sea una expectativa realista.

Es verdad, no es una expectativa realista, pero es un deseo realista. Cuando fallas un golpe no es porque quieras. Tú quieres que todos entren. Puede que también quieras que cada golpe sea elegante y agradable. Está bien mantener unas expectativas realistas, pero el deseo es una cosa distinta.

El deseo quiere lo que quiere. El deseo es una *emoción* que puede producir una imagen o una visión de lo que quiere. Puede o no ser parecido a lo que otras personas quieren, pero el deseo auténtico nunca viene de otra persona. Por eso lo más difícil a la hora de obtener una imagen clara de tu dirección es ser capaz de distinguir *tu* imagen de las muchas que han sido dibujadas por otras personas.

Los objetivos de rendimiento se pueden medir más fácilmente que los objetivos de aprendizaje o experiencia, pero eso no hace que estos últimos sean menos importantes. Recuerdo una entrevista con Michelle Kwan, la figura del patinaje olímpico, después de que fracasara en su intento de conseguir la medalla de oro de los Juegos de Invierno de 1996. El reportero le pidió que describiera la decepción que había sentido. Ella respondió que su verdadero objetivo en aquellos juegos había sido patinar lo mejor que pudiera.

—Y creo que lo he hecho —dijo—. Puse todo el corazón en ello, y me traje la medalla de plata. Y me siento muy bien por lo que he hecho.

Claramente Michelle tenía dos metas: una era ganar el oro, la otra dar lo mejor de sí. Una era específica y medible, pero tuve una sensación bastante clara de que la otra era más importante para ella. Recuerdo cómo me enorgulleció que no cediera a la presión del periodista por hacerla sentirse fracasada.

A la hora de establecer metas algunas personas dicen, "Puedes conseguir cualquier cosa que te propongas. Puedes conseguir cualquier cosa que puedas imaginar que tienes". Yo tengo mucho cuidado con este tipo de afirmaciones. Cuando echo la vista atrás y reflexiono sobre los hechos, la gente o incluso las circunstancias que más aprecio en mi vida, la verdad es que muy pocas de ellas son algo que podría haber llegado a imaginarme. Tengo muy buena imaginación pero no quiero conformarme con lo que yo o alguien más pueda imaginar. Quiero, en la medida de lo posible, vivir por encima de los límites de mi imaginación.

Para obtener una imagen clara del destino deseado es importante distinguir entre medios y fines. Con frecuencia las personas no nos permitimos contactar con nuestros verdaderos deseos si no vemos la manera de obtenerlos. Por eso es por lo que a algunos les resulta imposible descubrir lo que quieren. Tan pronto como el deseo emerge en su conciencia aparece la duda diciendo, "Olvídate, no hay manera". Y así la mayoría de la gente desiste. Pero muchas veces el deseo y los medios surgen de forma independiente. Si puedo tener la valentía de reconocer que en mí existe un deseo aunque no sepa como alcanzarlo, la movilidad se pone en marcha. Quizá todo lo que pueda ver al principio es un primer paso hacia lo que ahora parecen metas imposibles. Pero cuando se da ese primer paso, otro paso que no podía ver antes, aparece con claridad. Y después de unos cuantos pasos más puedo llegar a tener una imagen más clara de a dónde quiero ir exactamente. "Querer es poder" es el mantra de quienes han comprendido que tienen movilidad.

De manera que antes de pensar en los medios para conseguir un fin, simplemente imagínate el fin deseado. Fórmate una imagen clara de la *apariencia* que tendría y de como te *sentirías*.

Por ejemplo puedo verme a mí mismo trabajando libre de estrés y de presión. Aceptando con espíritu de superación todas las dificultades de mi trabajo, sabiendo que puedo disfrutarlas y encontrar en ellas oportunidades para seguir aprendiendo. Puedo visualizarme en una situación de trabajo totalmente distinta y en una posición en la que puedo hacer mucho más trabajo voluntario del que puedo permitirme hoy día. Puedo imaginarme trabajando con una gran seguridad y con una motivación que le da sentido a mi esfuerzo. Y también obteniendo mejores beneficios económicos y diferentes logros creativos, sabiendo que lo que hago tiene un impacto verdaderamente positivo. Formarse una imagen clara es fundamental para la movilidad. Siempre puedes cambiarla más adelante, pero mantener esa imagen es imprescindible, no solo para mantener el deseo vivo sino para tener claridad a la hora de dirigir el rumbo.

Un aforismo que escuché muchas veces de niño y que hoy día sigue teniendo tanta razón como entonces dice: "Si no tienes convicciones firmes, será fácil convencerte de cualquier cosa". Si tienes una visión clara de a dónde quieres llegar, no te desviarás tan fácilmente de tu camino con la gran cantidad de opciones y propuestas que, de otra forma, te distraerían de tu propósito.

¿Y la fuerza del deseo en la que se basa esa imagen? La movilidad impulsada únicamente por un ligero deseo o unas "buenas intenciones" tiene menos posibilidades de hacerse realidad que la que está basada en la pasión. Puedes medir la fuerza de un deseo por los obstáculos que es capaz de superar. Una vez pedí a un grupo de participantes de un seminario que establecieran metas como si pudieran conseguir cualquier cosa que desearan. La única condición es que tenían que declarar cuánto tiempo y esfuerzo estaban dispuestos a dedicar para hacer realidad su sueño. Recuerdo dos deseos de ese día. El primero era, "Quiero ser el campeón de karate del Sur de California en mi categoría de peso. Para lograr esto estoy dispuesto a entrenarme durante seis horas al día, cinco días a la semana, durante los próximos dos años". El siguiente deseo fue, "Quiero vivir libre de estrés. Estaría dispuesto a meditar durante veinte minutos al día". Algunas metas son más fáciles de alcanzar que otras y por eso necesitan menos dedicación. Pero puedes estar seguro de que una persona con tanta pasión por un objetivo como para dedicarle seis horas al día tiene una mayor reserva de energía para lograr esa movilidad.

Una vez que tienes una clara imagen de a dónde quieres llegar, puedes esperar que las cosas te parezcan distintas de dos maneras. Primero, serás capaz de ver *más oportunidades* para avanzar en la dirección deseada; al mismo tiempo es probable que te tropieces con más obstáculos, internos y externos.

Ambos son signos de que has empezado a *moverte*. Cuando no te estás moviendo encuentras menos obstáculos. Cuando te mueves los obstáculos son visibles precisamente porque ahora tienes una meta. Además, al haber hecho la elección de moverte te vuelves más alerta. Los obstáculos son más obvios porque eres más consciente. Si eres una persona demasiado orientada a los resultados, estos obstáculos pueden convertirse en una fuente de desánimo y frustración. Pero deberías alegrarte de ver los obstáculos porque eso significa que ahora puedes encontrar la forma de rodearlos y seguir avanzando hacia tu meta.

AE me enseñó algo muy interesante acerca de los obstáculos. Me dijo que existen tres tipos de personas de acuerdo con la manera en que enfrentamos los obstáculos.

—El primer tipo de persona llega hasta un obstáculo, lo mira, se desanima, dice: "Esto es demasiado para mí" y abandona. El segundo tipo de persona ve un obstáculo y dice: "Haré lo que haga falta para pasar por encima del obstáculo, por debajo, alrededor o a través de él".

Yo pensé, "Bien, así quiero ser yo". AE siguió hablando:

—El tercer tipo de persona llega hasta el obstáculo y dice: "Antes de intentar superar esto, voy a intentar encontrar una posición estratégica desde la que pueda ver lo que hay detrás. Entonces, si lo que veo merece la pena, haré todo lo que haga falta para superarlo o rodearlo".

Me di cuenta de cuántas veces, como Don Quijote, me había enzarzado en una batalla contra obstáculos internos y externos solo porque los tenía delante, una batalla que en realidad no necesitaba librar,.

Conforme avanzo en la dirección deseada me es más fácil vislumbrar mejores formas de llegar a mi meta que las que veía al emprender el camino. Esto no significa que los pasos que di al principio estuvieran mal, puede que fueran lo mejor que podía alcanzar a ver desde donde me encontraba. Si no estoy demasiado amarrado al plan original, ahora podré ver los ajustes que puedo realizar para llegar a mi destino. Puedo hacer cambios dentro de mi cambio.

Lo que es inevitable es que sea cual sea el plan que me haya trazado será necesario efectuar cambios. Sobre todo en el entorno laboral tan dinámico que tenemos hoy en día. No tiene sentido negarse a hacer planes, pero igualmente desastroso es no estar dispuesto a hacer cambios en ellos. Una de las mayores dificultades de hacer cambios es que has sido tú quien ha puesto tanto empeño en llevar a cabo el plan que quieres cambiar ahora. Puede que hasta hoy mismo hayas estado defendiendo con pruebas su validez y su lógica. Puede que incluso te hayas enfrentado a quienes te proponían otro curso de acción. Por eso cuando llega el momento de hacer un cambio, quizá parezca como si estuvieras admitiendo que en el pasado te habías equivocado y que ahora tienes que enmendar tu error para hacer las cosas bien. Debido a esta manera de pensar muchas compañías no son capaces de efectuar cambios importantes sin desprenderse de los líderes que establecieron la ruta inicial. Por la misma razón muchos políticos se niegan a hacer ajustes en sus posiciones aunque hayan dejado de ser válidas desde hace tiempo. Esto no quiere decir que la postura original fuera un error desde el principio, sino simplemente que se adoptó ignorando los acontecimientos y los conocimientos actuales.

Me di cuenta de que AE no tenía que desprestigiar el pasado y criticar su curso de acción original para justificar los nuevos cambios. Simplemente acentuaba la necesidad de hacer estos cambios para superar los obstáculos y aprovechar nuevas oportunidades. Aquello me sorprendió muchísimo; en mi pensamiento estaba grabado a fuego que la manera de motivar para el cambio era criticar el pasado. Por supuesto AE solo estaba practicando el tipo de toma de conciencia exento de juicios que a mí me había resultado tan eficaz en los deportes.

El cambio no tiene por qué contemplarse como una lucha entre fuerzas opuestas de la que al final surge algún tipo de arreglo. El cambio orgánico ocurre de forma distinta. Para un bebé gatear no es la manera equivocada de empezar a moverse. De hecho cuando nos saltamos esta fase por un apresuramiento en comenzar a andar cuanto antes se pierden algunos cambios importantes en el desarrollo cerebral. El cambio orgánico sigue los impulsos naturales del Yo 2, que pueden dar lugar a un movimiento que serpentea como un río y que, sin embargo, encuentra el camino de menor resistencia para llegar hasta el mar.

Con los años he sido testigo de muchos debates sobre el cambio empresarial. Con frecuencia se producen en un contexto en el que las cosas son "blancas o negras", y es "todo o nada", sin puntos intermedios. Alguien propone una nueva dirección pero en cuanto empiezan las primeras dificultades se le ataca y, con frecuencia, se pone en duda la validez de la totalidad de la propuesta.

Pero cuando se toma una nueva dirección siempre es necesario hacer cambios. Por más bien que se haya planeado un cambio sustancial en la empresa es imposible preverlo todo. Por eso al inicio de un nuevo cambio es cuando la incertidumbre y el riesgo se encuentran en su punto álgido. El consejo de AE era dar pasos que fueran reversibles. Luego, conforme iba creciendo la confianza en la validez de la dirección, era más fácil sentir esa confianza a la hora de hacer ajustes en los cambios sin abandonar la dirección.

Los beneficios de estar dispuesto a efectuar cambios dentro de los cambios son muy valiosos. Algunas de las compañías de mayor éxito llegaron a serlo únicamente después de hacer cambios radicales en sus productos, sus medios de distribución, su visión de los clientes y mercados, o su propia organización interna y su cultura empresarial. Los cambios más difíciles, que a la vez suelen ser los más poderosos, de una compañía son los que afectan a sus "vacas sagradas", esas personas o premisas consideradas intocables e incuestionables dentro de la cultura de la empresa. Desde su puesto de director general de Coca-Cola, Roberto Goizueta hizo algunas de sus contribuciones más importantes al identificar y desafiar sistemáticamente a todas las vacas sagradas de la cultura y de las prácticas de la compañía.

Lo mismo sucede con los individuos. Cambiar premisas que habíamos interpretado como verdades absolutas suele conducir a las mayores oportunidades. Por ejemplo, durante muchos años no se me había ocurrido que podía cambiar mi definición de *trabajo*. Asimismo daba por hecho que para ser docente necesitaba estar conectado con una institución de enseñanza. Deshacerme de ambas presunciones me reveló magníficas oportunidades que de otra forma no hubiera sido capaz de ver. A veces algo tan simple como cambiar la definición de lo que crees que es tu trabajo, o de para quién trabajas, o cuál es tu verdadera contribución dentro del mismo, puede tener una gran relevancia.

Lo irónico del asunto es que el cambio en sí puede llegar a convertirse en otra vaca sagrada. He visto algunos líderes y directivos asumir que si otros están realizando cierto tipo de cambios, ellos deben hacer lo mismo. La presunción es que si es un cambio, es algo positivo. Como dice AE, "Los cambios aleatorios producen resultados aleatorios". Los cambios aleatorios quizá no contribuyan a tu movilidad. Hacen que te desvíes del avance en dirección hacia tus metas y que gastes un precioso tiempo, energía y recursos.

3. Disponte a efectuar cambios dentro de tu cambio: La clave aquí es la flexibilidad. Imagina un árbol, firmemente enraizado en la tierra, que permanece lo bastante flexible como para doblarse con el viento sin perder su estabilidad esencial. No hay cualidad más humana que la de comprometerse firmemente con lo que es real y verdadero (la llama interior) manteniendo al mismo tiempo el desapego hacia los cambios que se vayan produciendo. Solo en la medida en que podemos dejar crecer nuestras raíces dentro de esa parte de nosotros que no cambia somos capaces de ser verdaderamente flexibles sin apartarnos de nuestra verdadera senda.

4. Mantén claro tu propósito: No podía creer que este paso estuviera en la lista de AE. "¿Mantén claro tu propósito?" ¿Justo cuando estaba a punto de llegar a la conclusión, me pide que regrese al principio? Pero entonces comprendí que, en medio del tira y afloja constante de la mayoría de los trabajos, llegamos a hacer tantas concesiones que al final se nos olvida para qué estamos trabajando. Ya no es solo que sea difícil recordar el propósito de nuestro trabajo en general sino que, mientras nos ocupamos de los detalles de una tarea concreta, podemos llegar a perder de vista cuál fue el motivo de empezar a hacerla.

Cuando estaba jugando tenis de forma profesional en torneos a nivel estatal y nacional mi entrenador me decía que el objetivo del tenis era sencillo: "Simplemente gana el último tanto". Pero eso es absurdo. Si el fin de jugar fuera ese, todo lo que tendrías que hacer sería elegir un contrincante que no fuera tan bueno como tú. Esto te aseguraría la victoria cada vez que jugaras. ¡Pero ese no el fin! La mayoría de las personas elige contrincantes que son iguales que ellos o mejores. Esta no es una buena estrategia si quieres ganar el último tanto, pero es una estrategia estupenda si quieres divertirte y quieres aprender. Por eso reconocemos que ganar no es lo único importante. Pero una vez que estamos en la pista, en mitad del partido, es fácil olvidarlo.

El propósito del juego y el objetivo del juego son dos cosas distintas. Cuando confundimos el objetivo de ganar con la razón de jugar (aprender, disfrutar el reto) la movilidad se puede ver afectada. Por esta razón los mejores líderes nos recuerdan constantemente el propósito inicial, incluso en medio del caos de las "emergencias" del momento. El individuo inteligente que quiere mantener esa movilidad recuerda el propósito que hay *tras* cualquier cambio que decida hacer.

Piensa en una tarea específica que realices en el trabajo y pregúntate, "¿Por qué estoy haciendo esto?" Rastrea la primera razón que te venga a la mente hasta llegar al propósito original. ¿Hasta qué punto te resulta fácil hacerlo? ¿Hasta qué punto está clara la conexión? ¿Qué consecuencias puede traer perder de vista el propósito original mientras estamos ocupados con una tarea?

Intenté este experimento una vez con un grupo de empleados de AT&T. Aunque se suponía que la "satisfacción del cliente" debía ser el objetivo principal de cada empleado, la mayoría no era capaz de explicarme de qué manera concreta contribuía a esta misión el trabajo que estaban haciendo. Para algunos era más fácil porque se relacionaban directamente con los clientes cada día. Algunos directivos descubrieron que había entre diez y quince empleados entre ellos y el cliente. Estaban dirigiendo a gente que dirigía a gente que, al final, "satisfacía al cliente". Era fácil olvidar al cliente mientras se dedicaban a hacer su trabajo. O, en otras palabras, perdían de vista el propósito mientras se centraban en sus tareas.

¿Pero el propósito que impulsaba a las personas a ir cada día a trabajar en AT&T era de verdad la satisfacción del cliente? ¿Lo que estaba en la mente de los empleados era la satisfacción del cliente o la de sus superiores inmediatos? Nada de eso. Nadie iba a trabajar para satisfacer al cliente o a sus superiores. Iban a trabajar por sí mismos y por sus familias, razones que con mucha frecuencia se olvidan, y con ellas el propósito original de su esfuerzo.

¿Por qué es tan importante recordar el propósito inicial mientras nos ocupamos de las tareas? Después de todo el "trabajo" se puede llevar a cabo tanto si tenemos ese propósito en mente como si no. ¿Qué diferencia hay en realidad?

Usando la definición de trabajo-igual-rendimiento-menos-interferencia, quizá no haya mucha diferencia. Pero en términos de movilidad sí que la hay, y mucha. El propósito nos brinda dirección y satisfacción, además de una base para un mayor aprendizaje.

La respuesta a esta pregunta nos lleva de vuelta al concepto original de movilidad. ¿A dónde quieres de verdad llegar? Quizá estás simplemente viviendo al día, de paga en paga. Pregúntate a ti mismo para qué es este dinero que estás ganando. Quizá digas que para asegurar tu calidad de vida y la de tu familia. ¿No crees que esa respuesta se acerca más al propósito real de tu trabajo? Y si la calidad de vida es el verdadero propósito de tu trabajo, ¿no necesitarías también esa calidad *mientras* estás trabajando? ¿No tendría sentido recordar lo que quieres mientras realizas cualquiera de las tareas de tu trabajo? Porque si lo olvidas, lo más fácil es que no disfrutes el tiempo que pasas trabajando por mejorar tu calidad de vida en los escasos momentos en que no trabajas.

Es natural que las organizaciones quieran que todos sus empleados se alineen con las metas de la empresa. Con esta finalidad crean declaraciones de misión, desarrollan estrategias para servir a esa misión, establecen objetivos empresariales para servir a las estrategias, y ponen en marcha proyectos para lograr sus objetivos. Hay objetivos dentro de objetivos dentro de objetivos dentro de objetivos. Y mantener claras las relativas prioridades de dichos objetivos es uno de los retos fundamentales del liderazgo organizacional.

Con todo el esfuerzo que se realiza para mantener a los empleados centrados en las prioridades correctas, ¿resulta fácil para ellos recordar sus propias prioridades individuales, no solo su trabajo como parte de la empresa sino, antes que nada, *por qué* están haciendo ese trabajo? ¿Quién va a recordárselo?

Solo, en muy raras ocasiones, el directivo o líder que encuentre alguna ventaja en hacerlo. Casi siempre el trabajador es quien se debe encargar de recordárselo a sí mismo.

Hay una distinción esencial entre el propósito del *individuo* en un lado de la ecuación y la misión "corporativa", la estrategia, y las tácticas de la *organización*, en el otro. Diferentes individuos pueden estar haciendo un trabajo muy similar por razones muy distintas sin por ello entrar en conflicto al trabajar juntos. Pero su propósito original les llevará eventualmente en diferentes direcciones: las direcciones de su movilidad individual. La persona que trabaja motivada por el miedo se moverá hacia el miedo. La persona que trabaja motivada por la responsabilidad hacia su familia se moverá en dirección a ella. La persona que quiere disfrutar de su vida mientras trabaja se moverá en la dirección del disfrute.

ENCONTRANDO LA CASA DE SUS SUEÑOS: Mi hermana me contó una magnífica historia acerca de olvidar el propósito mientras se están persiguiendo unas metas. Su marido y ella estaban intentando comprar su primera casa para acomodar a su creciente familia. Cada uno tenía su propia "casa de sus sueños" en mente. Esta búsqueda resultaba muy frustrante conforme iban de una casa a otra sin apenas lograr ponerse de acuerdo en lo que querían. Buscaban, hablaban y discutían, pero no podían llegar a un acuerdo. Tras varias semanas infructuosas mi hermana comprendió que no era solo cuestión de diferencia de opiniones y de no estar dispuestos a ceder sino de que no tenían claro su propósito. "¿Para qué estamos buscando una casa?" se preguntó a sí misma. La respuesta fue obvia. "Estamos buscando una casa en la que podamos vivir juntos como una "familia feliz". Pero no nos estamos acercando a la meta de la "familia feliz". Si seguimos en esta dirección, ¡estaremos divorciados antes de que encontremos el lugar para ser felices!"

Le dijo a su marido que quería dejar de buscar porque para ella su relación significaba más que la casa. Esto le hizo ver a su marido la ironía de la situación y ambos acordaron olvidarse de comprar una casa. Una semana más tarde, su agente inmobiliario les llamó con "la casa perfecta". La vieron, les gustó a ambos, y la compraron sin ningún tipo de complicaciones. Lo que les había parecido imposible cuando el propósito no estaba claro se volvió relativamente fácil en cuanto lo estuvo.

5. Mantén en sintonía tu movimiento y tu dirección: Nuestras acciones y nuestras metas deberían ser coherentes con nuestro propósito en todo momento. Pero no deben confundirse con el propósito ni distraernos de él.

Esto significa que si me he comprometido a considerar el aprendizaje y el desarrollo como parte de mi definición de trabajo, mis acciones y mis metas deben estar en sintonía con ese compromiso. Buscaré y aceptaré aquellas oportunidades que amplíen mis capacidades y mi compresión. Seguiré asegurándome de que mis acciones estén alineadas con mis metas, pero también me marcaré objetivos de aprendizaje que sean coherentes con mis deseos de desarrollar mis aptitudes mientras trabajo. Aprenderé de la experiencia y no evitaré fijarme en esos errores de los que puedo aprender.

Lo mismo se puede decir de mi compromiso con mi propio disfrute en el trabajo. Tengo que evitar a toda costa moverme en la dirección de la frustración, la presión y la sobrecarga de trabajo, y avanzar en la dirección de la satisfacción. A la mayoría de los individuos y compañías les queda mucho que aprender antes de poder afirmar que tienen este tipo de movilidad.

Sacrificar los objetivos internos, el disfrute y el crecimiento personal, siempre es fácil en una cultura que valora únicamente el rendimiento.

UNA IMAGEN DE MOVILIDAD: Tengo una imagen que me recuerda el valor de la movilidad y su diferencia con el proceso de fijar objetivos. Dos autos (digamos, dos Volkswagen) están a punto de salir de San Francisco en dirección a Chicago. Ambos tienen el mismo tiempo para llevar a sus pasajeros a su destino y ambos llegan al mismo tiempo. Pero los pasajeros del primer auto llegan cansados y estresados después de un viaje muy accidentado e incómodo, y el vehículo necesita reparaciones importantes antes de que pueda ponerse en marcha otra vez. El segundo auto ha tenido un viaje muy distinto. No solo los pasajeros han llegado descansados, después de haber disfrutado todo el viaje, sino que el vehículo está en mejores condiciones que cuando salió. Deja San Francisco como un Volkswagen y llega a Chicago como un Mercedes. Ambos autos cumplieron con su tarea asignada. Pero uno ha ganado en capacidad y confort mientras se movía. Ambos se han movido, pero solo uno tiene movilidad. ¿En qué auto te gustaría hacer tu próximo viaje?

A algunas personas esta imagen les parece extravagante. Los autos no cambian apreciablemente en su capacidad mientras viajan. Pero, ¿qué sucede con los seres humanos? Todos somos conductores de vehículos que pueden aumentar su capacidad mientras están en movimiento. El crecimiento no es solo posible sino muy importante para nosotros. Pero crecer en capacidad, sin propósito, carece de sentido. Trabajar libremente significa que estoy creciendo en mi capacidad de realizarme. Significa que estoy continuamente aumentando mi capacidad de disfrutar de mi vida tanto cuando trabajo como cuando no trabajo.

RECONOCER LA IMPORTANCIA DE LA MOVILIDAD: La movilidad es el concepto central y decisivo para aprender a trabajar libremente. Durante muchos años creí que bastaba con aquietar al Yo 1 y confiar en que el Yo 2 lo haría lo mejor que pudiera, y aprender en el proceso, para llegar al máximo nivel de rendimiento. Tenía suficientes pruebas de que esto funcionaba en los deportes y también gran cantidad de informes entusiastas de los profesionales con los que había trabajado en el entorno empresarial. Conocía muchísimas historias en las que se hablaba de jugar sin pensar conscientemente y trabajar en un "estado de fluir". Sigo creyendo en la sabiduría inconsciente del Yo 2 y disfrutando de ese estado de fluir siempre que se da, pero me he dado cuenta de que es necesario añadir algo a la ecuación para completarla. Ese algo es lo que yo llamo ***movilidad***.

La movilidad tiene que ver con la sabiduría *consciente*. No se trata solo de fluir, sino de tener las ideas muy claras acerca de quién eres, a dónde vas, y por qué. En esencia tiene que ver con trabajar conscientemente.

Saber lo que estás haciendo y por qué requiere pensamiento consciente y recordar constantemente. Requiere estar totalmente despierto: consciente de todo lo que está sucediendo a tu alrededor que tenga que ver con la dirección hacia la que te diriges. Trabajar inconscientemente es como si te llevaran en un auto y no conocieras tu destino ni pudieras decidir qué camino quieres tomar. Es la diferencia entre conducir y ser conducido. Una persona que reconoce la importancia de la movilidad no se conforma con estar *fluyendo* de cualquier modo, tiene que *fluir* en la forma que él decida, la que le lleve a donde quiere ir.

La movilidad de este tipo me puede sacar de la caja de Skinner de la conformidad. Me aleja de ser una paloma entrenada respondiendo a las campanas y las luces de mi condicionamiento y me acerca a ser un ser humano adulto que elige libremente cada paso del camino y puede moverse en cualquier dirección. Puedo trabajar solo o en equipos, sin comprometer mi integridad ni mi dirección. Así, el corazón de la movilidad es el reconocimiento de que tú estás total y claramente a cargo de tus propias acciones, valores, pensamiento y metas: en suma, de tu vida.

Es la aceptación de que la libertad de elección y el consecuente reconocimiento de nuestra responsabilidad, algo muy complicado para algunos de nosotros. La esencia de la conformidad es abdicar tu responsabilidad y ponerla en manos de otros: la sociedad, la educación, el entorno, las circunstancias o acontecimientos, "mi líder", la "naturaleza humana", y, más recientemente, "mis genes". Es como echarle la culpa a tu auto, que tiene solo seis cilindros, un parabrisas sucio, una abolladura en la parte trasera y necesita un cambio de aceite, de a dónde te diriges. No estoy diciendo que los vehículos que conducimos durante nuestra vida laboral no necesiten una reparación. Con frecuencia necesitan grandes reparaciones y ciertamente necesitan un mantenimiento constante. Pero la movilidad significa que no puedo culpar a mi auto de por dónde me lleva. Cuando me descubro a mí mismo conduciendo en círculos tengo que ver quién está conduciendo el auto. ¿Voy en el asiento de atrás durante mi vida laboral, conducido por un chofer mientras me quejo a todo el mundo de la situación? ¿A quién he cedido el manejo del auto? Y, ¿por qué?

Por tanto el primer paso en el Juego Interior es reconocer que el vehículo que estás conduciendo es capaz de movimiento, el segundo es comprender que es *tuyo*, y agarrar firmemente el volante y comenzar a conducir. Siempre se puede cambiar la dirección, pero no hay manera de conseguir la libertad en el trabajo sin aceptar la total responsabilidad de donde estás ahora y de elegir a donde vas.

Nada de esto es nuevo. Pero la mayoría de las personas, yo entre ellas, necesitamos que nos recuerden a menudo nuestro poder y la responsabilidad que tenemos de ejercitar nuestra movilidad. El próximo capítulo presenta una herramienta que nos ha ayudado, a mí y a otras muchas personas más, a permanecer conscientes en el trabajo y mantener nuestras manos al volante de nuestros vehículos.

7

LA HERRAMIENTA
DEL STOP

La letra de la canción "I´m in a Hurry" (Tengo prisa), popularizada a principios de los noventa por el grupo Alabama, es una sátira realmente aguda de la actividad inconsciente a que nos arrastra el ritmo de rendimiento.

> *Tengo prisa por terminar las cosas*
> *Oh, corro y corro hasta que la vida pierde su encanto.*
> *Todo lo que de verdad tengo que hacer es vivir y morir.*
> *Pero tengo prisa y no sé por qué.*

Se puede aspirar a conseguir la movilidad en el trabajo. Pero por muy atractivo y positivo que pueda sonar, no resulta fácil. Aunque la movilidad sea un potencial que poseemos todos los seres humanos, y se encuentre, creo, en sintonía con la misma naturaleza del Yo 2, la mayoría de las personas trabaja en entornos, tanto internos como externos, en los que es complicado lograrla.

La parte más difícil es permanecer *consciente* mientras trabajamos. Cuando estamos conscientes vemos que para nosotros no solo es importante cumplir nuestros objetivos en el tiempo previsto sino cumplirlos de una forma que sea satisfactoria. Vemos que es importante disfrutar y aprender mientras llevamos a cabo la tarea que tenemos entre manos. Pero en medio de la presión, ritmo y rutina de nuestra vida laboral es difícil permanecer verdaderamente conscientes.

El Juego Interior del trabajo consiste en descubrir una manera de trabajar en la que puedas ser más plenamente consciente, es decir, que te permita tomar mayor conciencia de donde estás, de donde quieres llegar y de por qué. Esta es la esencia de la movilidad y lo que la distingue de la conformidad. En esto consiste el Yo 2. Es por eso que redefinir el trabajo y aprender a concentrarse es tan importante. La finalidad de todo esto es conducirnos a un punto en el que podamos trabajar más conscientemente. Así es como podremos trabajar libres.

El impulso del rendimiento

No todo movimiento es movilidad. Hay un tipo de actividad con la que la mayoría de nosotros estamos familiarizados que no se hace con interés consciente ni con un propósito de tomar conciencia. Yo le llamo el *impulso del rendimiento*. Hay acciones habituales que la mayoría de las personas realizamos en el transcurso del día sin detenernos a pensar por qué lo hacemos. Las hacemos porque siempre las hemos hecho. Me cepillo los dientes de la misma manera todos los días y en la misma secuencia que lo hago habitualmente todas las mañanas. No hay problema. Realizo muchas tareas rutinarias para las que no es necesario que sea consciente, y con frecuencia es un alivio no tener que prestarles atención. El problema llega cuando mi día entero se convierte en una serie de rutinas o reacciones inconscientes (cuando todo lo hago por inercia) bajo el impulso que subsiste de forma automática cuando no hay elección consciente y ni siquiera recuerdo mi propósito.

Al trabajar y pensar en un estado de inercia nos dejamos arrastrar por el impulso del mismo. La palabra impulso en su sentido original viene a significar una "fuerza que produce movimiento físico". Por ejemplo, como la que aplicamos a los objetos físicos. Los objetos obedecen a las leyes de causa y efecto y no tienen elección. La bola de billar se mueve de la manera en que lo hace porque ha sido golpeada por otra bola a cierta velocidad y con una determinada dirección de impacto. Cuando nos dejamos mover por esta especie de impulso reactivo no estamos siendo totalmente humanos. "Me enfadé y rompí ese plato por lo que tú me habías dicho" es un tipo de reacción que podríamos llamar de "bola de billar". Implica un movimiento desconectado de propósito consciente. Es la manera inconsciente, mecánica, de hacer las cosas del Yo 1. Puede que así lleguemos a hacer muchas cosas, pero no hay garantía de que esas cosas brinden buenos resultados al proyecto o a la persona que los hace.

En el área laboral hay incontables ejemplos de impulso. Piensa en cualquier situación en la que alguien indique que puede haber un problema. ¿Cuál es la reacción de "bola de billar"? Sin detenerse a evaluar si vale la pena resolver este problema, el cerebro empieza a generar y debatir posibles soluciones. No solo se mete de lleno en la actividad de resolución de problemas sin pensar en el propósito sino que tiende a usar el mismo método habitual de resolver problemas, independientemente de si es adecuado o no a la situación específica que se le presenta. El impulso de resolver problemas puede ser tan fuerte que apenas haya espacio para el pensamiento creativo o la perspectiva estratégica. Cuando ha habido un error, ¿cuál es el impulso más normal? Encontrar a alguien a quien echar la culpa. Cuando nos culpan, ¿cuál es el impulso más normal? Encontrar una manera de defendernos o desviar la culpa. Cuando alguien nos da una opinión, estar de acuerdo o en desacuerdo. En el trabajo y en el juego nos marcamos una meta y nos olvidamos de todo lo demás excepto de alcanzar esa meta. Todavía podemos hacer algunas elecciones dentro del impulso pero muchas veces olvidamos el propósito que inicialmente nos condujo a esa actividad. Lo hacemos porque se ha convertido en inercia, no porque recordemos *por qué* estamos haciéndolo.

Suponte que te hacen una petición en el trabajo. Alguna gente sigue el impulso de decir automáticamente que no, que no tiene tiempo. Otros siguen el impulso de decir automáticamente que sí, sin plantearse si está dentro de sus prioridades.

Piensa en el impulso de tu lista de cosas por hacer: poner todas las cosas que "tienes que hacer" en una lista diaria, dar prioridad a unas sobre otras, y tratar de tenerlo todo hecho para el final del día. Día tras día vas amontonando cargas y tratando de descargarlas para al día siguiente poder amontonar otra carga. Al final estás orgulloso de las 149 acciones de tu lista que has llegado a completar. Puede que hagas todo esto sin ni siquiera plantearte el propósito que hay detrás de una sola de las acciones. Todo lo que sabes es que "es necesario hacerla". Este es el impulso del hacedor. Haces, haces, haces, haces, durante todo el día, lo llamas trabajo, y llegas a casa cansado e insatisfecho, quizá irritable, pero en cierto modo orgulloso de haber "trabajado duramente". Quizá hayas conseguido acallar a tus demonios un día más. Pero, ¿has desarrollado el verdadero propósito de tu trabajo? ¿Y has disfrutado el proceso?

¿**Un Maserati sin frenos?** Para algunas personas es muy difícil reducir la velocidad de su impulso de pensamiento, especialmente cuando han dejado que se acelere. Nuestras mentes pueden convertirse fácilmente en autos con estupendos motores y aceleradores, pero con unos frenos muy débiles. Cuando estamos funcionando con la adrenalina generada por una crisis detrás de otra, nos puede costar mucho trabajo encontrar los frenos, y mucho más querer aplicarlos. Sin embargo, al manejar un auto, hay muchas ocasiones en las que la capacidad de frenar es tan importante como la de conducir. Resulta muy provechoso tener un motor mental que pueda hacer ambas cosas y que responda a los deseos del conductor. Cuanto más rápido sea el vehículo más importante es saber cómo frenarlo.

STOP: La madre de las herramientas

El problema de recetar cualquier clase de remedios específicos para el impulso del rendimiento es que pueden usarse solo en las situaciones específicas para las que se indican. Se hacen demasiado numerosas para que las recordemos y por lo general se convierten en un sustituto del pensamiento consciente y claro. Yo prefiero una simple herramienta llamada STOP. El propósito del STOP es ayudar a la persona o al equipo a desconectarse de la visión de túnel del impulso del rendimiento para de esa manera recobrar la movilidad y el trabajo más consciente.

Retrocediendo unos pasos en medio de la batalla

Quiero presentarte la herramienta del STOP usando la siguiente analogía. El impulso del rendimiento es como ser parte de un ejército del siglo XV batiéndose con espadas contra el enemigo en un valle entre dos montañas. Mientras estás inmerso en la actividad de la lucha tu foco de atención es muy reducido. Estás totalmente centrado en las amenazas y oportunidades inmediatas que puedan darse en unos pocos metros alrededor de ti en el campo de batalla. Quizá solo eres totalmente consciente de la persona con la que estás luchando y, de forma más vaga, de dos posibles atacantes o de tus compañeros que luchan cerca de ti. Las exigencias de la situación que se está dando en ese preciso momento ocupan toda tu atención, y está bien que así sea.

Ahora imagínate que te tomas unos momentos para desconectarte de la acción y das unos pasos atrás subiendo por la colina. Inmediatamente ocurren dos cosas. La primera es que te alejas de las amenazas y desafíos de la batalla y de toda su intensidad física y mental. Segundo, tu perspectiva ha cambiado. Desde una posición más elevada tienes la ventaja de un punto de vista más amplio. En lugar de ser consciente solo de la presencia de unos pocos soldados, ahora puedes ver todo el ejército. Gracias a esta perspectiva mejorada puedes ver dónde alguien necesita tu ayuda o dónde puedes tomar alguna ventaja, y puedes cambiar tu táctica de acuerdo a lo que estás viendo.

Si pudieras permitirte el tiempo necesario para subir unos cuantos pasos más por la colina, tu visión se extendería aun más y quizá podrías ver la situación *táctica* de todo tu ejército. Y si llegaras hasta la cumbre, podrías ver el valle entero y de nuevo obtener una visión *estratégica* de los dos ejércitos. Al elevarte y alejarte cada vez más de la batalla obtendrías una perspectiva más extensa y la capacidad de tomar decisiones con una mayor claridad mental. Si llegabas a la conclusión de que era una batalla en la que valía la pena luchar, averiguarías dónde podrías resultar más útil y volverías a incorporarte a la batalla con claridad y con más determinación que antes.

Miles de directivos de muchas compañías diferentes están de acuerdo en que el STOP se ha convertido una herramienta indispensable para trabajar eficazmente. Un directivo la llamó "la madre de las herramientas" porque, como él dice, "esta es la herramienta que te ayuda a recordar que uses todas las otras herramientas que tienes en tu arsenal". Fue mi amigo el ejecutivo, AE, quien me habló por primera vez del STOP. STOP, tal y como él lo usa, significa en sus palabras:

Retrocede (**S**tep back)
Piensa (**T**hink)
Organiza tus pensamientos (**O**rganize your thoughts), y
Avanza (**P**roceed)

RETROCEDE: Retroceder significa poner distancia entre tú mismo y cualquier cosa en la que estés ocupado en ese momento. Retroceder alejándote del impulso de la acción, la emoción y el pensamiento. Retroceder y serenarte. Encontrar un espacio de equilibrio y aplomo: un espacio en el que puedas pensar con claridad y de forma creativa e independiente.

EL STOP BREVE: El STOP puede tener una duración más o menos larga. Un STOP breve puede durar solo un par de segundos. Por ejemplo, suena el teléfono mientras estás trabajando en un proyecto. Tu mano se pone en movimiento, como si tuviera voluntad propia, para responder al teléfono. Un STOP de dos segundos te permite preguntarte a ti mismo si de verdad quieres responder el teléfono en este momento. El STOP no te asegura una respuesta correcta, tan solo crea la oportunidad de ponerte otra vez en el asiento del conductor. Un STOP medio nos concede tiempo para reflexionar y evaluar una situación antes de proceder a la acción. En contra del popular anuncio que recomienda "Just do it" ("Simplemente hazlo"), simplemente hacer algo sin detenerse a considerar las opciones y las consecuencias suele traer problemas. Y, muy de vez en cuando, puedes usar un gran STOP para darte a ti mismo la oportunidad de mirar a las cosas desde una perspectiva más estratégica. Este libro mismo es una invitación a detenerte y lanzar una mirada estratégica a la forma en que piensas sobre tu trabajo, o sobre cualquier aspecto de tu vida.

Aquí hay algunos ejemplos de STOP de duración corta o media:

- En cualquier comunicación, haz STOP antes de hablar. ¿Es cada uno de los pensamientos que se te ocurren lo suficientemente valioso como para expresarlo? El STOP nos permite revisar nuestros pensamientos buscando que tengan un contenido apropiado, que sean oportunos y concisos. Del mismo modo, no vale la pena digerir todo lo que oímos. Usa el STOP como un filtro para distinguir entre lo que es necesario tomar en serio y lo que no.
- Llegas a tu escritorio y notas unos pocos papeles de los que no te has ocupado. ¿Tu mano se lanza de forma automática hacia ellos, o te *detienes* y te planteas primero cuáles son tus prioridades del día que en muchos casos puede que no sean tan visibles como los papeles pero sí más importantes?
- Un compañero de trabajo empieza a quejarse. Sabes que es el tipo de persona al que le gusta quejarse pero nunca hace nada para resolver el problema. Te está pidiendo que le des la razón en sus quejas. ¿Te *detienes* un momento o sueltas lo primero que te venga a la cabeza sin pensar si vas a dejarte arrastrar por su negatividad?

- Te sientes presionado y estresado por la carga de trabajo que llevas y comprendes que en este estado no puedes pensar con claridad en la tarea que te ocupa. Sabes que estás cometiendo pequeños errores. ¿Te *detienes* y haces un descanso o sigues adelante "como sea"?
- Un compañero de trabajo te está haciendo una pregunta. Antes de que termine, tu mente ya ha generado la respuesta a la pregunta que tú *crees* que está formulando. ¿Le interrumpes para responderle o *detienes* tu impulso mental para escuchar hasta el final lo que te está preguntando y pensar en la respuesta?

STOP-START-STOP (PARAR-EMPEZAR-PARAR): ¿Cuántas veces en un solo día de trabajo tienes que interrumpir lo que estás haciendo para empezar algo nuevo? Puede que incluso dejes de hacer algo importante para ocuparte de una tarea que corre cierta prisa pero es menos importante. En mi día de trabajo puede haber fácilmente más de veinte de esas "interrupciones". Cuando me dejo llevar por el impulso del rendimiento de mi Yo 1, cada interrupción crea una reacción automática de molestia y con ella una pérdida de movilidad consciente.

La alternativa es *detenerse* primero y decidir conscientemente si debemos interrumpir lo que estamos haciendo y, en caso afirmativo, qué momento sería mejor para hacerlo. Este STOP no elimina las consecuencias de la interrupción, pero me permite ejercitar mi capacidad de elección, lo cual alivia el malestar y me proporciona una sensación de libertad y disfrute porque todavía tengo las manos al volante de mi día de trabajo. Si decido interrumpir lo que estoy haciendo, antes de empezar con la nueva labor, realizo una pequeña pausa para, de forma consciente, "cerrar los libros" de la actividad que estaba realizando y orientarme al propósito y contexto de la siguiente. En esto puede radicar la diferencia entre un día satisfactorio con numerosas elecciones conscientes y lo que de otra manera podría parecernos un día fatigoso cargado de innecesarias interrupciones. El truco consiste en comprender que no tienes que cargar tu mente con el peso de las tareas por terminar; puedes dejarlas a un lado, sabiendo que estarán allí cuando tengas la ocasión de ponerte con ellas otra vez.

Los siguientes son algunos beneficios de practicar el STOP-START-STOP:

- Te das más cuenta del trabajo que has realizado
- Llevas menos cargas de trabajo a casa al final del día
- Haces más elecciones conscientes
- Te sientes más descansado y con más energía durante el trabajo y después del trabajo
- Puedes innovar más
- Tienes un sentido más claro del propósito y la prioridad
- Realizas más cambios conscientes donde sea necesario
- Recuerdas cuál es tu objetivo de aprendizaje
- Controlas mejor los niveles emocionales: disfrute, estrés, cansancio
- Recuerdas compromisos que habías olvidado.
- Puedes decidir si es necesario hacer un STOP más largo.

Los beneficios son muchos. Pero, ¿de dónde sacas la disciplina para hacerlo?

LA CAMPANA DEL STOP: Recientemente estaba explicando la herramienta del STOP a una persona que cada cierto tiempo se retira (un STOP largo) a un monasterio en el que todos tienen tareas que realizar durante el día. A intervalos irregulares suena una campana para indicar que todo el mundo debe interrumpir lo que esté haciendo y hacer una pausa de dos minutos. No hay ninguna instrucción sobre lo que deben hacer en ese tiempo, tan solo dejar de trabajar.

—Al principio me resultaba muy difícil dejar de hacer de repente lo que estaba haciendo aparentemente sin ninguna razón —me dijo.

—¿Por qué te resultaba tan difícil? —le pregunté con fingida inocencia.

—Bueno, la verdad es que me fastidiaba escuchar esa campana —me dijo, rechinando los dientes—. Me molestaba tener que interrumpir el impulso de la actividad, sobre todo porque alguien lo dijera. Pero durante esos dos minutos respirábamos profundamente y muy pronto descubrimos que nos volvíamos más conscientes del trabajo que habíamos realizado y también más apreciativos. Empezamos a verlo como una de las disciplinas más duras pero también más provechosas de todas las que llevábamos a cabo.

El STOP corto toma muy poco tiempo pero sus beneficios son enormes. Cada vez que lo haces te recuerda que no eres una víctima del impulso del rendimiento sino alguien que puede detenerse, pensar y volver a empezar porque así lo decide. Este es un hábito muy valioso que todos los que buscamos trabajar de una forma consciente podemos desarrollar.

CREANDO UN ESPACIO PARA EL PENSAMIENTO: Puede ser muy útil crear un entorno físico y mental específico que facilite el pensamiento reflexivo o estratégico. Puedes elegir una silla determinada, o una habitación concreta, o cualquier entorno al que puedas acudir repetidamente. Esto te ayuda a desacelerarte y te prepara para el pensamiento reflexivo y consciente. Esto es "crear un espacio para pensar".

El espacio para el pensamiento debe estar lo suficientemente desconectado del impulso del rendimiento a nivel mental y emocional. Imagínate a ti mismo en la *silla del capitán* desde la que puedes ver todos los elementos importantes de tu situación. Tú *eres* el Capitán Kirk de tu propia aeronave. Tienes todo el potencial humano así como inteligencia sensorial, mental y emocional, además de disponer de todas las cualidades y capacidades que has desarrollado. Imagínate a ti mismo en la sala de control, donde puedes acceder a toda clase de equipos de visión. Puedes agrandar cualquier parte de la situación para ver los detalles o, al contrario, alejar el enfoque para obtener una imagen general. Eres consciente de otros muchos recursos humanos a tu disposición para conseguir más información, destreza, o ayuda. Desde esta silla ves todas las circunstancias con el desapego de alguien que está comprometido con mantener la integridad total de la nave y su misión. Tú y tu compromiso.

Mi amigo Alan Kay, considerado como uno de los padres del ordenador personal, es un pensador reflexivo de un altísimo nivel. Con frecuencia le dice a su público, "Un buen punto de vista vale tanto como ochenta puntos de coeficiente intelectual". Crear espacio para el pensamiento es una manera de establecer un punto de vista diferente desde el que pensar y lograr los beneficios de cualquier inteligencia añadida con la que puedas contar.

Piensa: Detener el impulso del pensamiento para poder pensar puede parecer una paradoja, pero no lo es. Se da un cambio en el ritmo del pensamiento, un alejamiento del proceso cognitivo para descansar o empezar a pensar desde un nivel de pensamiento distinto.

A continuación vienen unas cuantas preguntas que me resultan particularmente útiles para enfocar los poderes del pensamiento y recordarme los elementos de la movilidad. Una vez que has establecido tu espacio de pensamiento estas preguntas son un buen lugar para empezar:

- ¿Qué estoy (estamos) tratando de conseguir?
- ¿Cuál es el propósito al que estoy sirviendo?
- ¿Qué plan estoy siguiendo: de dónde ha surgido?
- ¿Cuál es aquí la prioridad?
- ¿Es necesario un cambio? ¿En dirección? ¿En definición?
- ¿El movimiento es coherente con la dirección?
- ¿Cuáles son las consecuencias probables?
- ¿Cuáles son las variables clave?
- ¿Qué es lo que falta?
- ¿El problema en el que estoy trabajando es un problema real?
- ¿Qué es lo que de verdad quiero?
- ¿Qué está en juego?
- ¿Disfruto mi trabajo? ¿Me estoy moviendo de una forma satisfactoria?
- ¿Cómo se vería esta situación desde el punto de vista de otras personas?
- ¿Qué presunciones estoy asumiendo?
- ¿Con qué recursos puedo contar y con cuáles no?
- ¿Cuál es mi actitud predominante?

No es mala idea tener las preguntas que te son más útiles desplegadas a la vista en algún lugar de tu espacio físico de pensamiento. Muchos de los directivos que han encontrado beneficios usando la herramienta del STOP han puesto señales rojas de tráfico en su oficina. Estos recordatorios son útiles para mantenerte consciente y flexible.

Organiza tus pensamientos: El pensamiento no suele producirse de una manera perfectamente organizada. Especialmente en los STOPs más largos, donde ha habido pensamiento creativo dirigido a la resolución de un problema o a hacer un planeamiento estratégico, antes de disponernos a proceder primero debemos siempre ocuparnos de poner en orden nuestros pensamientos. Pero "organizar" es tu oportunidad de aclarar tus ideas, darle coherencia a tu plan, considerar las prioridades y establecer una secuencia de acciones. Es la preparación necesaria para tomar la espada otra vez y descender desde el espacio de pensamiento al campo de batalla.

Avanza: No puedes permanecer en la cima de la colina si quieres participar en la acción. Definitivamente existe un momento adecuado para descender de ese espacio de pensamiento y es cuando tu mente se ha refrescado y aclarado sus ideas. Cuando el propósito y los pasos siguientes estén claros y te sientas más conectado contigo mismo y tus motivaciones estarás preparado para volver al trabajo. Continúa con las acciones hasta que la claridad vuelva, poco a poco, a desvanecerse y sientas que vuelves a necesitar un descanso.

Resistencia a los STOPs

Es una buena idea anticipar la resistencia a que dará lugar el uso del STOP. Resistencia que vendrá de ti mismo y del resto del equipo con el que trabajas. La mayor resistencia surgirá del impulso del rendimiento. Si eres una persona acostumbrada a la actividad, dentro de ti habrá una resistencia natural al STOP. Por supuesto, muy probablemente cuanto más odies estos STOPs más importante será que los respetes. A veces pienso que es parte de la naturaleza del Yo 1 el ser una máquina de pensamiento continuo, imparable, siempre buscando algo en lo que ocuparse. Sin embargo es verdad que nuestras mejores ideas y nuestro pensamiento más creativo se producen por regla general cuando nuestras mentes están calladas y relativamente serenas, y frecuentemente vienen cuando menos lo esperamos. Por esta razón las personas creativas han aprendido a dormir con un cuaderno y un bolígrafo junto a la cama.

Pero hay razones más profundas para la resistencia al STOP. Retroceder te vuelve más consciente. Es como encender las luces de una habitación oscura. De pronto ves cosas que antes no sabías que estaban allí. Tus propios errores se hacen más visibles, lo mismo que los obstáculos que has estado negando, tanto los tuyos como los de los miembros del equipo. Nuestra parte del Yo 1, a pesar de su naturaleza crítica, disfruta de la penumbra, donde ciertas cosas permanecen escondidas y no hay que enfrentarse a ellas. Es duro admitir que a veces preferimos la oscuridad a la luz, pero es una experiencia común el vernos cada cierto tiempo sumidos en las tinieblas de la seminconsciencia.

Además, los STOPs requieren tiempo, y todos sabemos que no tenemos bastante tiempo. El tiempo no es la razón por la que nos resistimos al STOP pero es la racionalización que usamos con mayor frecuencia para explicar esta actitud. Cualquiera que haya usado el STOP se da cuenta de que solo hacen falta minutos y, en realidad, nos ahorra horas. Sin embargo, lo resistimos justo cuando es más necesario usarlo. La única manera de saber realmente cuando usar esta herramienta y cuando no, es empezar a aplicarla.

Cuándo usar el STOP

El vicepresidente de una compañía que me estaba explicando el enorme impacto que había tenido para él el uso de la herramienta del STOP me dijo, "El único problema es que cuando más falta me hace usarla, me olvido de hacerlo". A continuación he relacionado las ocho ocasiones en que resulta más beneficioso usar el STOP para trabajar de forma consciente.

1. STOP AL PRINCIPIO Y FINAL DE CADA DÍA DE TRABAJO: La naturaleza en sí misma nos proporciona un tiempo para el STOP al principio y final de cada día, y muchas culturas reconocen el valor de un descanso a mediodía. Recomiendo que te des a ti mismo una oportunidad para tomar distancia y pensar sobre lo que es importante en al menos tres ocasiones durante el día, aunque solo sea durante unos pocos minutos cada vez.

Empezar el día con un STOP te da la oportunidad de trabajar conscientemente durante la jornada. Dormir es un "receso" natural. El espacio de tiempo entre el despertar y el comienzo de las actividades del día te proporciona una valiosa ocasión para ganar perspectiva sobre lo que es importante para ti, al menos durante ese día.

Si no me tomo unos cuantos minutos para establecer mis prioridades de ese día, no hay duda de que me dejaré arrastrar por la urgencia de todo lo demás. Este es el momento para recordar que se trata de mi vida, de concederme a mí mismo movilidad, y de establecer contacto con la dirección que viene de mis deseos más profundos. Para mí es importante hacer esto antes de permitir que mi mente se lance a resolver problemas o se ponga a pensar en "todas las cosas que tiene que hacer hoy". Además tomo notas sobre este STOP para poder referirme a ellas durante el resto de los STOPs del día. Puede que resulte beneficioso realizar este STOP en un lugar diferente al centro de trabajo. Date un paseo o hazlo mientras te tomas un café. Cualquier cosa que elijas procura que sea un entorno lo más libre posible de distracciones.

Comprobar con un STOP una o dos veces durante el día para ver si sigues fiel a la lista de prioridades que te marcaste al principio te permite una oportunidad de corregir la dirección y hacer los ajustes pertinentes dentro de tu cambio, o simplemente de recordar tu propósito.

Un STOP al final del día puede resultar tan valioso como uno al principio. El primer paso es tomar una decisión clara de *cuándo* vas a terminar el trabajo del día. Si decides terminarlo en el lugar donde trabajas, que por lo general es una opción inteligente, cuando te marches "cierra la puerta" de tu trabajo para no llevártelo contigo a casa con tu maletín o en tu mente, y dejar en el centro de trabajo todas las cargas del mismo, el papel que desempeñas en él y también tus frustraciones. El propósito de este STOP es dar por finalizado por completo tu día de trabajo para que puedas estar abierto al ocio. Si eliges llevarte el trabajo a casa, decide de antemano durante cuánto tiempo vas a seguir trabajando y cuándo vas a empezar. Practica el STOP-START-STOP (parar-empezar-parar). No dejes que el trabajo se adueñe de tu vida, porque lo hará si no lo detienes.

Convierte el hacer un repaso de tu día y hacerte preguntas sobre el mismo en una meta de aprendizaje. ¿Qué se ha conseguido? ¿Qué salió mal? ¿Qué fue bien? ¿Qué se podría aprender? Para este STOP es necesario ser valiente. Una cosa es empezar el día con la ilusión de llevar a cabo tus planes y otra muy distinta darte cuenta de la brecha entre lo que esperabas conseguir y lo que en realidad has conseguido. Para sacar provecho de este STOP, no dejes que la naturaleza crítica del Yo 1 entre en tu espacio de pensamiento. Practica la toma de conciencia sin juicios de valor. Mirar hacia atrás a "lo que destacó" al final del día puede mejorar la calidad del siguiente día permitiendo al Yo 2 sacar toda su magia, seleccionando lo que es importante y lo que puede necesitar más atención.

Una nota final acerca de estos STOPs diarios: compartir el contenido apropiado de estos STOPs con otros miembros del equipo, esposas/maridos, o socios, puede hacerte avanzar en gran medida en el respeto mutuo y la cooperación. Asimismo les proporciona a todos los implicados un renovado sentido del propósito y una mayor oportunidad de desarrollar la movilidad.

2. STOP AL PRINCIPIO Y AL FINAL DE UN PROYECTO DE TRABAJO: Quizá sea una obviedad decir que un equipo o un individuo debería hacer un STOP al principio de cualquier proyecto, por grande o pequeño que sea. Pero normalmente existe un impulso tan fuerte para comenzar la acción que el tiempo de visualizar, planear e investigar se reduce a su mínima expresión. En los entornos en los que se da un valor primordial a los resultados, los pasos de la movilidad se omiten y el trabajo se realiza desde la perspectiva inconsciente y mecánica de la mentalidad tradicional en los negocios. Es correcto valorar la acción, pero no a expensas de una prudente previsión. La consecuencia de no hacer un STOP es más acciones de las que son necesarias, y más errores, que a su vez necesitan de más acciones y tiempo para corregirlos. El trabajo consciente va enfocado al destino deseado empleando la menor acción posible, no al revés.

Los STOPs al principio de un proyecto son momentos para reunir la información necesaria, plantear soluciones y estrategias alternativas, y examinar los recursos de que se dispone. A este tipo de actividades con frecuencia se le considera como "no hacer nada". Cuestionarse las premisas iniciales con las que vamos a iniciar el proyecto, o cómo puede o no ser coherente con nuestro propósito, o qué relación guarda con los demás proyectos en marcha, también se considera como "pensar" y por tanto, no un verdadero trabajo.

Cuanto más largo y más importante sea el proyecto, más importante es retroceder para ganar perspectiva. Hay que prestar la atención debida a las alternativas y las consecuencias, estos pensamientos deben organizarse formando un plan, y éste debe incluir la forma en que se irán introduciendo nuevos cambios en el plan.

Los STOPs al final de un proyecto te dan la oportunidad de llevarlo a su realización, celebrar los logros, y considerar lo que puede aprenderse para beneficio de futuros proyectos. Los equipos deportivos están habituados a este tipo de repasos y frecuentemente estudian videos de actuaciones individuales o del equipo para potenciar al máximo su aprendizaje. En la mayor parte de los centros de trabajo, cuando las personas son propensas a sentir que el proyecto tomó más tiempo de lo que esperaban, sienten que no tienen tiempo ni ganas para hacer un repaso. No se les ocurre que el proyecto se alargó más de lo que esperaban porque no habían aprendido las lecciones de los proyectos previos. Un buen repaso es capaz de ahorrar grandes cantidades de tiempo en proyectos futuros. La parte más difícil es llegar a convertirlo en un hábito a pesar del impulso de ponerse a trabajar en seguida en el siguiente proyecto.

3. STOP DE CAMBIO CONSCIENTE: Ha sucedido algo inesperado, un nuevo hecho a tener en cuenta dentro de la situación, ha aparecido una oportunidad o problema que hasta ahora no se había contemplado, es necesario un cambio de planes. Un STOP de cambio crea un espacio para llevar a cabo un cambio consciente en lugar de apresurarse a hacer lo primero que nos viene a la mente. Es difícil evaluar una necesidad de cambio en medio del impulso del rendimiento. Lo normal es hacer un cambio solo por el hecho de hacerlo. Es fácil realizar un cambio que parezca una buena idea, pero inintencionadamente puede tener un efecto desastroso sobre otros elementos de la situación. Es fácil ignorar la necesidad de hacer un STOP de cambio por culpa de la presión de terminar las cosas cuanto antes, el apego al plan inicial, la incertidumbre sobre cuál será el mejor curso de acción a seguir, el estrés y el cansancio. Todas estas cosas contribuyen al impulso inconsciente que el STOP te ayuda a superar.

El STOP de cambio se puede usar a la hora de introducir tanto pequeños ajustes en el plan como cambios importantes en la dirección. A veces esta necesidad de cambiar no surge de cambios en el entorno externo sino de una idea innovadora sobre cómo mejorar la calidad de los procesos o los resultados.

Estas son unas cuantas preguntas que pueden centrar el pensamiento para hacer un STOP de cambio:

- ¿Se trata de un cambio aleatorio o de un cambio con un propósito?
- ¿Cuál es la fuerza que empuja este cambio?
- ¿Los beneficios superan a los costes?
- ¿Las personas implicadas son capaces de llevar a cabo el cambio y están listas para hacerlo?
- ¿Se han tenido en cuenta otros posibles cambios?
- ¿El cambio propuesto es coherente con la dirección que llevamos?
- ¿Quién o qué resultará afectado por el cambio?
- ¿Qué comunicaciones son necesarias?
- ¿Cuál es el mejor momento, lugar y medios para estas comunicaciones?
- ¿Qué podemos o debemos aprender antes de acometer este cambio?

El STOP de cambio puede usarse no solo para acceder al cambio en los planes de acción, sino para examinar presunciones o definiciones críticas usadas en el propio trabajo. El renombrado hombre de negocios Robert W. Woodruff, que fue presidente de la compañía Coca-Cola desde el 1923 hasta el 1949, quería hacer un cambio en la manera en que la totalidad de sus equipos de ventas se relacionaban con los clientes. Quería que estuvieran menos orientados a la venta y más al servicio. Para emprender ese cambio diseñó un STOP de cambio que se ha hecho famoso. Reunió a sus equipos de ventas y los despidió a todos. Luego anunció que a la mañana siguiente iba a empezar a contratar personal de servicio y que todos podían presentar su solicitud. Lo que Woodruff estaba intentando lograr no era meramente una nueva estrategia de ventas sino que los vendedores se vieran a sí mismos y a su papel de una nueva manera. Estaba redefiniendo las ventas. Un cambio simple pero profundo de esa naturaleza, porque es un cambio de contexto puede provocar automáticamente miles de cambios en comportamiento y actitud.

Los STOPs de cambio son oportunidades, no solo para reflexionar sobre los cambios necesarios sino para desprenderse de maneras obsoletas de hacer las cosas. Woodruff sabía, como buen directivo, que lo más difícil del cambio no es tanto aprender nuevas maneras de hacer las cosas sino desaprender las viejas. El fallo de la mayoría de los cambios puede atribuirse a no ser consciente del arraigo de la inercia (el impulso inconsciente) que controla la forma de hacer las cosas en una empresa. Es difícil realizar un cambio cuando no eres lo bastante consciente de la forma en que estás haciendo las cosas en este momento. Una gran lección del Juego Interior del tenis fue que una vez que tomas conciencia de tu actual comportamiento o de tus patrones de pensamiento no hace falta mucho esfuerzo para realizar el cambio.

4. STOP PARA HACER FRENTE A LOS ERRORES: Hasta los mejores cometen errores y los errores pueden ser costosos.

También pueden constituir importantes experiencias de aprendizaje. Por supuesto es estupendo anticipar los errores y evitarlos en la medida de lo posible, pero los mayores problemas surgen cuando ni siquiera somos capaces de ver las equivocaciones. Si el entorno de trabajo es extremadamente crítico con los errores y la gente que los comete, es muy probable que sean menos visibles y que no se reaccione ante ellos. Cuando yo era oficial de la marina, era costumbre entre los oficiales jóvenes de rango inferior ocultar sus errores a los superiores. Evitar informes negativos sobre su rendimiento o una "bronca" era más importante que la eficiencia del barco y a veces incluso se le daba prioridad sobre las cuestiones de seguridad. En las empresas he encontrado una creatividad parecida cuando se trata de ignorar y cubrir los errores, tanto los relacionados con tareas de trabajo como los interpersonales.

El valor de crear un entorno de trabajo sin críticas es que los errores son visibles y, por tanto, podemos enfrentarnos a ellos cuando ocurren. Se puede convocar un "STOP de análisis" cuando la tarea o la integridad del equipo se vea comprometida.

Estas son algunas preguntas que pueden usarse para centrar un STOP de análisis:

- ¿Qué compromiso se ha dañado como consecuencia de una acción, un incidente o un resultado que podemos llamar error? Por ejemplo: El error fue que Pedro no pasó cierta información a Marta, lo cual llevó a Marta a malinterpretar los datos sobre un cliente importante. Lo que hace de esta omisión un error es que incumple el compromiso previo del equipo de mantenerse informados unos a otros así como el acuerdo de que todos los miembros del equipo son responsables de la satisfacción del cliente. Volver a recordar este compromiso tras el error hace que este se convierta en una ocasión para que todos se reafirmen en su compromiso.

- ¿Quién acepta la responsabilidad por el error? En un ambiente crítico de trabajo uno de los juegos favoritos y más costosos es el "juego de la culpa y el mérito". La meta es aceptar tan poca culpa como sea posible por lo que va mal y tanto mérito como sea posible por lo que va bien. Consume mucho tiempo y priva a los participantes del uso de una gran cantidad de células cerebrales que de otra manera podrían contribuir a su movilidad. En lugar de jugar a este juego, se puede hacer un STOP de análisis para que cada persona considere acertadamente cuál es su responsabilidad en el error. El propósito no es distribuir las críticas con más precisión sino lograr una distribución más acertada del aprendizaje. Por ejemplo, Pedro, puede descubrir que el error que provocó que no informara a Marta fue un conflicto de prioridades que necesitaba resolverse. Marta descubriría que podía haber sido más proactiva a la hora de conseguir la información que necesitaba de Pedro.

¿Cuál es el *verdadero* error? Con frecuencia el error no era un error en absoluto. El verdadero error había estado varios pasos por detrás en la cadena de causa y efecto hasta que finalmente fue descubierto. El STOP de análisis se puede usar para plantearse la auténtica causa del aparente error y ahí tenemos una gran oportunidad para aprender. Por ejemplo, podría revelar que Pedro y Marta andan sobrecargados de trabajo, y sin descanso, ambos serán improductivos y proclives a cometer más errores. Otro escenario es que un error relativamente pequeño puede revelar un error muy costoso que iba a cometerse. Pedro podría estar a punto de perder la cuenta en la que está trabajando y está usando la falta de comunicación de Marta para evitar enfrentar esta realidad. Al no estar dispuesto a pasar por alto este "pequeño" error el STOP de análisis puede usarse para impedir un error potencialmente grave.

5. STOP PARA CORREGIR ERRORES EN LA COMUNICACIÓN: Un STOP de comunicación puede ser requerido cuando no se da la comunicación adecuada o cuando se han producido errores en la comunicación. He preguntado a miles de personas cuál les parece que es el mayor problema con el que se enfrentan en el trabajo. Los fallos en la comunicación es quizá la queja más común. Los directivos de las altas esferas dicen que los directivos del nivel medio no les escuchan; los empleados alegan que sus superiores no les escuchan; los directivos del nivel medio creen que a ellos no les escuchan ni sus superiores ni los cargos que están por debajo. Por supuesto todos afirman que se expresan con claridad pero nadie escucha de la manera adecuada.

Los errores en la comunicación causan una ruptura en la confianza. Convocar un STOP de comunicación le da a cada uno la oportunidad de alejarse de las presiones que pueden haber provocado los malentendidos, tomar un poco de distancia emocional de sus consecuencias y crear un entorno para hablar con claridad y prudencia y escuchar.

He aquí algunas preguntas que te ayudarán a enfocar tu STOP de comunicación:

En relación con Hablar
- ¿Qué es lo que de verdad quiero decir? ¿A quién?
- ¿Lo que estoy diciendo es coherente con mi propósito?
- ¿Qué tipo de comunicación es esta: un informe, una opinión, una propuesta, una queja, una expresión de sentimientos, una intuición, retroalimentación?

- ¿Qué presunciones o mensajes escondidos se ocultan tras lo que estoy diciendo?
- ¿Cómo puedo esperar que mi interlocutor interprete lo que tengo que decir?

En relación con Escuchar
- ¿Cuál es el mensaje detrás del mensaje?
- ¿Cuál es el sentimiento detrás del mensaje?
- ¿Qué es lo que estoy buscando oír?
- ¿Cuál es el tipo de respuesta que se necesita?

6. STOP PARA APRENDER O ENTRENAR: Un STOP de aprendizaje se puede hacer solo o con un entrenador. Entre los deportistas es una práctica aceptada el hacer STOPs en la acción para dedicar un tiempo al aprendizaje o al entrenamiento. Estas paradas, llamadas tiempo muerto, apenas existen en el mundo de los negocios. Como resultado hay menos tendencia a practicar conscientemente las técnicas y menos desarrollo eficaz de las capacidades del individuo y el equipo.

Instituir un STOP de aprendizaje o entrenamiento es una manera relativamente fácil de activar el lado del aprendizaje en el triángulo de trabajo. A veces solo necesitas un momento antes de comenzar una actividad para hacerte a ti mismo una pregunta que te proporcionará el enfoque necesario para el aprendizaje. Una vez que se acepte ese STOP como norma, un entrenador puede realizar su función en menos de un minuto. Puede que lo único que haga falta sea hacer una sola pregunta u ofrecer una variable clave en la que enfocar la atención.

Obviamente hay momentos en los que se pueden hacer STOPS de aprendizaje más largos, conversaciones extensas de entrenamiento, seminarios a distancia o cursos de formación. Pero como he señalado antes, el mayor seminario del mundo es tu propio día de trabajo, y todo lo que necesitas hacer para convertirlo en una experiencia valiosa es matricularte en él como estudiante. Hacer esto es tan sencillo como realizar tres STOPs: uno al principio de la tarea o proyecto, otro en medio, y el último, al final, para el repaso. Hablaremos más sobre STOPs de entrenamiento y aprendizaje en el próximo capítulo.

7. STOP PARA DESCANSAR: Las pausas para descansar o STOPs de descanso son diferentes a las demás en el sentido de que cuando dejas de trabajar y te paras, realmente no hay nada en lo que pensar ni nada que organizar. El objetivo es simplemente descansar y permitir que el cerebro y el cuerpo se revitalice. Si has estado sentado en el trabajo, es una buena idea ponerte de pie y permitirle a tu cuerpo la ocasión de estirarse y moverse. Los STOPs de descanso no tienen que ser largos. Con frecuencia un descanso de un minuto puede hacer maravillas; también son comunes descansos más largos, menos frecuentes, para tomar café o para el almuerzo. Si durante el STOP te ves arrastrado de nuevo a conversaciones relacionadas con el trabajo, no podemos hablar realmente de descanso. A todos los efectos sigues trabajando y no te has tomado ningún descanso.

El valor del STOP de descanso está muy poco reconocido en la mentalidad orientada al rendimiento. Este tipo de descansos parece ser la antítesis del rendimiento. Pero los STOPs de descanso son esenciales para la movilidad y el rendimiento óptimos. La verdad es que usados de manera adecuada ayudan a la persona a hacer un uso más efectivo de su tiempo. Por supuesto que nadie "tiene tiempo" para hacer descansos. Pero cuando piensas que no tienes tiempo para descansar es cuando más importante es hacer un STOP de descanso. Cuando el cerebro está sometido a mucha exigencia y no se le da la oportunidad de relajarse es cuando más probable es que cometamos errores.

La cantidad de tiempo que lleva corregir esos errores será probablemente mucho mayor que la suma de todos los descansos que nos hayamos tomado. Los STOPs de descanso no solo optimizan tu capacidad de trabajo sino que te recuerdan que tú, no "la presión", estás a cargo de cómo usar tu tiempo.

TRABAJAR LIBRE DE ESTRÉS: Algunos expertos piensan que el estrés es un factor positivo y necesario en el centro de trabajo. La verdad es que nunca he entendido la validez de este punto de vista. La definición tradicional y lógica de *estrés* se refiere a la presión ejercida sobre un cuerpo que hace que se tense o se deforme. El estrés pone en marcha tremendos cambios en el sistema nervioso, conocidos como la "respuesta de lucha o huida". La investigación médica nos dice que cuando el mecanismo lucha/huida se activa constantemente en el centro de trabajo, somete a una gran presión a todos los sistemas del cuerpo, entre ellos el sistema inmunológico. Trabajar en ese estado durante largos periodos de tiempo no solo ocasiona un riesgo mayor de deterioro físico, sino que pone en peligro nuestras capacidades mentales superiores. Existen numerosos estudios que demuestran que el cerebro sometido a estrés tiene dificultades para recordar, es menos creativo y desarrolla una visión de túnel (o conciencia reducida). Nada de esto es bueno para la movilidad, para alcanzar objetivos externos, o para encontrar una manera de trabajar que resulte satisfactoria. También está bien documentado -y lo confirma la experiencia de la mayoría de las personas-, que algunas de las ideas más creativas que tenemos vienen durante descansos y cuando menos lo esperamos, por ejemplo mientras estamos dando un paseo o duchándonos.

Trabajo en un equipo con dos médicos que estudian la relación entre estrés y enfermedad. Me dicen que hay cada vez más pruebas de hasta qué punto ambos están relacionados y de que la presión con la que muchos pacientes se enfrentan en los centros de trabajo obliga a su sistema inmunológico a realizar un enorme esfuerzo, debilitándolo y volviéndoles así más vulnerables a un gran número de problemas comunes de salud. Su investigación prueba que muchas personas con niveles altos de estrés no son conscientes del mismo. La ansiedad, y la correspondiente carga de adrenalina que experimentan, les hace más difícil tomar conciencia de las sutiles señales que sus cuerpos les está mandando. Cuando una y otra vez elegimos suprimir las señales de nuestro cuerpo para que tomemos un descanso, muy pronto perdemos la capacidad de reconocerlas. Los pacientes se sorprenden al verse de pronto al borde del agotamiento, con un deterioro importante de las funciones físicas o mentales. Prevenir estos niveles de estrés implica hacer muchas de las cosas de las que venimos hablando en este capítulo: hacerte cargo de tu trabajo, tomar conciencia de tu cuerpo y del grado de exigencia y carga que estás aceptando, y tomar descansos frecuentes en los que puedas desconectarte de tu trabajo.

En el campo del trabajo, defino estrés como una presión o fuerza que amenaza el equilibrio de la estabilidad interna del trabajador. Cuando un puente colgante o cualquiera de sus vigas se encuentra bajo demasiada presión o tensión, puede perder su resistencia y romperse. Para mí, la movilidad significa trabajar sin estrés. No veo ninguna necesidad de adaptarse al estrés o intentar manejarlo. El estrés para mí es una señal de que he perdido el control de la manera en que me desenvuelvo en mi trabajo. Además, tanto si estoy trabajando con límites de tiempo, que suele ser lo habitual, como si no, trabajo mejor y de una forma mucho más consciente cuando no estoy estresado. Y también se disfruta mucho más. En mi experiencia el estrés más dañino es el que viene del Yo 1. El Yo 2 no necesita este elemento a excepción de las raras circunstancias en las que requiere adrenalina y otras hormonas para enfrentarse a una emergencia temporal. Las personas que ponen al Yo 1 en el asiento conductor de su vida trabajan en un estado constante de emergencia y no creen que puedan conseguir nada sin él. Esta creencia expande la conciencia de crisis a los miembros del equipo y eleva su nivel de estrés. Puede que tengas muy poco control sobre los niveles de estrés de las personas que te rodean o sobre sus comportamientos que producen estrés pero puedes establecer un compromiso contigo mismo de mantener tu cabeza fría, serena, y consciente. Este es el propósito que da sentido a los STOPs.

USA TU STOP PARA CONSTRUIR ESTABILIDAD INTERNA: Ante un desafío, la movilidad es una respuesta totalmente distinta a la reacción lucha/huida. El objetivo inherente del cuerpo es conservar la homeostasis o equilibrio. La estabilidad y el equilibrio son necesarios para la movilidad. Creo que una estrategia mucho mejor que "gestionar el estrés" es "construir estabilidad". Cuanto mayor la estabilidad mayor la presión que uno puede soportar sin perder el equilibrio. Usa STOPs de descanso para construir la estabilidad interna y reforzar la resiliencia del Yo 2. Las exigencias externas son inevitables. Darle al Yo 2 lo que necesita para construir estabilidad es la mejor manera de asegurar que podrás resistir las presiones cuando surjan sin perder tu equilibrio. Construir estabilidad es importante para tu movilidad tanto si en el momento estás sintiendo estrés como si no.

El estrés no es la única señal de que ha llegado el momento de hacer un STOP de descanso. Otra señal es sentir que "el trabajo ya no es nada divertido", cuando el próximo proyecto parece más una carga que una oportunidad, cuando "tengo que" se superpone a "quiero". El disfrute es un derecho y también una oportunidad para los seres humanos. Trabajar conscientemente significa pasar los días de trabajo en un estado satisfactorio de gozo. No hay razón para conformarse con menos, por lo menos a largo plazo.

A veces lo que necesitas es un cambio, no solo un descanso. El trabajo que estás haciendo puede ser bueno, pero quizá no se pueda decir lo mismo del entorno físico o social. Puede parecer muy egoísta no limitarte a apretar los dientes y estar dispuesto a aguantar una cierta cantidad de frustración mientras trabajas. Pero yo no lo creo. Durante un STOP puedo plantearme cuánto estoy contribuyendo a mi frustración. Definitivamente ese debería ser el primer paso. Pero si, después de examinarlo todo, resulta que el trabajo en sí, o el ambiente de trabajo es lo que se necesita cambiar, debes recurrir a todo tu valor para atreverte a hacer el cambio. Algunas de las personas con más éxito que conozco han elegido dar ese salto y han terminado haciendo trabajos para los que están más preparados y que, además, disfrutan más.

No olvides que un STOP se lleva a cabo con el propósito de seguir adelante; es una herramienta pensada para servir a la movilidad. Y el objeto de la movilidad es moverse conscientemente de manera que tanto los objetivos internos como los externos se lleven a cabo. Sin STOPs podemos convertirnos mucho más fácilmente en víctimas del impulso inconsciente y la conformidad ciega. Un último consejo: Diseña tus STOPs para que sean fáciles de usar. Si dejas que tu Yo 1 te los imponga como un "debes", te perderás el beneficio que pueden aportarte. Construye gradualmente tus STOPs mientras vas viendo cómo te benefician, y no los analices demasiado.

8

PIENSA COMO UN DIRECTOR GENERAL

En Internet hay un programa que te permite ver detalles de prácticamente todas las calles, carreteras y autopistas. Asimismo, centrando la visión, te muestra un mapa en el que puedes buscar cualquier dirección en una calle determinada. Cuando la visión es más amplia puedes ver todo el mapa de tu país. Para pasar de una vista de mi calle a una vista que comprende todas las calles de mi ciudad, a un mapa de Los Angeles, a uno de la parte Oeste de los EE.UU, y finalmente a la visión más general es necesario dar veinte "pasos atrás". Y aun así lo único que puedo ver son los EE.UU.

El cerebro humano tiene la misma capacidad de retroceder o centrarse en algo para permitirnos ver una misma cosa desde la perspectiva más amplia posible hasta el enfoque más centrado y con más detalle que pueda llegar a alcanzarse. Hay veces en que es necesario hacer "un gran STOP" para ver tu vida entera desde un punto en el que puedas verlo todo sin las limitaciones de un espacio o tiempo determinados. Desde ese punto elevado puedes volver a ganar la perspectiva para reflexionar sobre las preguntas más relevantes o esenciales.

Llegamos a un momento en el que hacer un gran STOP es fundamental para ganar movilidad. Así se pueden clarificar y renovar nuestros valores más profundos. Proporciona un tiempo para clarificar el propósito que da dirección a todos los demás propósitos y hacer cualquier cambio que te ayude a alcanzar tus objetivos más importantes.

Crear un "espacio de pensamiento" apropiado para dar un gran paso atrás no siempre es fácil. Con frecuencia estamos tan atrapados por el marco mental y emocional de lo que estamos viviendo que nos resulta difícil olvidarnos de todo ello por unos momentos y retroceder hasta un punto en el que podamos ver otras posibilidades. A veces hace falta una crisis, como ser despedido del trabajo, o una enfermedad grave, para llevarnos a un punto en el que podemos examinar nuestras vidas y su sentido. Mucha gente que sobrevive estas crisis termina valorando enormemente el nuevo pensamiento y la perspectiva de vida que han ganado como resultado.

Hacer un gran STOP es una alternativa a esperar que alguna de esas crisis provoque una nueva estimación fundamental de tus valores, compromisos, y perspectiva. Puedes llegar a imaginarte todas las crisis que se te ocurran y el hacerlo te ayudará a situarte en un espacio de pensamiento muy provechoso. "Sí, podrían despedirme". Es una ventaja reflexionar sobre esto antes de que suceda. ¿Qué harías? ¿Qué tipo de entorno de trabajo buscarías? ¿Qué sería importante para ti al tomar las decisiones que tengas que tomar? Tus respuestas a estas preguntas serán muy valiosas aunque no lleguen nunca a despedirte.

O, si eres más osado, plantéate la posibilidad de que tu médico te diga que tienes una enfermedad que reducirá drásticamente la duración de tu vida y te permitirá solo unos pocos años de trabajo productivo. ¿Cómo cambiaría tu forma de pensar en el trabajo?

Estas hipótesis tan pesimistas no tienen como propósito que tomes medidas para el futuro sino traer a tu mente la naturaleza cambiante de las circunstancias y el valor del limitado tiempo de que disponemos. La mayoría perdemos de vista esta realidad, absortos como estamos en nuestros quehaceres cotidianos.

¿Quién es la persona más importante en una empresa?

Mi amigo el ejecutivo tenía otra historia para provocar el pensamiento estratégico. Durante una de nuestras conversaciones en la pista de tenis me hizo una pregunta muy sencilla.

—¿Quién crees tú que es la persona más importante dentro de una empresa?

Estaba a punto de decir "el Director", cuando él siguió diciendo:

—Creo que cada una es la más importante.

Conocía la teoría de que una cadena es solo tan fuerte como el más débil de sus eslabones. Incluso la había defendido. Y podía pensar en circunstancias en las que una persona que hizo algo realmente estúpido pudo llevar a la ruina a toda una compañía. Sin embargo, sabía que para mí seguiría siendo más importante consultar con el Director General de la empresa que con el conserje.

Pero entonces comprendí que AE no me había preguntado quién es la persona más importante para la organización: solo quién es la más importante. Mi cultura me había condicionado a creer que "todas las personas son creadas iguales" pero no que todas las personas son igualmente *importantes*. Luego AE me preguntó si alguna persona dentro de la organización era más importante que la organización en sí. De forma gradual comencé a entender que no estaba comparando la relativa importancia de la gente o los grupos, sino marcando una distinción entre el valor inherente de cualquier ser humano en contraste con la entidad artificial que llamamos organización. Comprendí con qué facilidad le había concedido importancia a la organización por encima de las personas que trabajan en ella. Una organización no es tan importante como ninguna de las personas que están en ella, porque una organización no está formada por personas, es simplemente un acuerdo entre personas. Si IBM se hundiera mañana mismo, todos los empleados y accionistas seguirían vivos. Al mirar las cosas de la manera en que nos habían enseñado, cualquier gran empresa parecía eso mismo: muy grande, muy importante, y muy duradera. Tenía tradiciones, conocimientos técnicos, y riqueza. Pero mirado desde otra perspectiva, ¿acaso todo eso vale tanto como una sola existencia humana? Para AE la respuesta estaba clara.

Tú eres el Director General de una empresa extraordinaria: AE me contó que para él cada persona era el Director General de una empresa de un valor incomparable. Y como tal, cada uno tenía que tomar decisiones muy importantes. La empresa a la que se refería era el ser humano. Luego me preguntó qué producto había decidido producir con mi empresa. Realmente nunca me había planteado las cosas de esta manera y por eso decidí que tenía que hacer un gran STOP.

A todos nos ha tocado la lotería: Empecé a hacer un balance de mis "recursos como empresa". Conforme miraba a todo lo que forma parte de ser humano, me di cuenta de que esta empresa era de todo menos insignificante. También sentí una sensación creciente de responsabilidad y autonomía. Como Director de esta increíble corporación, no tenía que dar explicaciones a nadie. Descubrí que el ejercicio me proporcionaba una valiosísima perspectiva sobre mi movilidad fundamental y muy pronto diseñé un módulo del seminario para ejecutivos basado en este enfoque. Empieza con una pregunta sencilla, una pregunta que no tiene que ver con ningún contexto determinado: "¿Para quién trabajas?"

Los participantes dan repuestas que van desde "para mi jefe", "para la compañía", "para el director", a respuestas sarcásticas como "para mi esposa", "para mis niños", "para el perro". Pero algunos de los ejecutivos dan otra respuesta: "Trabajo para mí mismo".

Llegados a este punto, declaro que mi objetivo es que para el final del módulo todo el mundo trabaje para sí, todo el mundo sea su propio jefe. Se alzan algunas cejas y dejo claro que esto no es tan fácil como simplemente dejar el trabajo de la compañía. Les pido a los participantes dar un gran paso hacia delante y usar la imaginación.

Imagina que un día ganas la lotería. En esta lotería el premio no es dinero sino una empresa. Lo que te entregan es el nombre de la compañía, ABC, la dirección donde se sitúa, la llave de la sede central, y un documento oficial por el que se declara que tú eres el dueño y Director General. Te diriges a la dirección, un edificio impresionante con el nombre de la compañía en la fachada. Llegas hasta la oficina del Director General y te sientas en tu sillón. Aún no sabes nada sobre esta compañía de tu propiedad aparte de que eres el Director y a partir de ahora eres totalmente responsable por todas las decisiones. ¿Qué vas a hacer?

Todo el mundo tiende a tener un enfoque parecido. Saben que lo más importante al principio es aprender todo lo que puedan sobre su nueva compañía. Aunque las prioridades para el aprendizaje varían, la mayoría está de acuerdo en investigar sobre los productos o servicios que produce, el mercado, los recursos humanos y materiales, las ganancias, el capital financiero, etc.

Luego hacen una lista con cosas como estrategias más importantes, declaraciones de objetivos, valores, política, estructuras organizativas, y el programa. Le recuerdo a cada Director General que ahora se encuentra en una posición en la que puede cambiarlo todo.

—Si hay algo que no te guste en la gente, políticas de empresa, estrategias, valores, declaración de objetivos, e incluso en los productos, puedes hacer cambios. Puedes disolver toda la corporación, expandirla, o mantenerla tal y como está. — Luego les pregunto—: "¿De dónde viene la palabra *corporación*?" Por lo general alguien sabe que viene del vocablo latino *corpus*, que significa "cuerpo". Imagina entonces que la corporación que te ha tocado en la lotería no es un negocio, sino un cuerpo humano. Te pones muy contento al oír la noticia porque comprendes que has sido "incorporado" en el Rolls-Royce de todos los cuerpos. Después de todo te podía haber tocado el cuerpo de un saltamontes, un rinoceronte, un jilguero, o una hormiga. Terminaste recibiendo el mejor de la gama más alta, y ahora eres el dueño y Director General. ¿Qué vas a hacer?

HAZ BALANCE DE TUS RECURSOS INTERNOS: ¿Cuál es el "programa" con el que nacen todos los seres humanos? Pido a los participantes de mi seminario que hagan un catálogo del "equipamiento interior" más valioso que hayan recibido como orgullosos dueños de su compañía. Por lo general los primeros "recursos" que tienen en cuenta son los físicos, incluyendo los sentidos, las partes del cuerpo, y el cerebro. ¿Se trata de un equipo "caro"? ¿Cuánto costaría remplazarlo? ¿Durante cuánto tiempo se ha estado investigando y desarrollando hasta llegar a su nivel actual de evolución? Les recuerdo que piensen en los activos de su corporación sin comprarlos con los de otras compañías.

¿Qué capacidades son inherentes a cada ser humano? Está la capacidad del lenguaje, la razón, la intuición, la creatividad y la imaginación. ¡Es un equipo muy caro! Muy avanzado tras eones de investigación y desarrollo. ¿Qué otras cualidades y atributos forman parte del potencial de ser humano? Es necesario un poco de valentía para hacer este catálogo de nuestro equipamiento interior sin hacer caso de la voz del Yo 1, que dice, "Pero yo no poseo esta cualidad, ni esa tampoco". Sin embargo la verdad es que si puedes verla en cualquier ser humano, tú también la posees, en algún grado de desarrollo.

Estos son algunos de los recursos internos listados por los participantes de mis seminarios como parte del equipamiento interior de la empresa humana. ¿Cuáles de ellos serían parte de *tu* propia empresa? ¿Hay otros que pudieras añadir?

Emociones
Atención
Apreciación
Asombro
Alegría
Felicidad
Gratitud
Paz
Amor
Belleza
Satisfacción
Plenitud

Éxtasis
Armonía
Tranquilidad
Significado
Propósito
Elección
Confianza
Conciencia
Respeto
Humor

Ahora hazte a ti mismo las siguientes preguntas:

- ¿Cuánto acceso tengo a cada uno de estos recursos?
- ¿Cuánto acceso quiero tener?
- ¿Cuáles he desarrollado y cuáles he ignorado?
- ¿Quién decide cómo se usarán?
- ¿He establecido una declaración de objetivos clara para mi empresa?
- ¿Tengo clara su política, sus valores y prioridades?
- Si es así, ¿quién estableció esa política, valores y prioridades?
- ¿Cuándo fue la última vez que los revisé?
- ¿Cómo se toman las decisiones operativas en esta empresa?
- ¿Estoy en una posición que me permita llevar a cabo cualquier cambio que quiera en los objetivos, valores, políticas y prioridades?

Para el Director General de una compañía sería completamente natural hacerse esas preguntas. ¿Pero nos las hacemos a nosotros mismos? Si no es así, ¿por qué? ¿Una entidad legal se considera más importante que un ser humano? ¿O es que no sentimos el mismo sentido de autonomía y responsabilidad por esta corporación humana que sentiríamos si de verdad fuéramos los Directores de nuestras propias compañías?

¿Cuántas acciones de tu empresa posees?: En las empresas las grandes decisiones las toman los mayores accionistas. ¿Cómo están distribuidas las acciones de tu empresa? ¿Has vendido algunas acciones a otras personas, que ahora tienen derecho de voto en tus decisiones? ¿Te has convertido en un accionista minoritario de tu propia compañía?

Tómate unos momentos para escribir tu respuesta a estas y a las siguientes preguntas. Las acciones se definen como derechos de voto en las decisiones que tomas acerca de tu vida. Vender acciones significa que tienes que conseguir la aprobación de alguien más antes de que puedas tomar *tus* decisiones. Tomar decisiones en conjunto con otros directores para trabajar con ellos o incluso para alguien más *no* significa automáticamente que hayas vendido acciones. La cuestión es si tu autonomía individual se ha visto o no comprometida.

En mis seminarios algunos ejecutivos de alto nivel declaran que solo controlan el diez por ciento de las acciones de su compañía. Otros, el cien por ciento. La media está un poco por encima del cincuenta por ciento. En la mayoría de los casos tengo la impresión de que cuanto más sinceros y sensibles son los ejecutivos más conscientes son de que han vendido un número de acciones mayor de lo que les gustaría creer.

¿A quién le vendiste tus acciones y por qué?: Las respuestas varían. Una es "las vendí por aprobación o aceptación". Otra es "para evitar conflictos o castigos". Hay otras respuestas, entre ellas "amor", "dinero", "protección", "seguridad", "poder", "éxito", "control", "sentirme integrado", "sexo", "amistad". Una persona dijo, "he vendido acciones de mi empresa por acciones de las empresas de otras personas. ¡Creo que hemos intercambiado acciones!" Muchos participantes en el seminario se rieron y asintieron.

¿**Puedes volver a comprar tus acciones?**: Yo establezco unas reglas de juego que difieren un poco de las leyes de asociaciones. En el caso de la corporación humana si el Director original y dueño tiene al menos una acción de su compañía, tiene el poder de volver a comprar una parte, o la totalidad, de las acciones que vendió. Este es un privilegio especial que viene de nacimiento, lo mismo que tu derecho a vender acciones. ¿Qué te costará volver a comprar tus acciones? Tienes que pagar en la misma moneda en que las vendiste. Si vendiste acciones por aprobación tendrás que arriesgarte a que te retiren esa aprobación cuando las compres. Si las vendiste por amistad, te arriesgas a perder el "amigo".

¿**Quieres recuperar tus acciones?**: ¿Cuántas de las acciones que vendiste quieres recuperar? Si solo tienes una posición minoritaria, ¿cómo te sientes al respecto? Algunas personas se sienten bien porque les hace sentir menos responsabilidad por la situación de sus vidas. Francamente me doy cuenta de que yo también cedo a veces a la discutible lógica de este razonamiento y me parece que hace falta un poco de valor para admitirlo. Otros ni siquiera necesitan valor, simplemente no quieren la responsabilidad.

¿**Quién está en el Consejo de Administración?**: Sin embargo, la mayoría de las personas quieren volver a adquirir parte de sus acciones. Les sugiero que lo hagan en el próximo

Consejo de Administración. ¿Quiénes son los miembros del Consejo? Piensa si has organizado tu vida en departamentos, cada uno de los cuales tiene su propio director. Puede que haya un director de finanzas, de relaciones públicas, de asuntos familiares, de desarrollo profesional, ocio, religión, valores, servicio a la comunidad. ¿Tus padres están en el Consejo? ¿Tu jefe? ¿Tu esposa o pareja? Estos miembros del consejo puede que no siempre estén de acuerdo y algunos son más leales a los accionistas externos que a ti. Como Director tu trabajo es conseguir la mayor coherencia posible con tu visión y que el mayor número posible de departamentos actúen de forma sincronizada.

CELEBRANDO UNA REUNIÓN DEL CONSEJO DE ADMINISTRACIÓN: Los participantes del seminario tienen una hora para celebrar un imaginario consejo de administración. El Director toma todas las decisiones sobre lo que va a estar en el orden del día.

Entre los posibles puntos a tratar se encuentran:

- ¿Acciones? Posible decisión de volver a comprarlas.
- Gama de productos. ¿Cuáles hay ahora? ¿Algunos cambios?
- Declaración principal de objetivos. ¿Origen? ¿Se necesita alguna aclaración?
- Prioridades vitales
- Evaluación de la movilidad
- ¿Es necesaria alguna redefinición? ¿Identidad? ¿Trabajo? ¿Relaciones?
- ¿Algún asunto importante que se haya evitado hasta ahora?
- ¿Reuniones frecuentes del Consejo? Tiempo y programa para el próximo.

En los seminarios en los que he comparado el porcentaje de acciones antes de la reunión del consejo y una semana más tarde, se ha dado un aumento significativo del porcentaje de acciones que ha pasado a ser propiedad de los Directores. Suele ser normal pasar de menos del cincuenta por ciento a más del setenta. Este incremento se produce a pesar del hecho de que por lo general hay unas cuantas personas que al principio declararan tener más del ochenta por ciento de sus acciones, pero que después de examinar con más atención esta estimación lo rebajan considerablemente.

He visto a algunos ejecutivos cuyo reto más difícil era volver a comprar las acciones a miembros de su familia. E incluso algunos tenían la sensación de que muchas de sus Acciones les pertenecían a sus padres fallecidos. Otros las habían vendido a organizaciones, causas, o instituciones. No siempre resulta fácil volver a recuperar las acciones. Sin embargo vale la pena hacerlo por lo mucho que se gana en disminución del conflicto interno y aumento de la movilidad. Algunas personas me dijeron que no podían recordar haber pasado una hora solos "haciendo" algo. ¡Habían estado demasiado ocupados cuidando de sus accionistas! La reunión del cosejo fue una valiosa experiencia para reflexionar sobre lo que tenía una mayor importancia para ellos.

Hubo una directora ejecutiva de California que compartió conmigo los resultados de tomarse verdaderamente en serio este ejercicio. Durante la hora que duró la reunión del Consejo, llegó a la conclusión de que había demasiada gente pensando que tenía acciones en su compañía. Algunos eran familiares; otros compañeros de trabajo. Comprendió que tenía que volver a comprar una gran cantidad de acciones que ahora no le pertenecían y se pasó la mayor parte de un fin de semana simplemente decidiendo a quién le había vendido acciones y para qué, y cómo iba a hacerle llegar a cada accionista el mensaje de que ya no tenía derecho de voto. Comprendió que había una distinción muy importante entre el derecho a dar una opinión y el derecho a votar. También sabía que el tomar esta postura con sus antiguos accionistas podría dar lugar a reacciones de sorpresa. Especialmente en el caso de los miembros de su familia, sabía que podía esperar una resistencia inicial y, por consiguiente, que pusieran a prueba su nueva forma de proceder. Hablé con ella varias semanas más tarde, cuando estas conversaciones ya se habían llevado a cabo, para preguntarle qué tal fue todo. Me contestó que había sido una verdadera conmoción tanto para ella como para sus antiguos accionistas, pero que los resultados eran indiscutiblemente positivos. "Al final terminé sintiéndome mucho más respetada por mi marido y mis hijos y también por mi jefe en el trabajo, "dijo. "Lo irónico del caso es que les había vendido esas acciones sobre todo porque quería su aprobación. Yo pensaba que estaba poniendo en riesgo esa aprobación al quitarles a todos ellos su "derecho al voto". Ahora no solo he recuperado las acciones sino que me respetan más que nunca. Aparte de esto hay mucha menos confusión a la hora de tomar decisiones. Solo tengo que responder ante mí. Por supuesto que tengo en cuenta a los demás, y en realidad los tengo mucho más en cuenta que antes porque ahora sé que hacerlo estoy sirviendo a los intereses de mi compañía. Después de todo he llegado a la conclusión de que ¡el principal producto que produce mi compañía es amor!" Al oírla podía notar que se sentía muchísimo más libre, menos agobiada, y más entusiasta acerca de su vida.

RESUMEN: PIENSA COMO UN DIRECTOR GENERAL: Todos los STOPs tienen como propósito promover el pensamiento y la acción conscientes. Nos recuerdan que somos los directores generales de nuestra propia empresa y nos animan a pensar desde el punto de vista del ejecutivo. Los STOPs nos permiten recuperar la movilidad cuando la hemos perdido. En la medida en que una persona sea capaz de ver que verdaderamente es el director de su propia compañía le resultará más fácil ver a los

FICHA DEL EJERCICIO DE DIRECTOR GENERAL	En la analogía entre una empresa y el cuerpo humano del individuo, tú eres el Director General de una empresa dotada de extraordinarios recursos internos. Como tal te corresponde a ti exclusivamente el papel de decidir los objetivos, los productos y servicios, la política, los valores y las prioridades de esta corporación. Estas son algunas cuestiones a tener en cuenta. ¿Cuándo hiciste la última revisión de todos estos factores que se encuentran bajo tu control? ¿Sigues controlando todas las acciones de esta empresa? Si no, ¿qué necesitarías para recuperarlas? ¿Cuál es tu orden del día para tu próximo Consejo de Administración?

¿Cuál es tu **Declaración de Objetivos**? _____

¿Cuál es tu **Producto principal**? _____

¿Cuál es tu **Política** y tus **Valores**? _____

¿Cuáles son tus **Prioridades**? _____

Haz una lista de los **Recursos Internos** de tu compañía	**Propiedad** % de acciones pertenecientes a otros ___%		
	¿Por qué se vendieron las acciones?	Poseedor	Posee %
_____			
_____			
_____			
_____			
_____			
_____			
_____			
_____			
_____			
_____			

Fecha _____ y **Programa** de la próxima **Reunión del Consejo**

demás como iguales y respetar su soberanía como se merece. Ten cuidado con quienes quieren tener acciones de tu compañía dando poco o nada a cambio. Ten cuidado con el afán de compensar la pérdida de acciones esforzándote por ganar el control mayoritario de la compañía de otra persona. Las personas libres hacen acuerdos por interés mutuo; no se venden a sí mismas. Las personas libres no tienen necesidad de criticar o dominar a otras personas. Solo tienen la necesidad de proteger y preservar su propia e inherente libertad y su movilidad.

El punto para empezar y la base fundamental del Juego Interior es "aprender a aprender". La segunda base es "pensar por sí mismo". Dudo que sea posible lograr la capacidad de aprender y crecer sin antes poseer la capacidad de pensar de forma independiente. Juntas, ambas bases constituyen los cimientos sobre los que se apoya la movilidad para conseguir nuestras propias metas sabiendo que realmente son nuestras.

9

EL COACHING

El coaching es un arte que debe ser aprendido principalmente a través de la experiencia. De acuerdo con el enfoque del Juego Interior, el coaching puede definirse como la facilitación de la movilidad. Es el arte de crear un entorno, a través de la conversación y de una manera de ser, que facilita el proceso por el cual una persona puede avanzar de forma satisfactoria en pos de los objetivos deseados. Para ello es necesario un ingrediente esencial que nadie puede enseñarnos: que además de preocuparte por obtener buenos resultados con la sesión, te importe de verdad la persona que está recibiendo el coaching.

El Juego Interior nació dentro del contexto del coaching, sin embargo tiene que ver exclusivamente con el aprendizaje. Las dos cosas van juntas. El coach facilita el aprendizaje. El papel y las prácticas del coach se establecieron primero en el mundo del deporte y con el tiempo han demostrado ser indispensables a la hora de conseguir que tanto individuos como equipos den lo mejor de sí. Naturalmente los directivos, al apreciar el elevado nivel de rendimiento de dichos individuos y equipos tratan de emular lo que proporciona el coaching.

La misión del coach no es resolver problemas. Tuve que aprender cómo enseñar menos, para que se pudiera aprender más. Y esto mismo se puede aplicar al coaching en los negocios.

¿A quién pertenece el problema?

Uno de los primeros ejercicios que doy en los seminarios de coaching para directivos trata esta cuestión. En grupos de tres, un directivo hace el papel de coach, otro el de cliente y un tercero observa el diálogo. Se le pregunta al cliente si hay algún problema, técnica u objetivo sobre los que les gustaría recibir coaching. El observador tiene que fijarse en una variable específica e informar sobre ella.

Durante los primeros minutos de conversación la persona que recibe el coaching (el cliente) suele estar muy animada, esforzándose en proporcionarle al coach toda la información relevante sobre el problema que quiere tratar. En esos momentos el coach se encuentra en la actitud de escucha. Luego, al llegar a cierto punto, se da un cambio brusco en la postura corporal de ambas personas. El cliente se echa hacia atrás, como aliviado por haber contado su problema, y el coach empieza hablar, por lo general esforzándose por ofrecer ideas o soluciones al problema. Normalmente el cliente deja que el coach haga su trabajo, emitiendo cada cierto tiempo interjecciones dirigidas a mostrar por qué no va a funcionar la solución que se le está proponiendo.

A la tercera persona simplemente se le ha pedido que se fije en cuándo (en caso de que esto ocurra) se produce un "traspaso de propiedad" del problema de una persona a la otra.

En la gran mayoría de los casos su información confirma que tras unos pocos minutos el cliente ha conseguido pasarle el problema al coach, que se echa sobre los hombros prácticamente toda la carga de resolverlo.

La mayoría de nosotros aprendimos este modelo de solución de problemas a muy temprana edad. Probablemente nuestros padres, ansiosos por ser "buenos padres", resolvieron la mayoría de los problemas que nos debían haber dejado que solucionáramos nosotros para de esta forma ganar habilidad y confianza en nosotros mismos. Llegamos a esperar este tipo de ayuda por parte de nuestros padres, y también por parte del coach. Puede que así obtengamos una respuesta pero no desarrollaremos una aptitud de confianza en nosotros mismos para enfrentarnos con problemas similares en el futuro. A cambio, intentamos validarnos como padres y coaches resolviendo los problemas de nuestros hijos o nuestros clientes.

Aprendí esta lección un par de veces con mi hija, Stephanie. La primera cuando tenía doce años y vino a que le ayudara con un problema de álgebra. Empezó diciéndome:

—No entiendo cómo hacer este tipo de problema —y arrojó su libro sobre la mesa del comedor.

—¿Qué es lo que no entiendes? —le pregunté.

—No entiendo nada —contestó, dejando claro que esperaba que el problema se lo resolviera yo.

Era un problema en el que había que averiguar qué distancia puede recorrer un bote por un río en un periodo de tiempo determinado. Logrando imponerse a la parte de mí que quería ver si todavía era capaz de hacer operaciones aritméticas, el coach que llevo dentro tomó un enfoque distinto.

—Para saber que es el tipo de problema que no entiendes, tienes que haber reconocido alguna característica en este problema.

—Sí, es uno de esos problemas que estudié que tienen que ver con distancia, velocidad y tiempo. Pero no pude seguir las explicaciones de la profesora cuando los explicó. Hay un tipo de fórmula que se supone que tenemos que usar, lo que pasa es que no puedo acordarme de cuál es.

—¿Te acuerdas de algún detalle?

—Sí, es muy corta.

—¿Cómo de corta?

—Pues, creo que de verdad es muy corta. Me parece que solo tiene tres letras. Creo que es *d* para distancia y algo para la velocidad del bote y luego *t* para tiempo, pero no sé el orden correcto de las tres cosas en esa ecuación.

Estaba empezando a darse cuenta de que sabía más de lo que creía. Pero la verdad es que no recordaba el orden, ni tampoco tenía los conocimientos para averiguarlo. Estaba empezando a impacientarse. Yo entendía el problema y quería ayudarla, pero lo retrasé un poco más.

—Tú sabías otra cosa más —le dije—. Tú sabías que yo podía ayudarte a resolver el problema. Y te lo explicaré con una condición. ¿Qué harías si yo no estuviera aquí? ¿Qué es lo que harías entonces? Si eres capaz de decirme tres maneras más en las que puedes descubrir cómo hacer este problema, te enseñaré. —Sabía que esto le iba a doler y que iba a pensar que lo hacía para fastidiarla.

—Bueno, siempre podría llamar a Susan o a Teddy, que son unos cerebros. De manera que ya tengo dos. Me imagino que, como último recurso siempre podría intentar leerme el capítulo siete del libro. Sé que la solución está por allí, en alguna parte. ¡Y eso hace tres!

Se lograron varias cosas. Stephanie consiguió que le solucionaran su problema. En el proceso reconoció que sabía muchísimo más de lo que creía y se vio capaz de encontrar por sí

EL COACHING

misma la solución. Puede que toda esta conversación me llevara
más tiempo que si simplemente me hubiera puesto a resolver-
le el problema, pero me ahorré muchas horas solucionándole
problemas de álgebra en el futuro. A partir de entonces cuando
me pedía ayuda, decía:

—Mira, esto es lo que sé y esto es lo que no sé, y esto es lo
que puedo averiguar. Pero como estás aquí me gustaría que me
ayudaras. —Y normalmente le ayudaba con gusto.

Estas lecciones tan sencillas por lo general hay que apren-
derlas más de una vez, y me refiero a ambas partes. Diez años
más tarde, Stephanie tuvo algunas dificultades con su primer
trabajo fuera de casa. Estaba preparándose para el Examen Estatal de Bienes Raíces que tenía lugar en Phoenix y trabajaba
por las tardes en un restaurante como recepcionista y camarera. Llamó llorando y diciendo que iba a tener que dejar el restaurante porque no podía hacer frente a todas las obligaciones
que tenía en su trabajo. Aparte de esto también estaba empezando a dudar que pudiera aprobar el examen.

Como es natural oírla me puso en estado de alerta. No
quería que abandonara y se quedara sin trabajo. Estaba pensando como padre, no como coach. La escuché describirme sus
dificultades, que en sus palabras sonaban totalmente insupera-
bles. Describió alrededor de cinco tareas con las que tenía problemas, entre ellas usar la caja registradora y una calculadora,
y distinguir entre la tarta de limón y la de natillas ya que ambas
tenían el mismo aderezo de nata montada. Con frecuencia le
pedían todo esto al mismo tiempo y ella se abrumaba.

"Pero soy un profesional; debería ser capaz de arreglar
esto", pensé, e inmediatamente empecé a pensar en posibles
soluciones. Cada vez que empezaba a exponerle alguna de mis
brillantes sugerencias ella me salía con una razón igualmente
brillante que explicaba por qué no podía funcionar. Parecía tan

decidida a no encontrar respuestas como lo estaba yo a ofre-
cérselas. La competición siguió durante un tiempo sin que ninguno de los dos diera su brazo a torcer, hasta que terminamos
agotados y listos para irnos a la cama.

Me sentía totalmente desanimado cuando colgué el teléfono. Había sido incapaz de ayudarla como padre y como coach.
Estuve despierto durante horas pensando en cómo podía haber
hecho las cosas de manera diferente. Finalmente, cuando ya estaba a punto de darme por vencido, un pensamiento simple y
obvio se cruzó por mi mente como una revelación. "Este no es
mi problema. Es su problema". Podía escuchar al Yo 1 diciéndome que era manera muy cruel de pensar. "Después de todo
es tu hija y se supone que deberías ayudarla". Pero dejé de pensar en ello, me relajé y finalmente me dormí.

A la mañana siguiente me levanté pensando más como un
coach. Sabía que ella podía solucionar su problema y que solo
necesitaba saber que yo creía en ella (sin decírselo, por supuesto). La llamé y le pedí que puntuara su nivel de habilidad en
cada una de las cinco tareas en una escala de uno a diez, usando siete como un nivel satisfactorio para su jefe. Sus respuestas
fueron tres en la caja registradora, cuatro en la calculadora, cinco en las tartas, y siete en las dos tareas restantes.

—¿Tienes alguna idea de qué necesitarías para convertir
el cuatro de la caja registradora en un siete o en algo mejor?

—Bueno, hay una caja que no se está usando en el restaurante. Si pudiera conseguir que me permitieran llevármela
a casa... y si pudiera conseguir que otra camarera me ayudara
con ella... me imagino que en una semana podría llegar al siete.

Fue repasando las demás tareas de una manera similar. Yo
lo único que decía eran cosas como "¿Y las tartas?" o "¿Cuánto tiempo te llevaría?" o "¿Te parece que eso funcionaría?"
De hecho, dije tan poco durante toda la conversación que se

dio cuenta de que ella estaba haciendo todo el trabajo, y cuando nos despedimos ni siquiera dijo "Gracias". Yo me lo tomé como una señal de que habíamos tenido una buena sesión de coaching. No volví a saber de ella durante algunas semanas, cuando me llamó para decirme que había pasado el examen y que iba a dejar el restaurante para empezar a trabajar con una compañía inmobiliaria.

Aunque esto parece un ejemplo muy simple y ciertamente no requirió de ningún coaching sofisticado nos indica la notoria diferencia que existe cuando la persona que tiene el problema se hace cargo de él y le hacemos ver que es capaz de resolverlo por sí misma y cuenta con los recursos necesarios para ello. A veces la diferencia entre estar estancado y encontrar la movilidad es tan simple como cambiar el punto de vista. Lo que en palabras de Alan Kay equivale como mínimo a ochenta puntos de cociente intelectual. Si el coach puede contribuir positivamente a ese cambio de punto de vista, solamente con eso ya se ha conseguido mucho.

Por tanto, ayudar al cliente a encontrar la movilidad para avanzar hacia la consecución de los resultados que desea no consiste en resolver problemas ni en hacerle sugerencias de tipo correctivo. Tampoco es lo mismo que consultoría. No se trata de que un experto nos dé consejos sobre cómo hacer las cosas. En los deportes, el coach no está en el campo de juego con los jugadores. No puede lanzar el balón. Hace su trabajo sin intervenir en el juego. El resultado de este coaching es que el equipo rinde y aprende usando todo su potencial. Tiene que ver con dejar que el equipo tenga éxito y tener la seguridad de que podrá seguir teniéndolo en el futuro.

COACHING: FISGANDO EN EL INTERIOR DE UN PROCESO DE PENSAMIENTO AJENO. Cuando entiendes que el trabajo del coach no es resolver problemas, suele surgir la cuestión, "Bueno, ¿cuál es mi trabajo entonces? ¿Sólo escuchar?" Sí, la mayor parte del trabajo del coach es escuchar bien, pero eso implica más cosas. El coaching efectivo en el puesto de trabajo sirve para colocar un espejo delante de los clientes, y hacerles ver su *proceso de pensamiento*. Como coach, más que escuchar el contenido de lo que se dice escucho la *manera* en que están pensando. Entre otras cosas, me fijo en dónde tienen enfocada su atención y cómo definen los elementos clave de la situación. Por ejemplo, la pregunta "¿Cuáles crees que serán las consecuencias de la acción o decisión sugerida?" no tiene que ver con el contenido pero puede influir decisivamente en cómo uno piensa.

Con frecuencia cuando estoy haciendo coaching, dejo que el cliente sepa desde un principio que mi papel no consiste en asesorarlo o darle consejos y que por tanto no necesito ninguna información detallada del problema que estamos tratando. Simplemente le pido a la persona que empiece a pensar en voz alta sobre el problema y me permita "fisgar" en su proceso de pensamiento. Le hago preguntas o comentarios encaminados a ayudarle a clarificar o hacer avanzar su pensamiento. Esto alivia al cliente de la carga de contarle al coach todos los detalles y, más importante, no se produce ese "traspaso" al coach de la responsabilidad de solucionar el problema. El cliente tan solo empieza a pensar en voz alta y el trabajo del coach es ayudar a la persona a ganar movilidad hacia el objetivo deseado. Una vez que esto queda perfectamente claro entre el cliente y el coach, el diálogo para conseguir la movilidad puede llevarse a cabo en una fracción del tiempo que tomaría usando el modelo tradicional de coach como solucionador de problemas.

La trasposición: herramienta principal del coaching

En los numerosos seminarios de coaching que doy a los directivos de empresa suelo comenzar con otra herramienta sencilla pero poderosa que me enseñó AE. La herramienta es una ayuda para la comunicación en general. Se basa en la premisa de que en cualquier comunicación lo que escucha el oyente tiene más importancia que lo que dice su interlocutor y que normalmente existe una gran diferencia entre ambos mensajes. Si el interlocutor es capaz de anticipar cómo interpretará su mensaje el oyente será más fácil para él hacerle llegar lo que realmente quiere transmitir.

Por medio del siguiente ejercicio les enseño a los directivos cómo usar la herramienta de la trasposición:

—Piensen en alguna persona a quien pudiera beneficiarle el coaching. Puede ser un subordinado, un familiar o un amigo.

»Imaginen que esa persona acaba de recibir una invitación para tener una sesión de coaching y se está preguntando qué pasará.

»Pónganse dentro de los zapatos de esa persona y háganse las siguientes preguntas: "¿Qué estoy pensando? ¿Qué estoy sintiendo? ¿Qué quiero?".

La mayoría de los directivos llega a la conclusión de que las personas que van a recibir coaching están pensando más o menos lo mismo: "Estoy pensando... Me pregunto qué es lo que hice mal... cuál es el problema. Siento... ansiedad, estoy a la defensiva, enfadado, avergonzado. Quiero... que la entrevista dure lo menos posible y salir de ella con toda la dignidad que sea posible".

Luego pregunto:

—Una vez que la persona se ponga a pensar sobre qué errores o faltas podrían ser el objeto de la sesión de coaching, en qué empezará a pensar?

Todo el mundo estaba de acuerdo. Habría excusas, coartadas o se buscaría a alguien para echarle la culpa.

El ejercicio de trasposición revela dos cosas. Primero, si en el entorno de trabajo la opinión generalizada es que el coaching es una técnica que se usa para ayudarte cuando haces mal las cosas, el diálogo interior del cliente estará lleno de miedo a que lo juzguen y se pondrá a la defensiva haciendo que la movilidad sea prácticamente imposible de conseguir. Con un diálogo interno así en el cliente, el coach tendría que ser un genio para ser efectivo. Segundo, la trasposición funciona. Yo creo -y cualquiera estará de acuerdo- que antes de usar y abusar de la palabra *coaching* en el entorno empresarial sería una buena idea redefinirla. La mayoría de los deportistas está deseando recibir sesiones de *coaching* mientras que la mayoría de la gente en el mundo de los negocios trata de evitarlo. Con tu ejemplo puedes mostrarles a otras personas que usas la palabra *coaching* de una forma muy diferente.

La capacidad de ponerse en el lugar de otra persona o equipo es quizá la habilidad fundamental del coach. No significa necesariamente que estés de acuerdo con el punto de vista de la otra persona, pero aprendes todo lo posible sobre la manera en que piensa y siente. Es como ese dicho de no juzgar a una persona hasta no haber caminado una milla con sus mocasines.

En realidad el Juego Interior surgió de mi esfuerzo por tratar de ponerme en el lugar de los jugadores de tenis a los que estaba enseñando, antes de ni siquiera saber que aquello podía ser una herramienta. La cuestión primordial que me planteaba era "¿Qué estará pensando el jugador mientras viene la pelota?" Conforme trataba de imaginármelo me di cuenta de que había una gran cantidad de pensamientos y sensaciones que se interponían y no le dejaban ver la pelota con claridad ni golpearla bien. Sonaba a algo así: "Estoy pensando... Aquí viene una difícil... Tengo que ponerme en posición... llevar atrás la raqueta cuanto antes... la mandaré cruzada... la lanzaré muy por arriba de la red... tengo que asegurarme de que cuando le doy mi peso esté apoyado en el pie adelantado ... Ese viento está soplando bastante fuerte... La última vez que fallé un golpe como este, el entrenador dijo que debería haberle dado antes a la pelota y prestar atención... Si esta entra, ganaré el juego... Guau, esa pelota viene con más efecto de lo que pensaba... mejor retrocedo..".

"Siento... aprensión, incertidumbre... dudo que realmente vaya a lograrlo, que pueda acordarme de todo lo que tengo que hacer... Espero que pueda colocarle esta y me temo que no lo haré... Tengo miedo de perder el juego y el partido... Estoy decidido a hacerlo todo "bien".

"Quiero... hacerlo lo mejor que pueda... ganar... dar un buen golpe... vencer a mi adversario... hacerlo bien... demostrarme lo que valgo y demostrárselo a los demás... no quedar en ridículo... quedar bien... tener una buena historia que contar... sentirme como me sentí cuando gané el invierno pasado... evitar repetir el error que cometí la última vez que tuve un saque como este... para complacer a mi entrenador".

También comprendí que mis instrucciones y criticas al jugador contribuían a que, mientras se acercaba la pelota, dudara todavía más de sí de lo que ya lo hacía y fuera aun más crítico consigo mismo. Con esta manera de proceder en absoluto iba a conseguir que el jugador rindiera a tope de sus posibilidades.

Fue al hacer la trasposición y conocer el diálogo interno del jugador, al tiempo que observaba su comportamiento y sus golpes, cuando por fin comprendí que tenía que cambiar la manera en que entrenaba. Como resultado aprendí a entrenar sin hacer críticas y prácticamente sin instrucciones técnicas. Que el cambio de posición estaba mejorando mi comunicación con los jugadores era evidente no solo en la velocidad con que aprendían sino en lo agradable y relajante que resultaba el proceso.

Usar la herramienta de la trasposición le permite al coach tener una visión más completa de los tres niveles fundamentales de la otra persona: pensamiento, sentimiento y voluntad. Sin embargo es importante recordar que, como mucho, estás haciendo suposiciones más o menos acertadas sobre lo que la otra persona piensa o siente. Es importante que te mantengas abierto a nuevas impresiones e información, y que estés siempre dispuesto a ajustar tu imagen de la realidad de la otra persona. El propósito de hacer un intercambio de posición no es solo tener nuevas ideas sino ser más eficaz a la hora de comunicarte. He descubierto que me resulta de gran ayuda intentar prever cómo podría malinterpretarse mi mensaje y expresarlo de una manera que resulte lo más clara posible.

La trasposición funciona en la mayoría de las relaciones y beneficia a ambas partes por igual:

Padre ←→ hijo
Esposa ←→ marido
Maestro ←→ estudiante
Vendedor ←→ cliente
Directivo ←→ jefe
Jefe ←→ subordinado
Jugador de un equipo ←→ Jugador de un equipo
Oponente ←→ oponente
Competidor ←→ competidor
Amigo ←→ amigo

Médico ←→ paciente
Negociador ←→ negociador
Conferenciante ←→ público
Escritor ←→ lector

USANDO LA TRASPOSICIÓN PARA DESCUBRIR UN PROBLEMA OCULTO: El equipo de marketing de una sucursal de Coca-Cola diseñó una nueva estrategia de marketing y la presentó a su equipo nacional de ejecutivos de ventas. Implicaba un cambio considerable en la forma de vender sus productos y servicios. Como es habitual se empleó una gran cantidad de dinero, tiempo y esfuerzo para hacer una presentación verdaderamente impactante. El evento tuvo un enorme éxito ya que consiguieron "venderles" el nuevo plan a los ejecutivos de ventas sin que opusieran mucha resistencia.

Sin embargo, tres meses más tarde, cuando revisaban los resultados del nuevo plan, se quedaron estupefactos al ver que, con poquísimas excepciones, los ejecutivos de ventas no estaban siguiéndolo. Los ejecutivos dieron varias razones para explicar por qué no lo hacían y mencionaron planes para poner en práctica la nueva estrategia en el futuro. Pero todos y cada uno de estos ejecutivos le habían dicho antes al equipo de marketing que la estrategia tenía sentido y que podían entender su lógica. El equipo de marketing se sentía frustrado. Querían informar a sus superiores que el nuevo plan se había puesto en práctica con éxito.

Me llamaron para dar unas sesiones de coaching. Me describieron su situación con unas cuantas frases.

—Los ejecutivos de ventas estaban completamente convencidos de la utilidad de nuestro plan sin embargo no lo están llevando a cabo, y la verdad es que no sabemos por qué. Cuando les preguntamos nos dicen que creen en el plan y que lo pondrán en práctica cuanto antes. No sabemos qué es lo que podemos hacer, como no sea uno de esos "programas de ejecución", que cuestan muchísimo dinero, tiempo y empeño.

Seguramente querían que yo les diera la solución, pero no tenía ninguna. Le hice una pregunta al equipo de marketing:

—¿Se han puesto ustedes en el lugar de los ejecutivos de ventas?

Conocían la herramienta, el intercambio de posición, pero no la habían usado. Primero hicieron el intercambio de forma individual, tomando notas, y después las compartieron con el equipo. En el primer nivel había un acuerdo general en "¿Qué estoy pensando?" Todos creían que los ejecutivos de ventas estaban totalmente convencidos del valor del plan. Me miraban como diciendo que no estaban avanzando nada.

Luego dieron el siguiente paso: "¿Qué estoy sintiendo?" De nuevo había un acuerdo general, pero esta vez acompañado de un gran "ajá". El punto principal era "Me da miedo intentar algo nuevo... Me da miedo poner en peligro todas las antiguas relaciones y clientes que he ido creando durante años... Me da miedo no ser capaz de conseguir las mismas cifras si lo hago de esta forma". Los gerentes de marketing se quedaron asombrados de no haberse dado cuenta de esto antes. Les animé a que siguieran avanzando en el nivel de las emociones y se centraran ahora en cómo se sentirían los ejecutivos de ventas con respecto al equipo de marketing. La respuesta fue unánime:

—Tenemos miedo de confesarles que tenemos miedo.

Cuando les pedí que completaran la trasposición con "¿Qué quiero?" la respuesta fue una vez más bastante unánime:

—Queremos continuar haciendo las cosas como antes y hacerles creer a los chicos del marketing que estamos de acuerdo con su programa y que nos estamos preparando para ponerlo en práctica.

—Entonces, ¿cómo ven el problema ahora? –pregunté.

—Tenemos dos problemas. El primero es cómo ayudar a los ejecutivos de ventas a sentirse más seguros de que tendrán éxito con el nuevo plan. El segundo es cómo cambiar el entorno actual para que los ejecutivos de ventas se sientan lo bastante seguros para decirnos lo que de verdad piensan –fue la respuesta. Convinieron en que el segundo problema era más difícil pero también más importante a la larga y en el futuro podría evitarles muchos errores y mucho gasto de energía.

Solucionaron el primer problema por sí mismos en cinco minutos. No fue tan difícil una vez que lo vieron. El simple hecho de que se dieran cuenta de la existencia del segundo problema era un gran paso adelante dentro de esa mentalidad de trabajo en la que nadie se atrevía a expresar dudas sobre su capacidad. La sesión completa duró menos de hora y media e hizo que cambiaran por completo de dirección. En lugar de enfrentarse a la tarea de la "vigilancia del cumplimiento", el equipo de marketing se embarcó en el proceso de eliminar los obstáculos de comunicación entre los diferentes niveles del equipo de marketing.

Como suele suceder en este tipo de coaching, el coach apenas habló mientras que el equipo, en un tiempo muy corto, hizo muchas cosas. El resultado fue que mejoró la movilidad.

El coaching como diálogo para la movilidad

En el Juego Interior resulta esencial que el coach trate de ver desde el punto de vista de la persona que está recibiendo el coaching. Aprendiendo a escuchar sin juzgar el coach aprende los elementos más importantes del oficio. Aprender a hacer preguntas que ayuden a los clientes a ver cada vez más cosas de sí mismos es el resultado natural de este tipo de escucha. Las preguntas del coach están encaminadas a descubrir información, no con el propósito de recomendar soluciones, sino con el de ayudar a los clientes a pensar por sí mismos y encontrar sus propias soluciones. El resultado ideal de cada conversación de coaching es que el cliente termine sintiendo una mayor capacidad de movilidad.

El coaching del Juego Interior puede dividirse en tres clases de diálogos: un diálogo para la conciencia (conseguir la imagen más clara posible de la realidad actual), un diálogo para la elección (conseguir la imagen más clara posible del resultado deseado), y un diálogo para la confianza (en el que el cliente accede a sus recursos internos y externos para moverse desde su realidad actual hasta el futuro deseado). Estos principios, conciencia, elección y confianza son los mismos que proporcionan las bases para el aprendizaje y para concentrar la atención. En el curso de cualquiera de estos diálogos están presentes los tres elementos, conciencia, elección y confianza, aunque puede darse más énfasis en alguno de ellos.

EL DIÁLOGO PARA INCREMENTAR LA CONCIENCIA: El propósito de este diálogo es ayudar a la persona o equipo que está recibiendo el coaching (el cliente) a incrementar su conciencia de lo que hay: por ejemplo, los aspectos importantes de la realidad de ese preciso momento. El coach escucha aquello que destaca el cliente al examinar la situación presente y también lo que no destaca. Usando preguntas o comentarios que enfocan la atención del cliente, el coach puede hacer que la realidad actual se vuelva más visible y clara. Es como encender los faros de un vehículo y limpiar el parabrisas. Recuerda, tomar conciencia es en sí mismo curativo. La primera herramienta es enfocar la atención en las variables clave.

El coach puede empezar con una pregunta muy general, como "¿Qué sucede?" y luego ir limitando el campo de observación. "¿Qué observas en el cliente mientras le estás presentando los beneficios de tu producto/servicio?" "¿Observaste algo en particular en la expresión de su rostro o en su lenguaje corporal?" "¿Cómo sabías cuando estaba siendo receptivo a lo que le decías o cuando estabas enfrentándote a alguna resistencia?" "¿Tú qué haces cuando notas esa resistencia?" Estas preguntas se deben hacer en un contexto exento de crítica, de lo contrario provocarán que el cliente reaccione poniéndose a la defensiva, no un incremento en su toma de conciencia. Para tener efecto, las preguntas sobre conciencia no requieren respuestas. Los clientes expresan su nivel de conciencia tal y como es. El grado de conciencia señala si se debería prestar más atención a la variable o no. Como resultado de este diálogo tanto el cliente como el coach se hacen más conscientes del nivel de conciencia del cliente. Por lo general la semilla de cada pregunta se encuentra dentro de la pregunta anterior. En el proceso el cliente se vuelve automáticamente más consciente de cómo dirigir la atención en la próxima experiencia. Como sucede en todos los diálogos de coaching la cuestión principal es simplemente que tanto el cliente como el coach se vuelvan más conscientes y con más capacidad de movilidad.

Lo que viene a continuación son algunas de las preguntas abiertas que se usan en las primeras fases del diálogo para incrementar la conciencia:

- ¿Qué sucede?
- ¿Qué destacarías?
- ¿Qué es lo que notas cuando miras a X?
- ¿Cómo te sientes ante esta situación?

- ¿Qué es lo que entiendes sobre X? ¿Qué es lo que no entiendes?
- ¿Cómo te enfrentarías al problema de fondo?
- ¿Cómo definirías la tarea?
- ¿Cuáles son las variables clave de esta situación?
- ¿Cómo se relacionan entre sí?
- ¿Qué consecuencias prevés para X?
- ¿Qué normas y plazos has aceptado para esta tarea?
- ¿Qué ha funcionado? ¿Qué no ha funcionado?

EL DIÁLOGO PARA LA ELECCIÓN: El propósito primordial de este diálogo es recordarles a los clientes que son móviles, que tienen la capacidad de elegir y moverse en la dirección de los resultados que pretenden obtener. Si el diálogo para la conciencia empieza con la pregunta básica "¿Qué sucede?", el diálogo para la elección hace la pregunta fundamental "¿Qué quieres?" La conciencia se refiere al presente; la elección tiene que ver con el estado deseado en el futuro.

El coach se ha comprometido a ayudar al cliente a establecer su verdadero compromiso. A veces esto significa creer en un nivel de resultados que está muy por encima del que el cliente exhibe en el momento actual. Parte del arte del coaching es ser capaz de ver el compromiso de fondo del Yo 2 y no dejarse convencer por la limitada noción del Yo 1 sobre lo que es posible. Sin embargo no es solo cuestión de situar el listón más arriba indiscriminadamente. Uno puede colocar ese listón tan alto que se convierte en un obstáculo para el Yo 2 en lugar de en un reconocimiento de sus verdaderas capacidades.

El coach hace preguntas que ayudan al cliente a obtener una imagen lo más clara posible de lo que quiere hacer. Para contestar esas preguntas el cliente tiene que dar, figuradamente, un paso atrás, y plantearse el propósito que le impulsa a perseguir un determinado objetivo, no solo el objetivo en sí. En este diálogo el cliente genera y compara, reflexiona sobre las consecuencias, y establece compromisos. Además de todo esto es un buen momento para considerar los deseos contradictorios que hay que resolver antes de obtener una verdadera movilidad.

Alguna de las preguntas más comunes que se usan en el diálogo para la elección son las siguientes:

- ¿Qué es lo que de verdad quieres?
- ¿Qué quieres conseguir?
- ¿Cuáles son los beneficios de x?
- ¿Cuál sería el coste de no conseguir x?
- ¿Cómo ves la situación de y dentro de semanas, meses y años?
- ¿Qué es lo que no te gusta de esos propósitos?
- ¿Qué medios te parecen satisfactorios para alcanzarlos?
- ¿Qué cambios te gustaría hacer?
- ¿Cuál es tu sensación predominante ante esta situación?
- ¿Cómo te estás comportando o qué estás haciendo para esto?
- ¿Cómo encaja esto dentro de tus prioridades actuales?
- ¿Este curso de acción te produce conflictos?
- ¿Qué significaría para ti tener éxito en este cometido?
- ¿Qué otras posibilidades alternativas podrías plantearte?

Y una de las preguntas que más uso conmigo mismo y con los clientes es:

- ¿Por qué te gustaría hacer esto?

Creo que el diálogo para la elección es muy útil para distinguir entre los deseos del Yo 2 del cliente y las numerosas "expectativas ajenas" que hemos absorbido en nuestro Yo 1. Esto permite a los clientes hacer elecciones para moverse en sintonía con sus propios objetivos y tener así ocasión de lograr la verdadera movilidad. Los clientes suelen definir la palabra *compromiso* como obligación: un compromiso con los demás que no tiene conexión con su compromiso consigo mismos. En realidad la verdadera movilidad solo se puede conseguir cuando el compromiso de una persona con los demás tiene conexión con su compromiso consigo mismo y se deriva de él. Esto les resulta particularmente difícil a quienes trabajan en el entorno empresarial. Pero si el cliente logra alcanzar este tipo de alineación de objetivos, se genera una motivación equilibrada que, a la hora de enfrentarse a un gran desafío, puede proporcionarle la energía y claridad necesaria para superar cualquier obstáculo.

EL DIÁLOGO PARA LA CONFIANZA: Quizá el resultado más importante de cualquier diálogo de coaching sea que los clientes terminan sintiéndose respetados, valiosos y capaces de avanzar. Esa confianza básica en sí mismo y en sus capacidades es lo que le hace creer a la persona que puede lograr movilidad. El cliente se siente con recursos, es capaz, por ejemplo, de acceder a los recursos, tanto internos como externos, necesarios para alcanzar su meta. El coach no mina la confianza del cliente dándole inapropiadamente las respuestas que él mismo podría encontrar, solucionándole sus problemas, o juzgándolo.

Continuando con la imagen del auto como metáfora de la movilidad, la *conciencia* sería los faros que permiten la visión; la *elección* sería el volante, y el *deseo* el combustible. El cliente, lo mismo que el conductor, tiene todos los recursos internos de un ser humano: entre ellos la capacidad de aprender y confiar, que es la clave de acceso a estos recursos.

Al ser la confianza en sí mismo un atributo natural de todos los niños, el trabajo del coach consiste en ayudar al cliente a *desaprender* las dudas, miedos y presunciones limitadoras que inevitablemente van acumulándose con los años. El diálogo de coaching para la confianza es quizá el que exige más delicadeza, y dentro del Juego Interior juega un papel fundamental. En este diálogo se minimiza la autointerferencia y se incrementa el reconocimiento y la confianza en la propia capacidad.

EL DIÁLOGO PARA LA CONFIANZA REQUIERE UN DESAPRENDIZAJE DE OBSTÁCULOS INTERNOS: Creo que lo mejor es que el diálogo para la confianza lo dirija un coach que esté familiarizado con sus propios obstáculos internos y que haya progresado enormemente en superarlos. No creo que Babe Ruth, por ejemplo, hubiera sido un buen entrenador de beisbol. Diría algo así:

—Cuando veas que la pelota viene hacia ti, extiende los brazos al máximo y batéala más allá de la cerca. Eso es lo que yo hago.

Tener una capacidad natural es una cosa, tener experiencia en superar las dudas y los miedos que nos impiden acceder a nuestra propia capacidad es otra.

La originalidad del coach del Juego Interior consiste en que es capaz de crear un entorno que minimiza la interferencia con el potencial. Con frecuencia lo que crea este entorno no es lo que se dice, sino lo que *no* se dice. No son las críticas, ni un exceso de instrucciones o control por parte del coach lo que hace que el cliente comprenda que su vida está en sus propias manos y que tiene más capacidad e inteligencia de lo que el Yo 1 le ha permitido comprender.

No existe una fórmula única para aprender esta aptitud como coach. Es la consecuencia natural de enfrentarse a los propios obstáculos y luego aprender a ponerse en el lugar del cliente. Quizá el mayor beneficio que el coach del Juego Interior aporta al diálogo es creer en los clientes más de lo que ellos creen en sí mismos. Y tener esa confianza en el cliente solo puede conseguirse después de haber aprendido a tener una confianza cada vez más profunda en sí mismo. Sé que en mi caso, mi confianza en mí mismo se vio seriamente dañada por muchos factores durante mi niñez, que me llevaron a creer prácticamente en cualquier cosa menos en mí. Fue solo gracias a la inmensa suerte de encontrarme con magníficos coaches, entre ellos AE, que poco a poco fui capaz de reconocer la necesidad de creer en lo que he dado en llamar el Yo 2. Aunque la mayoría de mis coaches no se consideraban a sí mismos coaches, los mejores tenían esto en común: me hacían creer en mí, en mi valor y en mis capacidades, especialmente en la capacidad de aprender.

A continuación hay unas cuantas preguntas que pueden serle útiles a un coach en el diálogo para la confianza:

- Si pudieras hacerla de la manera que quisieras, ¿cómo realizarías tu tarea?
- ¿Cuándo has tenido éxito en un problema parecido a este?
- En tus mejores momentos, ¿qué cualidades, atributos y capacidades aportas a la situación?
- Un reconocimiento directo por parte del coach de algunas de las cualidades, atributos o capacidades de su cliente.
- ¿Dónde podrías encontrar la ayuda que necesitas para realizar esta tarea?
- ¿Cuál es el aspecto más difícil de dicha tarea?
- ¿Cómo ves esta situación?

- ¿Cuáles son los primeros pasos que ves?
- ¿Hasta qué punto te sientes cómodo (seguro) al pensar en hacer *x*?
- ¿Qué haría falta para que te sintieras más cómodo?
- ¿Qué es lo que más te gustó de la manera en que realizaste esta tarea?

Uno de los mayores problemas a los que se enfrentan los entornos laborales actuales es la pérdida de la confianza en el individuo. Cuando uno no puede creer en sí mismo o en el entorno en que está le resulta difícil reconocer su verdadera capacidad o las limitaciones que tiene en el momento. En vez de eso la persona termina aceptando tareas que a menudo están por encima de sus posibilidades como individuo o como equipo sin que nadie tenga la suficiente confianza en sí mismo para decirlo. ¿Cuántas veces crees que oirás a alguien decir, "creo que esto está por encima de mi capacidad actual", o simplemente, "no sé cómo hacer eso", dentro de un entorno empresarial? Sin embargo, solo cuando somos capaces de estimar adecuadamente nuestra capacidad, sin la duda del Yo 1 ni su arrogancia exagerada, podemos expandir esa capacidad. Aceptar tareas o normas que no podemos cumplir nos hace dudar de nosotros mismos mientras que no aceptar los desafíos necesarios para superarse y aprender confirma esas dudas. En el diálogo para la confianza el coach proporciona la seguridad y el aliento que ayuda al cliente a descubrir el nivel de desafío al que puede enfrentarse.

COACHING PARA LA MOVILIDAD: UNA SÍNTESIS DE LOS TRES DIÁLOGOS: Al usar estos tres diálogos el coach del Juego Interior ayuda al cliente a ganar movilidad. Ayuda a un cliente estancado a salir del estancamiento, y a rodear los obstáculos internos y externos. Cuando el cliente es un individuo o un equipo, el coach lo mantiene enfocado en los objetivos externos y en los del Juego Interior, ayudándole a mantener una síntesis y equilibrio constante entre ambos. Al final el trabajo externo se lleva a cabo y la persona que lo realiza disfruta y aprende en el proceso. Todo el tiempo es el cliente quien lleva el volante. El cliente sigue siendo el conductor de su propio vehículo mientras que el coach de movilidad le acompaña en el asiento de pasajero.

No es necesario introducir los tres diálogos en un orden determinado. En cada uno de ellos hay elementos de los otros. Generalmente veo que un diálogo extenso de coaching pasa varias veces por cada uno de los diálogos en diferentes niveles. Lo que siempre permanece es el entorno exento de juicios, en el que hay confianza en el cliente y un propósito definido. Dentro de ese entorno hay espacio para moverse de forma creativa e inesperada en dirección al objetivo elegido. Tanto el cliente como el coach pueden aprender mucho del diálogo de coaching.

En estos tres diálogos el coach suele aportar una visión que no está atrapada por el ritmo de producción como la del cliente. Como el coach no es "parte del equipo" puede mirar las cosas con una perspectiva más distanciada. Está más allá de las presunciones y las demandas del ritmo de trabajo y por eso puede ayudar al cliente a hacer un STOP: retroceder, pensar, y organizar antes de proseguir.

Funciones de un coach del Juego Interior

No hay ninguna descripción de las funciones de un coach, por buena que sea, que pueda sustituir a lo que se aprende con la experiencia. Dicho esto, lo que viene a continuación es una lista parcial de las funciones de un coach del Juego Interior que puede servir para aclarar la dirección del coach o proporcionar variables clave para el proceso de coaching.

El coach del Juego Interior ayuda a los clientes a:

- Establecer metas de aprendizaje positivas
- Establecer variables clave para ayudarles a la concentración
- Mantener un equilibrio entre los objetivos de aprendizaje, experiencia y rendimiento.
- Que se concedan a sí mismos movilidad.
- Que permanezcan en su sillón de Director General y conserven todas sus acciones.
- Descubran premisas y definiciones que han dejado de tener sentido.
- Mantengan la concordancia entre tareas y objetivos.
- Sean más conscientes del tiempo y de la finalización de las tareas.
- Estén en contacto con sus emociones, intuición y creatividad.
- Desarrollen habilidades sociales: equilibrar la integridad del equipo y la tarea.
- Mejoren las aptitudes.
- Mantengan la concordancia entre volumen de trabajo, capacidad y tiempo.
- Identifiquen y superen los bloqueos a la movilidad.

El coach del Juego Interior:

- Alienta la aceptación de la movilidad.
- Sustenta un entorno exento de juicios.
- Proporciona herramientas de aprendizaje/coaching cuando sea apropiado.

- Aporta otra perspectiva y fuente de inspiración cuando sea necesario.

La caja de herramientas del coach del Juego Interior

Todas las herramientas y conceptos de este libro son tan aplicables al coaching como al aprendizaje. Me gusta imaginarme la próxima sección como una caja de herramientas básicas para el coach. Contiene algunas herramientas que ya hemos comentado además de alguna nueva información sobre el control y la retroalimentación.

ENFOCARSE EN LAS VARIABLES CLAVE: esta es la herramienta principal (ver páginas 104 y 123) del diálogo para la conciencia. Con ella se consiguen dos cosas a un mismo tiempo: reducir la interferencia del Yo 1 y proporcionar información útil sobre el rendimiento y el aprendizaje.

En cualquier situación o actividad se pueden identificar variables clave. Es aconsejable limitar su número a siete. Cada una de las variables se puede dividir a su vez en siete subvariables específicas. Esto hace que podamos ampliar o reducir nuestro enfoque en función de los objetivos deseados. Usando el ejemplo del tenis, el movimiento de la pelota de tenis podría ser considerado una variable general, la velocidad, trayectoria, dirección, efecto y altura son las subvariables. Del mismo modo la variable general de "necesidades del cliente" puede dividirse en subvariables más específicas, como la percepción que el cliente tiene de los beneficios, urgencia, asequibilidad y ofertas de la compentencia.

Una variable no es una instrucción para hacer algo. Es un foco de atención. El coach puede escuchar cómo el cliente habla sobre una determinada situación o actividad y notar a qué le presta atención y a qué no. Al responder a preguntas como "¿Qué notas cuando miras a *x* o te planteas *y*?", coach y cliente sintonizan con los contenidos de la conciencia del cliente. Esto les permite a ambos enfocar la atención para que haya una mayor claridad y aprendizaje.

STOP: En realidad se podría considerar que todo el coaching no es más que una manera de utilizar la herramienta del STOP (ver página 211). El coaching por regla general se lleva a cabo antes de empezar una nueva tarea o proyecto (diálogo para el establecer el cometido), durante una pausa en la realización de la tarea, o después (el repaso). Durante un STOP coach y cliente tienen tiempo para establecer objetivos, identificar variables clave y hacer una trasposición, a fin de sacar el máximo partido al aprendizaje de la experiencia laboral.

Trasposición: El coach, además de hacer una trasposición con el cliente (ver páginas 261 y siguientes) puede lograr que éste sea capaz de ponerse en el lugar de las personas clave con quienes se relaciona y que se vuelva más consciente de cómo piensan. Muchos de los conflictos, entre equipos o a nivel personal, que interfieren con el trabajo, se pueden resolver solo con enseñarles a los miembros del equipo a usar la trasposición. Una vez que los clientes se familiarizan con esta herramienta el coach solo tiene que hacerles una indicación muy simple, "¿Te has puesto en el lugar de Juan, de Begoña, del último de los clientes?" Mediante el coaching se puede encauzar la trasposición para que tenga la suficiente profundidad y riqueza. Esto se logra con la práctica en el uso de esta herramienta.

Preguntas de control: Hay tres preguntas que a mi modo de ver resultan imprescindibles para un coach. Las tres tienen que ver con el tema del control. Ayudan al cliente a centrarse en lo que es controlable y dejar a un lado lo que no lo es. No siempre las uso en la forma simple en que vienen enunciadas a continuación pero surgen en prácticamente todos los diálogos de coaching, sobre todo en los relacionados con la confianza. Las preguntas deben formularse en este orden:

- ¿Qué es lo que no controlas de este asunto?
- ¿Qué es lo que has estado intentando controlar?
- ¿Qué puedes controlar que no has controlado hasta ahora?

La primera pregunta le da a una persona la oportunidad de reconocer que dentro de una situación probablemente hay muchas variables que no controla. Por ejemplo, en una conversación de negocios entre A y B, A está intentando "decirle algo importante" o "vender una idea" o convencer a B de la conveniencia de tomar un determinado curso de acción. B podría ser un jefe, un cliente o un compañero de trabajo. A podría pensar que está mostrando una gran inteligencia y destreza en la presentación de sus ideas. Pero, ¿cuántos de los factores que son necesarios para que su idea se imponga controla realmente?

He aquí una lista parcial:

- A no controla la actitud de B ni su receptividad ante su idea.
- A no controla hasta qué punto le está escuchando B.
- A no controla la motivación de B, ni sus necesidades o prioridades.
- A no controla la disponibilidad de tiempo de B.
- A no controla la capacidad de B para entender lo que le está explicando.

- A no controla cómo va a interpretar B lo que le comunica.
- A no controla si al final B aceptará o no su idea.

A puede usar la lógica, los hechos, o elaboradas presentaciones. B puede aceptar, estableciendo así la base para una situación de la que puede arrepentirse en el futuro, o bien decidir que no va a dejarse convencer.

A podría enfadarse y exigir una respuesta.

B podría obstinarse y decir no.

¿Cuáles son los factores que A *podría* controlar?

- Su actitud ante B.
- Su actitud hacia el aprendizaje.
- Escuchar de una forma receptiva a B.
- Reconocer las cuestiones que plantea B.
- Su agresividad.
- Su respeto por la elección de B de aceptar o rechazar su propuesta.
- Su trabajo previo para conocer las necesidades, los valores y los deseos de B y ponerse en su lugar.
- Su respeto por el tiempo de B.
- Su propia expresión de entusiasmo por la idea.
- La cantidad de tiempo empleada en hablar en lugar de escuchar.

Obviamente cada uno de los factores que A no controla constituye un factor importante en cómo B responde a lo que A le comunica. A empieza a darse cuenta de que hay muchas cosas más sobre las que carece de control. Esto puede ser una verdadera cura de humildad para A y puede hacerle poner los pies en la tierra.

Esta es una lista de algunas de las cosas que A estaba intentando controlar:

- A le pidió a B una cita e indicó el tiempo que necesitaba.
- A le dio a B de antemano una idea general del tema.
- A esbozó cuidadosamente sus argumentos y los beneficios de B.
- A estudió previamente el entorno de B y recopiló información.
- A decidió que sería tan agresivo como fuera necesario para conseguir que B aceptara.

Cada uno de estos factores podía ayudar al éxito de A pero obviamente no podían garantizarlo. Llevado por su deseo de controlar el resultado A podía intentar controlar también algunos de los factores sobre los que no tenía control, y esto terminaría jugando en su contra. Por ejemplo:

- A, al no obtener la aceptación inmediata, podría tratar de "forzar" el acuerdo.
- B siente la presión, empieza a resistirse, busca razones para no aceptar.

El control asertivo de las variables que puede controlar no le asegura a A que B aceptará la idea, pero podría aumentar la probabilidad de que así sea y contribuir de una manera positiva a la relación actual de A con B.

En los deportes, lo mismo que en el mundo de los negocios, he descubierto que mucha de la resistencia al cambio surge por intentar ejercer un control excesivo. Cuando un jugador de golf hace un gran esfuerzo por controlar la trayectoria de la bola sus músculos se tensan excesivamente y esto causa una pérdida de control. Es como un directivo que intenta controlar demasiado firmemente a sus subordinados. Se "tensan" y se resisten a tomar responsabilidades. El resultado es una falta de control sobre los resultados deseados. La verdadera responsabilidad es una cuestión de elección y no se puede forzar; tiene que asumirse de forma voluntaria.

RETROALIMENTACIÓN: Con frecuencia se considera a la retroalimentación como la herramienta fundamental del coaching. Lo que normalmente entendemos por retroalimentación es una "evaluación del rendimiento". Aunque esta función puede resultar muy beneficiosa, hace que la relación de coaching corra el riesgo de caer en el terreno de la crítica y el juicio de valores. Hay dos tipos de retroalimentación que son útiles y no encajan con la noción tradicional de evaluación del rendimiento.

El primero es la retroalimentación como espejo. Aquí la cuestión consiste en que el cliente tome una mayor conciencia de sí mismo. Las preguntas de coaching van encaminadas a proporcionarle al cliente más información sobre su propia experiencia de la acción y el resultado. Por ejemplo, "¿Cuáles fueron las consecuencias de x?" "¿Qué sentiste con respecto a y?" "¿Cuáles son tus prioridades aquí?" "¿Cuánto te ha costado este proyecto hasta la fecha?" "¿Qué has conseguido hasta ahora?" Ninguna de estas preguntas implica una respuesta correcta o equivocada. Invitan al cliente a ser más consciente de lo que sucede.

El segundo tipo de retroalimentación sin carácter evaluativo es aquel en el que el coach dice lo que nota. Si el jugador dice, "creo que al hacer contacto con la pelota apoyé mi peso en el pie adelantado", el coach podría decir, "a mí me dio la impresión de que más bien te apoyaste en el pie atrasado. ¿Por qué no sacamos otra vez y te fijas al golpear la pelota?" No hay juicio sobre lo que está mal o está bien, solo un informe de lo que el coach ha observado. Igualmente el coach puede comunicar sus percepciones e ideas sobre cualquier situación de trabajo con el único propósito de aumentar la conciencia o hacer pensar al cliente sin tratar de evaluarlo. Sin embargo a mucha gente le resulta difícil escuchar una observación de otra persona sin asumir que implica algún tipo de evaluación. Sabiendo esto el coach puede hacer el esfuerzo necesario para transmitir que no hay ninguna intención de juzgar o evaluar.

Finalmente, la retroalimentación de carácter evaluativo, también puede ser útil en algunos casos para el cliente, si se hace con cuidado y basándose en los hechos. Esto es especialmente cierto en cuando al cliente le resulta difícil hacer una clara o acertada evaluación de sí mismo. Cuando emite comentarios evaluativos el coach debe tener mucho cuidado de limitar su evaluación al terreno del rendimiento profesional y evitar dar la impresión de estar juzgando a la persona. De nuevo el coach debe ser consciente de que el Yo 1 del cliente quizá esté esperando una oportunidad para transformar una evaluación del rendimiento en una evaluación personal. Si dejamos que esto suceda, cualquier beneficio que pudiera obtener el cliente con esos comentarios sobre su rendimiento corre el riesgo de perderse debido al daño que ocasiona la visión negativa de sí mismo.

A la hora de emitir comentarios evaluativos debemos obedecer unas cuantas normas básicas. Los comentarios deben ser:

- Dirigidos a la acción, no a quien la realiza.
- Basados en la observación de los hechos.
- Hechos en base a unas reglas acordadas de antemano.
- Hechos por una persona legitimada para hacerlos.

- Hechos con el fin de incrementar la movilidad. Por ejemplo, lograr ver con mayor claridad una acción futura.

El autocoaching

Con frecuencia me preguntan si es posible hacerse coaching a uno mismo. Por un lado la respuesta es no. La ventaja de un coach es que ve la situación con otros ojos y aporta una perspectiva diferente, en algunos casos poniéndonos en frente un espejo. El valor del coach radica precisamente en el hecho de que no es tú y puede ver las cosas de forma distinta. Si esto no fuera así el coach no tendría ningún sentido.

Por otro lado la respuesta es sí. Si el coaching es crear un entorno en el que la persona aprende y actúa, resulta que eso es lo que estamos haciendo con nosotros todo el tiempo. Desgraciadamente nuestro Yo 1 suele ser el que crea ese entorno en el que actuamos y eso no siempre juega a favor de nuestros mejores intereses. Una de las ventajas del coaching externo es que escuchando a un buen coach podemos ignorar más fácilmente la voz exageradamente crítica y controladora de nuestro propio Yo 1. Una de las funciones principales del coach es ayudar al cliente a mejorar el diálogo interno que lleva consigo y que influye en cómo aprende y rinde cuando el coach no está a su lado. De manera que quizá la mejor manera de responder a la cuestión sería sí. Resulta de suma importancia que mejoremos nuestra propia capacidad para el autocoaching. Y para eso recibir periódicamente una buena sesión de coaching de otra persona nos sería muy útil.

EL COACHING EJECUTIVO COMO INICIATIVA DE AUTOORGANIZACIÓN: He visto que muchas empresas intentan introducir cursos sobre coaching ejecutivo en su organización y al final se dan cuenta de que han invertido una gran cantidad de esfuerzo, tiempo y dinero para formar coaches y sin embargo apenas hay reacción por parte de los empleados que reciben el coaching. El fallo de estos programas se puede atribuir a dos factores: (1) los coaches reciben entrenamiento como coaches pero no como clientes; (2) en cambio a los "clientes" (empleados en este caso) no se les enseñan los beneficios de recibir sesiones de coaching, ni aceptan la responsabilidad por su propio crecimiento y desarrollo.

Recientemente Mel Bergstein, el Director General de Diamond Technology Partners, una compañía de asesores en rápida expansión, me pidió que le ayudara a diseñar la estrategia de aprendizaje de la compañía. Esta sociedad, líder en la aplicación de la tecnología digital a la estrategia de negocios, se había comprometido conscientemente a fomentar el aprendizaje y el desarrollo profesional de sus asesores, además del de los clientes. La compañía quería que todos los asesores se formaran en coaching para así desarrollar mejor la capacidad de sus equipos. Además creía que las aptitudes de coaching que aprendieran podrían ser útiles al tratar con los clientes. A las personas que cobran por brindar respuestas no siempre les resulta fácil aprender las aptitudes que permiten que el cliente encuentre sus propias respuestas. Enseñar a los asesores a hacer coaching es todo un desafío.

Por eso intentamos un enfoque diferente. Tras la presentación inicial de *El Juego Interior del trabajo* a los asesores, pedí voluntarios que quisieran participar en un proyecto de investigación dirigido a la aplicación de los principios del Juego Interior en las asesorías. Cada participante "investigaba" una determinada aplicación que le resultara particularmente interesante a nivel personal. Los resultados de su estudio se comunicarían a todas las demás personas de la compañía que estuvieran interesados. Ya no había más trabajos en el curso. Toda la investigación se llevaría a cabo en el laboratorio de la propia experiencia del participante. Los participantes establecían los objetivos de su investigación, hacían sus propias preguntas y encontraban sus propias respuestas, con lo cual conocían de primera mano la utilidad de las mismas, por ser fruto de su experiencia personal, antes de compartirlas con los demás.

Se les pidió a los participantes que diseñaran libremente la investigación que habían elegido llevar a cabo. Además, como el aprendizaje se produciría a partir de la interacción con su propia experiencia de trabajo, el único tiempo extra requerido después de esbozar los objetivos de sus proyectos fue el empleado en las "instrucciones" y el "resumen" al principio y al final de la experiencia de trabajo elegida (ver "El sándwich de la experiencia", página 149). Cada uno de ellos tenía acceso a sesiones individuales de coaching vía telefónica (al principio era yo quien las impartía) así como a sesiones grupales de coaching una vez cada dos semanas hasta que el proceso terminó volviéndose autosuficiente. Tras un compromiso inicial de una hora a la semana durante un mes, cada participante era libre de dejarlo o continuar con el proyecto de acuerdo según los beneficios que percibieran.

El diseño era muy simple e implicaba pocos gastos o apoyo logístico. Los participantes tenían una experiencia de primera mano de los beneficios de este enfoque del aprendizaje, tenían la oportunidad de compartir sus descubrimientos con sus compañeros, y sin hacer un esfuerzo consciente, aprendían las aptitudes básicas del coaching. Mi participación como coach terminó tan pronto como la investigación se volvió autosuficiente valiéndose de los iniciales participantes que tomaron el papel de coaches con los nuevos investigadores.

Una vez que los asesores se ofrecían como voluntarios para el proyecto tenían que elegir un objetivo sobre el cuál hacer un estudio. Para ayudarlos con su elección les hacía las siguientes preguntas: (1) ¿Qué es lo que más te interesa en estos momentos?; (2) ¿Qué es lo que tu situación actual en el trabajo está "intentando enseñarte"?, y (3) ¿Qué es lo que beneficiaría más a tus compañeros si lo aprendieran? El siguiente paso era seleccionar actividades de trabajo que pudieran servir de laboratorio para su investigación y variables clave en las que enfocar su atención.

Este es un ejemplo de los diferentes tipos de investigación que inicialmente seleccionaron los participantes:

Investigador 1:
Área de investigación: Entender las necesidades del cliente.
Objetivo de la investigación: Aumentar la capacidad de pensar desde la perspectiva del cliente.
Obstáculos percibidos: Centrarse en los resultados a expensas del proceso.
Experiencia: Reuniones con clientes; reuniones con equipos para la resolución de problemas.
Variables clave seleccionadas: El proceso de pensamiento del cliente; número y tipos de preguntas que hago.
Herramientas de aprendizaje: Trasposición; preguntas de control; STOP
Descubrimientos iniciales: "Siguiendo mi interés en aprender en qué difieren las formas de pensar de los demás de la mía, empecé a hacer más y mejores preguntas. Esto producía mejores respuestas y una mayor sensación de colaboración. Las reuniones parecían más interesantes y valiosas. Conseguí mejores resultados con menos estrés y experimenté una alegría sorprendente en este tipo de

aprendizaje. Lo que más me sorprendió fue darme cuenta de que los miembros de mi equipo apreciaban más las reuniones porque me veían más interesado en su manera de pensar que en explicarles la mía.

Investigador 2:

Área de investigación: Presentaciones ante los clientes.

Objetivo de la investigación: Cómo mantener la calma y acceder a tu verdadera capacidad durante presentaciones con un alto nivel de presión.

Obstáculos percibidos: Ansiedad y dudas sobre uno mismo.

Experiencia: Riesgo alto: presentaciones ante nuevos clientes; riesgo medio: presentaciones de proyectos con equipos de trabajo de un cliente habitual; riesgo bajo: presentaciones no relacionadas con el negocio de artes marciales.

Variables clave seleccionadas: Nivel de interés del cliente/mi grado de serenidad.

Herramientas de aprendizaje: trasposición; redefinición.

Descubrimientos iniciales: "Me di cuenta de que al enfocar mi atención en el cliente me encontraba menos inhibido. Mis respuestas eran más intuitivas, y el cliente parecía sentirse más respetado. Como consecuencia mi seguridad en mí mismo aumentó. Practicar en situaciones de riesgo bajo y medio me permitió mantener la calma durante las situaciones de alto riesgo. También aprendí que estaba creando la mayor parte de esa presión con mi pensamiento".

Investigador 3:

Área de investigación: Planificación de multitareas

Objetivo de la investigación: Cómo simplificar el proceso de planificación en tareas complejas y altamente interdependientes.

Obstáculos percibidos: La percepción de que hay mucho que hacer en demasiado poco tiempo; mantener la claridad sobre las prioridades en tareas altamente complejas y minuciosas.

Experiencia: Trabajar con mis listas diarias de tareas.

Variables clave seleccionadas: Tareas dirigidas por uno mismo y tareas dirigidas por otros; grado de complejidad del proceso de planificación; cantidad de planificación expresada en forma de compromisos sobre el papel.

Descubrimientos iniciales: "Me sorprendió descubrir que mi planificación era mucho más compleja que las tareas que percibía como "obligatorias" comparada con aquellas que hacía porque me parecía que eran importantes. Esto me llevó a explorar cómo saboteaba inconscientemente aquellas tareas que de alguna manera me sentía forzado a llevar a cabo. Esto me está haciendo plantearme cuestiones muy interesantes acerca de cómo selecciono el trabajo que hago. La cantidad de tiempo que empleo creando planes escritos está disminuyendo, y mi sensación de lograr finalizar las tareas importantes está aumentando".

En el momento de escribir este libro aún es demasiado pronto para evaluar cuáles son los beneficios a largo plazo de esta iniciativa. Sin embargo los primeros resultados son esperanzadores y demuestran que es posible poner en práctica una iniciativa de aprendizaje partiendo de la base y sin apenas presencia ni control de la organización.

Al principio a la mayoría de los investigadores les resultaba difícil no perder de vista el hecho de que se encontraban en medio de un proceso de aprendizaje. Era una actividad nueva que, sin ningún tipo de incentivos por parte de la empresa, requería autodisciplina. Pese a las buenas intenciones descubrieron que la inercia les llevaba a dejarse arrastrar por el impulso de rendimiento. Lo que les ayudó en la parte inicial de su curva de aprendizaje fue usar un cuaderno de investigación en el que apuntaban sus pensamientos durante la introducción y el repaso. Asimismo de forma periódica necesitaban el apoyo de sesiones telefónicas de coaching que les proporcionaban la oportunidad de comentar sus dificultades y sus logros. El coach aprende a anticipar el movimiento pendular que va desde las altas expectativas al principio de cada nueva empresa a la amarga decepción de ver cómo los hábitos y los obstáculos del pasado ejercen su fuerza.

Pero una vez que los investigadores empezaron a ver los beneficios del tiempo empleado, y establecieron las nuevas prácticas como parte de su vida laboral, la movilidad comenzó a ser evidente para todos ellos. Entonces se sintieron con la confianza suficiente como para invitar a otros a unirse a sus equipos para participar en el proyecto y comenzaron a entrenarlos. Esto aumentó los recordatorios provenientes de su entorno cercano de trabajo. Empezó a ser cada vez más "normal" oír conversaciones entre sus compañeros de equipo en las que se hablaba de lo que estaban explorando y descubriendo. El número de participantes aumentó, lo cual creó una mayor demanda de coaching. La iniciativa se expandió de forma espontánea y a su propio ritmo, sin la resistencia habitual con la que se encuentran la mayoría de las iniciativas de cambio impulsadas por las organizaciones.

El coaching no se puede hacer en el vacío. Si la persona que lo está aprendiendo quiere de verdad aprender no importa que el coach sea o no un gran coach. El coaching es un baile en el que el cliente marca el paso, y el coach se deja llevar por él. Para el coach la mejor manera de aprender su papel es conocer cómo se siente el cliente que experimenta los beneficios de recibir el coaching.

Recientemente Bill Blazek, el editor de una publicación de negocios llamada *The Executive Coach*, me entrevistó sobre el tema del coaching del Juego Interior aplicado a los negocios. He extraído algunas partes de esta entrevista para subrayar algunos de los aspectos del coaching que aún no hemos tratado y resaltar otros que vale la pena repetir.

BB: ¿Por qué en su opinión el coaching ha tenido un éxito tan espectacular en el mundo de la empresa y los negocios?

TG: Porque aprender se ha vuelto más importante. En la llamada era del conocimiento, el factor fundamental a la hora de competir con otras empresas ha pasado a ser el ser capaz de incrementar los conocimientos de tus empleados y la rapidez con que consigues hacerlo.

Por tanto, la tarea principal y constante del coach es mantener la responsabilidad por el aprendizaje en manos de su cliente. En el enfoque del coaching basado en el Juego Interior esto significa que el cliente no solo está dispuesto a aprender del coach sino que ha aceptado su responsabilidad personal por aprender de su experiencia diaria.

BB: ¿Cree que los directivos deberían ser coaches?

TG: Deberían aprender a hacer coaching. Pero eso no significa necesariamente que deban renunciar a su compromiso principal que es producir resultados a través de sus empleados. Un directivo/coach aprende a pensar de forma distinta en diferentes situaciones. Como directivo podría decirle a su equipo, "Esto es lo que hay que conseguir, estas son las normas, este es el plazo, y estos son los recursos de que disponéis". Pensando como coach podría decirles, "Ahora que tenéis claro cuáles son los objetivos de rendimiento, qué tendríais que aprender para conseguirlos?" Como coach su primera lealtad es la integridad del equipo de trabajo y el desarrollo de las aptitudes necesarias para cumplir los objetivos de rendimiento. El coach es alguien con quien te tienes que sentir seguro para exponerle abiertamente tus carencias, tus errores y tus aspiraciones personales. Por esta razón, en algunos entornos resulta más apropiado dejar el coaching y las funciones directivas en manos de personas diferentes.

BB: Es decir, el directivo es el responsable de establecer unos objetivos claros mientras que el coach ayuda a los empleados a alcanzarlos. ¿Es así?

TG: Efectivamente. El coach también ayuda a los individuos y a los equipos para asegurarse de que, en la medida de lo posible, no haya conflictos entre sus objetivos y los de la empresa.

BB: ¿En qué tipo de problemas de negocios le parece más útil el enfoque del Juego Interior?

TG: En aquellos problemas en los que la dimensión humana tiene un papel importante. Se están dando más problemas humanos que nunca, y por lo general quienes se encargan de resolverlos son directivos que están más acostumbrados a solucionar problemas de sistemas y proyectos. En el siglo pasado se moldeaba a los trabajadores y se les hacía encajar en los sistemas y los procesos de la empresa. En este siglo esa estrategia ya no funciona. Los sistemas deben adaptarse a los procesos que hacen que los seres humanos funcionen y se desarrollen mejor y no al revés.

BB: Según esto, al prestar una mayor atención al Juego Interior en las empresas, los sistemas (la manera en que todo se organiza y en que las estrategias se usan) comenzarán a fundirse con el factor humano.

TG: Sí, eso creo. En la medida en que los líderes de los negocios reconozcan que realmente la gente es su recurso más importante adaptarán sus sistemas y modelos a lo que funciona con las personas. Los directivos tendrán que ser algo más que directivos de proyectos. Tienen que desarrollar un nuevo nivel de habilidades sociales para poder tratar con sus empleados que se encuentran sometidos a una gran presión por cumplir resultados y que sin embargo necesitan sentirse lo bastante seguros para aprender y crecer. Me parece irónico que la creciente exigencia competitiva del nuevo siglo esté haciendo que la mentalidad de los negocios se vuelva cada vez más humana. Antes los líderes podían alcanzar el éxito sin tener demasiado en cuenta la vulnerabilidad humana y los sentimientos. Ahora no podrán tener éxito sin una profunda comprensión del factor humano y de las aptitudes para tratar con el mismo. Las amenazas de despedir a un trabajador ya no son suficientes para asegurarse su cooperación. Los mejores trabajadores serán pensadores independientes, si no les gusta como los tratan, simplemente buscarán un mejor entorno de trabajo.

BB: Fui a al Ohio State cuando el gran entrenador de fútbol Woody Hayes estaba en todo su apogeo, y cualquiera podía ver claramente que sus jugadores le tenían miedo. Vince Lombardi fue otro que tampoco tenía pelos en la lengua cuando entrenaba. Pero hoy en día hay una gran variedad de estilos de entrenamiento (coaching) que van desde el enfoque"duro" hasta el "blando". ¿En qué lugar se situaría el Juego Interior?

TG: Una cosas es el estilo y otra muy diferente la sustancia. Lo importante es que te *importen* las personas. Al coach le tiene que importar la persona con la que trabaja y la persona necesita saberlo. A partir de ahí puede haber lugar tanto para el estilo duro como para el blando. Yo he recibido alguna vez ese tipo de entrenamiento "sin miramientos" y realmente me ha ayudado, porque sabía que no era un ataque a mi persona. También ha habido muchas veces en que he necesitado un enfoque más receptivo y alentador. La verdad es que depende mucho de la situación y de la relación que se ha establecido entre el coach y su cliente. No creo que en una buena relación de coaching pueda haber lugar para el miedo. El miedo suele provocar autointerferencia y no nos deja rendir al máximo de nuestras posibilidades. Yo creo que la relación debería ser de respeto y confianza mutua, una relación en la que el coach tuviera siempre presente los mejores intereses del cliente.

BB: Esto me hace pensar en un coach como John Wooden. Me da la impresión de que se guía más por sus valores que por dominar a sus jugadores por medio del miedo.

TG: Conozco a John Wooden y he hablado con él sobre esto. Sé que sus jugadores lo respetan mucho aunque les habla con bastante delicadeza. También sé que puede ser muy directo y no aguanta tonterías de nadie. Creo que se ganó muchísimo respeto por la forma en que estudiaba el juego. El resultado fue que se le veía como la personificación de la humildad y al mismo tiempo como una verdadera autoridad en la materia. De esta combinación surgió un entorno de entrenamiento que produjo los mejores resultados que se han dado nunca en el baloncesto universitario.

BB: Hablando sobre la versión dura del coaching y el enfoque más suave, hay personas que creen que para mejorar tenemos que concentrarnos en lo negativo y dejar de engañarnos. Lo que defienden es que, si de verdad te importan los jugadores, tienes que emplear una mano firme con ellos en el área del rendimiento. ¿Qué piensa sobre esto?

TG: Bueno, ser duro está bien siempre que te asegures de que hay amor por medio. Es muy fácil que el elemento amor desaparezca de la ecuación y nos quedemos únicamente con la ira, los juicios, y la venganza. Como dije antes, el respeto que siente el coach por su cliente debe quedar claro, y también debe quedar claro que le importa. Cuanto más evidente le resulte esto al que recibe el coaching, más duro se podrá permitir ser el coach. Pero si tratas con demasiada dureza a alguien que no confía en ti, terminarás por destruir la misma cualidad que estás intentando activar. Sembrarás más inseguridad que confianza. Por eso el coach que de verdad se preocupa por sus clientes tiene que elegir con sumo cuidado cuándo debe ser duro y cuándo debe arropar y dar ánimos.

BB: Una de sus ideas que me resultan más intrigantes es que afirma que para el coaching no es necesario ser experto en el asunto. Esto contradice totalmente al sentido común. ¿Podría explicarnos por qué piensa así?

TG: Primero tengo que decir que no hay nada malo en que un coach sea experto en el asunto que se está tratando, siempre que no use esta experiencia para hacer que el cliente se sienta estúpido o le impida realizar su aprendizaje. Cuando sabes mucho es muy fácil empezar a enseñar. Pero el coaching no tiene mucho que ver con decirle al cliente lo que *tú* sabes, sino con ayudarle al cliente a que descubra lo que ya sabe, o lo que puede descubrir por sí mismo. Enseñar, más que un proceso de *sumar* es un proceso de *restar*, o de *desaprender* todo aquello que es un obstáculo para que el cliente avance hacia el objetivo deseado.

BB: ¿Podría darnos algún ejemplo de un diálogo de coaching en el que el coach no sea un experto?

TG: Un ejemplo que se me acaba de ocurrir es cuando hice una presentación sobre el Juego Interior para la Orquesta Filarmónica de Houston. Tras una breve presentación quisieron que les hiciera una demostración, y el músico que tocaba la tuba salió de voluntario. Yo no toco ningún instrumento musical y nunca había escuchado un solo de tuba. Cuando el músico subió al escenario le pregunté qué es lo que más le gustaría aprender.

—Lo que me resulta más difícil es la articulación en la parte alta de la escala —dijo. Yo no tenía ni idea de qué me estaba hablando, pero le pedí que tocara un pasaje. A mí me sonó bien, pero él meneó la cabeza de un lado a otro, obviamente no estaba muy contento con su interpretación—. ¿Qué has notado? —le pregunté, sabiendo que realmente yo no tenía que saber nada porque iba a apoyarme en su conocimiento.

—No ha sonado demasiado limpio.

—¿Cómo lo sabes? —le pregunté.

—Esa es una pregunta interesante. La verdad es que no puedo oírlo porque la campana de la tuba está demasiado separada de mis oídos. Pero puedo sentirlo en la lengua —explicó, poniéndome al tanto de las variables clave que necesitaba usar como foco de atención.

—¿Qué le sucede a tu lengua?

—Pues, en los pasajes difíciles como este, con notas de la escala más alta, muchas veces la siento seca y un poco gruesa.

Ahora tenía todo lo que necesitaba.

—Toca el mismo pasaje otra vez, pero ahora no te esfuerces en producir una articulación limpia. Lo único que quiero que notes es cualquier cambio en el grado de humedad de la lengua mientras interpretas el pasaje.

Tocó el mismo pasaje y no pude detectar ningún cambio. A mí, al no tener formación musical, las dos interpretaciones me sonaban bien. Pero el resto de de la orquesta ¡se levantó de sus asientos y comenzó a aplaudir! El músico de tuba tenía una sonrisa satisfecha y una ligera expresión de sorpresa en la cara.

Sin mostrar el más mínimo interés por los resultados le pregunté qué había notado en su lengua mientras tocaba el pasaje.

—Permaneció húmeda la mayor parte del tiempo —dijo—, y nunca la sentí gruesa.

—¿Por qué piensas que sucedió eso? —le pregunté, aunque ya me estaba formulando una respuesta en la cabeza.

—Me sentí más relajado. La presión desapareció en cuanto me dijiste que no me esforzara en obtener una articulación limpia y sentía mucha curiosidad por notar lo que pasaba con mi lengua.

—Quizá cuando sientes la presión —le dije—, la ansiedad hace que se te seque la lengua y la hace sentir un poco más gruesa. No hay mucha presión cuando te centras en lo que está pasando. Simplemente te desprendes un poco del miedo y el Yo 2 ya sabe lo que tiene que hacer.

BB: De manera que el coach, sin tener conocimiento técnico del tema puede ayudar al cliente a superar lo que esté obstaculizando su rendimiento.

TG: Sí. No hace falta suponer que los clientes saben más o menos de lo que realmente saben. Lo que hace falta es ser preciso. Definir esa brecha existente entre lo que se sabe y lo que es necesario saber. Y una vez que lo tengamos claro el prestar mucha atención a la experiencia suele bastar para eliminar las interferencias, y puede darse el aprendizaje necesario para cerrar esa brecha. Quizá, en el caso de que esa brecha sea por falta de conocimientos, la persona necesitará acudir a un maestro. Quizá la brecha se puede cerrar aprendiendo de la experiencia. Lo que el coach proporciona es una conciencia sin afán de crítica para que en cualquier caso se pueda producir el aprendizaje.

BB: Puedo ver que los diálogos de coaching en realidad son bastante breves.

TG: Es cierto. Si el coach no hace el papel del maestro o del solucionador de problemas, suelen ser bastante breves. Una vez que se ha establecido la confianza y tanto el cliente como el coach entienden el proceso, se puede producir el coaching más eficaz en el espacio de una simple pregunta. Lo único que se necesita es, antes de una determinada experiencia de aprendizaje, un diálogo corto (instrucciones) que define el contexto de ese aprendizaje y después un breve repaso de lo que se ha aprendido en la experiencia. Puede resultar una actividad muy provechosa: poco tiempo, mucho beneficio.

BB: Hablando de tiempo, yo diría que más tarde o más temprano todo cliente que quiere coaching necesita ayuda con su gestión del tiempo. ¿Cómo podríamos aplicar los principios del Juego Interior a esa situación?

TG: En primer lugar, gestión de tiempo es un término inapropiado. No importa lo que hagamos, el tiempo sigue avanzando sin que logremos afectarle en lo más mínimo. La única elección que tenemos es vivir en el presente. No podemos vivir ni un solo momento en el futuro ni revivir un solo momento del pasado.

Por eso lo mejor que podemos hacer es gestionar lo que *hacemos* con el tiempo de que disponemos. Aquí tenemos unas cuantas variables clave: (1) saber cuánto tiempo te llevan las cosas que haces; (2) saber qué porción de tu tiempo has comprometido hasta ahora para no comprometer más tiempo del que tienes; y (3) ser consciente de cómo tu uso del tiempo encaja con tus prioridades. Simplemente con hacerla más consciente de estos tres factores, se puede ayudar a una persona a hacer un mejor uso de su tiempo. Normalmente cuando le pido a alguien que observe estas variables se sorprenden de la poca conciencia del tiempo que tenían hasta ahora. Conforme la conciencia va en aumento haciéndose más precisa, las mejoras en la eficiencia y concentración se producen de forma automática. Y así podemos percibir al tiempo como un amigo, no como un enemigo.

BB: Una última pregunta: ¿Qué le recomendaría a una persona que quisiera hacerse coach ejecutivo para aprender este arte?

TG: Hay tres maneras de aprender el coaching. La menos importante de todas es la teoría y el entrenamiento que puedas recibir. Puedes leer sobre coaching o asistir a un curso de formación. Pero las dos maneras importantes son aprender de la experiencia directa de hacer coaching y de recibirlo. Practica todo lo posible y recibe todo el coaching que puedas. Aprende en ambos casos qué es lo que funciona y qué es lo que no. Si no te gusta recibir coaching, lo más probable es que no llegues a ser un buen coach para otros. Mis clientes me enseñaron la mayor parte de lo que sé sobre coaching: no diciéndome cómo tenía que hacerlo, sino con su forma de responder. Presto atención a esas respuestas así como a las emociones e intuiciones del Yo 2.

Independientemente del entorno de aprendizaje, siempre cubro los tres principios del coaching: conciencia, elección y confianza. De esta forma surge de manera espontánea un aumento de la movilidad de mi cliente.

Conforme los líderes de las empresas se van volviendo más conscientes de las implicaciones que el cambio puede tener en sus organizaciones, comprenden que el aprendizaje debe ser un valor central de su cultura empresarial. Como resultado ven en el coaching uno de los medios más efectivos y económicos de desarrollar las habilidades de aprendizaje en sus empleados.

10

LA AMBICIÓN INHERENTE

Este libro ha sido un intento de arrojar una nueva luz sobre las premisas esenciales que explican cómo consideramos el trabajo dentro de nuestra cultura. Se ha sugerido que, cuando estamos trabajando, una gran parte del tiempo nos dejamos llevar por factores de los que ni siquiera somos conscientes. Por tanto la meta ha sido aprender a trabajar con conciencia, a desarrollar la movilidad y seguir siendo seres humanos libres mientras trabajamos. Este último capítulo trata sobre el deseo: la fuente de energía que alimenta todo trabajo. El deseo es el factor más personal, más importante y, sin embargo, el más difícil de identificar. Es el centro mismo de nuestra búsqueda.

Al principio fue el deseo

¿Qué es lo que nos impulsa a llevar a cabo una acción determinada? ¿Qué motivación o empuje nos hace trabajar? Por regla general pensamos más en si estamos haciendo bien o mal nuestro trabajo, en si estamos consiguiendo nuestros objetivos o en cómo conseguir mejores resultados. Rara vez nos detenemos a pensar cuál es la fuerza generadora que nos hace trabajar, la energía de la que se *nutre* nuestro avance en dirección a los objetivos de trabajo.

Algunos pensarán que esta pregunta es demasiado obvia y no vale la pena hacérsela. Otros pensarán que es demasiado profunda para planteársela ahora. Quizá sea ambas cosas. En cualquier caso no es un tema fácil, pero sé que no hay otro más importante. Creo que el deseo es el centro mismo del trabajo, y quizá de todos los demás asuntos humanos. En inglés existe un dicho similar en significado al conocido "querer es poder" que literalmente podría traducirse por "donde hay un deseo, hay una forma de lograrlo". La cuestión es que nos pasamos la mayor parte del tiempo esforzándonos por entender "la forma de lograrlo" y muy poco intentando comprender cuál es la fuente del "deseo".

Me enfrenté a este tema del deseo un día cuando estaba tratando de responderme a la pregunta "¿Qué es lo que inicia un swing de golf?" Unos dicen que las manos; otros que los hombros; algunos que el torso. Entonces lo vi claro, "No, lo que inicia el swing de golf es el *deseo* de golpear la bola. Si no hay deseo de golpear la bola, no hay swing". Una persona podría preguntarse, "¿Dónde *quiero* golpear esta bola?" Y se la imaginaría volando por el aire y cayendo al lado del hoyo. Pero, ¿de dónde surgió esa visión? ¿Era únicamente un pensamiento que produjo la visión, o fue un *deseo* que se podía sentir? Este cuestionamiento me llevó a buscar la fuente del deseo, tanto si uno está golpeando una bola de golf como si está trabajando en un proyecto. Esto me llevó a la lección más simple y más importante del Juego Interior: *Todo empieza con el deseo.*

Plantéate estas preguntas sobre el deseo relacionadas con el trabajo:

- ¿Hasta qué punto tienes claro lo que quieres?
- ¿Qué es lo que *de verdad* quieres?
- ¿Hasta qué punto te sientes conectado con tu pasión, con la fuente de tu deseo?
- ¿Alguna vez te has sentido más conectado? ¿Cuándo, y a qué?
- Al mirar a tus distintos deseos, ¿te da la impresión de que están alineados o de que tiran de ti cada uno en una dirección?
- ¿De dónde vienen tus deseos: del pensamiento o del sentimiento?
- ¿Hasta qué punto puedes distinguir claramente *tus* deseos de las expectativas que otras personas han puesto en ti?
- ¿Hasta qué punto sientes que estás "conduciendo" tus deseos en lugar de dejarte arrastrar por ellos?
- ¿Te sientes libre cuando estás trabajando?
- ¿Qué significa para ti trabajar en libertad?
- ¿Quieres ser libre?
- ¿Cómo lo sabes?

"¿QUÉ ES LO QUE QUIERO?": Esta es una de las preguntas humanas más esenciales e importantes. "¿Qué es lo que de verdad quiero?" es una pregunta todavía más importante. Si ahora mismo no tienes claras las respuestas a estas preguntas, ¿dónde podrías encontrarlas? ¿Podrías encontrarlas en un libro, por medio de un amigo, o pensando en ellas? Para las preguntas más difíciles siempre podemos encontrar a un experto que haya estudiado el asunto. Pero, ¿quién ha estudiado el asunto de lo que *tú* quieres? ¿No será que tú eres el único experto en ese tema? Cada uno de nosotros tiene que responderse por sí mismo e independientemente a la pregunta "¿qué quiero?" Y todos tenemos que hacer nuestra propia búsqueda.

¿A dónde iremos a investigar? Yo, probablemente iré a esa gran biblioteca que se alza al final de mi cuello y me pondré a *pensar*. Quizá entre mis respuestas estarán las siguientes "necesito trabajar para ganarme la vida, para pagar los gastos de la casa, para alimentarme y alimentar a mi familia... para seguir viviendo como vivo... para sobrevivir... para tener éxito y reconocimiento... para hacer una contribución... para aportar algo... para ser normal... para ser un buen padre, madre, persona... se supone que tengo que trabajar... tengo que hacer algo con mi vida... tengo obligaciones y responsabilidades... trabajo porque tengo una lista de cosas por hacer que tiene un kilómetro de larga... De hecho, tengo tanto trabajo por hacer que no me queda tiempo para preguntarme qué es lo que quiero".

Muchos de los "quieros" que primero se nos ocurren en realidad están basados en "no quieros" subyacentes. Queremos un trabajo porque no queremos pasar hambre. Queremos dinero porque no queremos las consecuencias de no poder mantenernos a nosotros mismos. Trabajamos duramente para causar una buena impresión porque no queremos parecer inútiles o que nos desprecien. Quiero lo que quieren las personas que hay a mi alrededor porque no quiero sentirme confuso o solo. Quizá la cabeza no es el mejor sitio para buscar la respuesta a la pregunta de qué es lo que de verdad quiero. Está siempre llena de mensajes contradictorios. Quizá haya otro lugar en el que podamos mirar.

"¿Dónde está mi deseo?": ¿De dónde surge nuestro deseo? ¿Podemos localizar esa *emoción* que llamamos deseo?

¿Dónde podemos buscar esa emoción que genera nuestro deseo de trabajar? Si pudiéramos encontrar *dónde* está esa emoción, ¿tendría algo que decirnos acerca *qué* es lo que realmente queremos?

En lo que refiere al tema del deseo, en muchos aspectos estamos aún en la guardería. Y eso que el deseo es un factor que motiva todas las actividades de la vida, lo mismo que todos los aspectos de nuestro trabajo. Para descubrir nuestro deseo puede que necesitemos un poco de tiempo, un poco de paciencia e incluso hacer un poco de examen de conciencia. Por eso te pido que perseveres aunque te encuentres en terreno desconocido. Encontrar tu más profundo deseo y tu ambición puede hacerte independiente como trabajador. Puede proporcionarte la energía que haga posible la movilidad. Puede hacer que el trabajo se convierta en una experiencia enriquecedora en vez de en algo frustrante y estresante.

SENTIR EL DESEO: En su origen, ¿el deseo es un sentimiento o un pensamiento?

¿Es posible conectar conscientemente con mi deseo más profundo? Quizá no puedo llegar allí solo con el pensamiento, sino que debo *sentir* el camino que me conduce hacia él. ¿No es esa la manera en que hacía las cosas de niño antes de empezar a pensar? Yo quería comer cuando *sentía* hambre, beber cuando *sentía* sed, y dormir cuando me *sentía* con sueño. No tenía que pensar en esos deseos para saber cuándo los tenía ni cuándo estaban saciados.

Me interesa conectar con el *deseo* que siento en el trabajo. Quiero obtener un cada vez mejor acceso a esa parte de mí de donde brota la pasión. Al hacer esta afirmación no puedo evitar notar como empieza a surgir cierta ansiedad. Parece más seguro seguir trabajando como siempre. ¿Por qué crear problemas?

¿Qué pasaría si descubro que en realidad no tengo un verdadero deseo de trabajar? ¿Qué pasaría si no sintiera ningún deseo de hacer lo que he estado haciendo hasta ahora?

En mi diccionario el verbo *desear* tiene un significado muy simple: "anhelar o querer con fuerza algo". Suena como si se refiriera más a una emoción que a un pensamiento. ¿Qué imagen te evoca la palabra *deseo* cuando la escuchas? Si entraras a una librería y encontraras un libro con ese título *Deseo*, ¿sobre qué te imaginas que trataría el libro?

Me sorprendió descubrir qué pocas palabras de la lengua inglesa hacen referencia a un deseo fuerte. Las que lo hacen, como *pasión, impulso* y el mismo *deseo*, suelen estar asociadas con el deseo sexual. Una pobreza de lenguaje como esta con frecuencia es una señal de pobreza de *significado*. Nuestra falta de vocabulario refleja una falta de distinción que contribuye a la existencia de una especie de punto ciego dentro de nuestra cultura.

¿SE PUEDE CONFIAR EN EL DESEO?: No sé tú, pero en mi caso me educaron enseñándome que mis deseos y mis anhelos no eran de fiar. Los ideales eran fiables. La razón era fiable. Los deseos eran, como mínimo, sospechosos. Me apartaban de la razón y de "nuestros" ideales. Como es natural nunca me explicaron de dónde iba a sacar el *deseo* para seguir esos ideales. El verdadero motivador (no hacía falta mencionarlo) era el miedo. Miedo a las consecuencias de no seguir los ideales: miedo a no ser aceptado y, en ocasiones, miedo al "sufrimiento eterno". Me imagino que esos mismos miedos motivaron a quienes me transmitían los ideales.

Me enseñaron que cualquier cosa que quisiera debía entregarla a "Dios". Hacer lo que "Dios" quiere, *no* lo que tú quieres. Esa era la senda segura y correcta. Por supuesto que no sabía realmente lo que quería "Dios", pero había siempre un gran número de personas que estaban encantadas de hablar en su nombre. El mensaje estaba claro: Lo que "Dios" quería y lo que quería yo eran dos extremos opuestos. Y "Dios" era muy grande y yo era muy pequeño, y él tenía en sus manos la última palabra en recompensas y castigos.

Al principio decidí que podía tener una pista de lo que "Dios" quería imaginándome que era lo contrario de lo que quería yo. Si yo quería hablar, él quería que permaneciera en silencio. Si quería jugar, quería que me pusiera a estudiar. Si quería dormir, quería que estuviera despierto, y si quería estar despierto, quería que durmiera. Pasado un tiempo no tenía ningún sentido detenerme a pensar en lo que quería hacer, porque fuera lo que fuera no iba a ser lo correcto. De manera que aprendí a evitar este conflicto haciendo lo que se esperaba de mí. Para alcanzar este fin solo hacía falta pensar y me fui separando cada vez más de la sensación de mi propio deseo.

En la universidad conocí las ideas del reverenciado paladín de la psicología, el doctor Sigmund Freud. Exponían de forma muy convincente la noción de que Dios era poco más que un sustituto de la figura del padre. Pero desgraciadamente Freud no sentía mayor respeto por la validez del deseo humano que las religiones que tanto criticaba. Por lo que yo interpreté de sus palabras decía que mis deseos más profundos, asentados en mi "libido", tenían una naturaleza animal. Lo único que querían era dominar y obtener gratificación sexual. Mis deseos eran altamente incivilizados y sería devastador, para mí y para quienes me rodean, que algún día les diera rienda suelta.

Lo que saqué en claro es que el deseo seguía sin ser digno de confianza y, aunque no debía reprimirse, había que "redirigirlo" hacia fines culturalmente aceptables. Según el doctor Freud poseemos un sofisticado equipamiento mental que nos impide conocer de forma demasiado directa lo que realmente quiere la libido. Luego tenemos otro que nos permite alterar o sublimar estos deseos básicos para transformarlos en deseos civilizados como la creatividad y la productividad y, por supuesto, el "amor" civilizado.

El mensaje era que si no fuera por lo que me había enseñado la civilización , sería una fiera salvaje. Pero si me daban a leer los libros apropiados y mis padres, maestros y las venerables instituciones de mi sociedad me enseñaban las enseñanzas correctas, podría trascender mis deseos salvajes y aprender a ser un "contribuyente responsable a la sociedad".

Conforme echo la vista atrás hacia las bases de mi condicionamiento, me doy cuenta, para mi sorpresa, de que el ateo Freud y mi educación religiosa estaban fundamentalmente de acuerdo. Ambos asumían que la naturaleza humana era básicamente mala y que era necesario ejercer un control externo sobre ella. Freud me dijo que necesitaba "civilización" y no religión. La religión me dijo que necesitaba obedecer a los preceptos y las leyes de su "Dios". Ambos estaban de acuerdo en que mis deseos me causarían problemas. Mi religión me decía que soy malo, pero "Dios" me salvaría; Freud me decía que soy "malo" en el fondo de mi ser, pero la "culturización" me salvaría. La idea central es que no debía confiar en mi deseo. Y si no puedo confiar en lo que deseo de corazón, ¿podría llegar a confiar en mí? La respuesta es que no. Que aquello en lo que puedes confiar se encuentra fuera de ti. Que lo único que tienes en lo que puedes confiar es la razón, y ella te dictará que debes buscar el bien común. Pero si el deseo era malo, ¿qué iba a alimentar mis esfuerzos para obedecer a la razón? La respuesta tácita era la misma que en mi niñez: el miedo. "Sé responsable y sé productivo *si no quieres que..*".

Este razonamiento basado en el miedo nos hace más dependientes de las fuerzas de control externas. El control externo se internaliza por medio de conceptos del Yo 1 que juzgan tanto el deseo como el comportamiento. Poco a poco perdemos el contacto con los instintos naturales del Yo 2 y sufrimos las continuas interferencias del Yo 1, con lo que terminamos pagando un precio enorme en términos de dignidad, capacidad de disfrute, expresividad y calidad.

¿EXISTE UNA AMBICIÓN NATURAL Y AUTOGENERADA?: Quizá *ambición* sea el término más obvio para expresar el deseo que nos motiva a trabajar. Pero esta palabra de alguna manera tiene connotaciones negativas. Incluso en mi diccionario *Webster* el primer significado que aparece es un poco ambiguo: "un ardiente y en ocasiones desmedido deseo de algo". El *American Heritage Dictionary* también refleja la misma ambigüedad: "un ansia o fuerte deseo de conseguir algo, como fama o poder". Me viene a la memoria el famoso discurso fúnebre de Marco Antonio: "El noble Brutus/ Te dijo que César, era ambicioso;/ Si así fuera, sería una grave falta;/ Y gravemente hubiera el César respondido por ella".

Grave o no, *ambición* es una palabra que hace referencia a una aspiración o deseo muy poderosos. Cuando decimos "ambición ciega", estamos sugiriendo una estrechez de miras que desprecia los derechos y aspiraciones legítimas del prójimo. Asimismo sugiere que el deseo es tan fuerte que ni el conflicto con las expectativas u opiniones de los demás, ni otras prioridades de menor importancia lograrán hacerle desistir fácilmente de perseguir su objetivo.

Cuando le pregunté a mi hijo, en su primer año de universidad, qué impresión le causaba esta palabra, me contestó, "¡Sin ella nunca moverías el trasero!"

Lo que me gusta de la palabra ambición es que se refiere a un deseo que es fuerte y viene de nuestro interior. Nadie piensa en enseñar la ambición en una clase. Es un deseo poderoso que nace dentro de nosotros, que viene de quienes somos en realidad.

Alcanzar una meta ambiciosa requiere un gran esfuerzo que, a su vez, debe surgir de un gran deseo. Para fijar objetivos, como individuos, equipos o compañías, empleamos tiempo y esfuerzo en mirar en la dirección de nuestras metas (por ejemplo, lo que queremos conseguir y cómo conseguirlo), pero no en examinar si el deseo es suficiente para mantener el esfuerzo continuado que se necesita para superar los obstáculos y seguir adelante hasta alcanzar la meta.

En el deporte siempre ha estado muy claro que para sobresalir hay que tener el empuje de un deseo extraordinariamente fuerte. El talento y la inteligencia por sí solos no son suficientes para ganar, es necesario poner todo el corazón en ello. De manera que el trabajo también requiere deseo, y un gran trabajo requiere una gran ambición. Quizá lo contrario sea aun más cierto. Para tener una gran ambición es necesario emprender un gran trabajo. Si la ambición es inherente cuando somos niños, ¿qué le ha ocurrido? ¿Qué hemos hecho con ella?

UNA TEMPRANA AMBICIÓN POR SOBRESALIR: A los diez años mi ambición natural era sobresalir en el fútbol americano. Este era un ejemplo del tipo de deseo que mi entorno (maestros, padres, y amigos) alentaba. Sin conflicto. Mi padre me llevaba a Golden Gate Park en San Francisco a ver los partidos de fútbol en los días en que Frankie Albert jugaba con los San Francisco Forty-niners (los 49 de San Francisco). Yo mismo no era demasiado alto y admiraba a este jugador lleno de talento y coraje que apenas sobrepasaba el metro sesenta de estatura. Verlo jugar alimentaba mi deseo. Yo quería jugar como él, allí, en ese mismo momento. A veces, después del partido, antes de que anocheciera, me quedaba en la calle con la pandilla, y alargaba el brazo izquierdo como si estuviera midiendo la ventaja que le daba a mi receptor para hacer un pase de anotación. Pura ambición. Lo que veía es lo que quería.

Para mí lo importante de este asunto es que nadie tuvo que decirme que intentara hacer los pases como Frankie Albert, ni enseñarme la manera de hacerlo. Lo que veía era algo posible y nada me decía que yo no pudiera hacerlo. No había una voz en mi cabeza diciendo, "Él es capaz de lanzar a más de cuarenta y cinco metros y tú solo a dieciocho". No había menosprecio, ni limitaciones ni la sensación de no valer lo suficiente. Tan solo, "Quiero hacerlo así". Y en ocasiones mis pases chocaban con los brazos alzados de mi receptor y conseguía hacer un pase con la misma precisión y los mismos resultados". La cuestión no es que el tener un modelo me pudiera ayudar sino que hay algo dentro de nosotros que puede responder, puede inspirarse y puede rendir al máximo nivel. De eso estoy hablando, de esa capacidad inherente. Lo que importa no es cómo funciona sino que existe.

Nuestra ambición inherente es nuestro mayor tesoro. Sin él ninguna cantidad de talento o capacidad puede producir valor para el individuo o la sociedad. La pasión se puede dirigir hacia muchos fines diferentes. Una persona puede dirigirla hacia la fama para lograr reconocimiento y una sensación de importancia, otra hacia las riquezas para asegurarse el poder adquisitivo, y otra hacia el poder político. Un padre y una madre pueden dirigir su pasión hacia su familia. Puede haber muchas personas deseando decirte cómo dirigir tu ambición, pero ellas no son *tú*. No pueden saber lo que de verdad quieres ni lo que deberías hacer.

Escuchar para captar el deseo que sentimos

¿El trabajo es lo que quiero o es lo que hago cuando tengo que dejar de hacer lo que quiero? ¿Puedo conectar de forma más intensa con la ambición inherente que sentía de niño? Al menos puedo decidir escuchar para encontrar una clave de esa ambición.

UN EXPERIMENTO PARA ESCUCHAR LA VOZ DEL YO 2: Quizá podría hacer un experimento, un ejercicio para escuchar directamente a ese deseo que siento. Podría escuchar para oír lo que tiene que decir, sin ideas preconcebidas, tan solo escribir lo que vaya saliendo sin censurarlo. Podría hacer este experimento aquí, ahora mismo, y dejar que el lector, si quiere, eche un vistazo. Ser capaz de escuchar y escribir a partir de este deseo supondría dar un paso que jamás he dado en mi propio Juego Interior.

Quiero cantar mi canción. No tengo tiempo para nada más. Haz que valga la pena el tiempo que emplee en este escrito.

Estas palabras me sorprenden, sin embargo suenan auténticas. Me siento más relajado y noto más mi respiración. Puedo ver que hay que hacer una elección. Puedo escuchar a mi pensamiento a la hora de escribir, o puedo escuchar a esta sensación. Me pregunto si me atreveré a dejar que sea esta misma sensación la que me lleve a las palabras que voy a escribir. ¿Estoy preparado para reconocer la sensación y concederle autenticidad? Habla como si tuviera algo que decirme. Algo diferente de lo que podía pensar en escribir. ¿Y si tratara de conectar con ella? Creo que tendría que renunciar a tenerlo todo bajo control. ¿Por qué dudo? No sé qué "canción" cantaré. ¿Tendrá sentido?

¿Será aceptable? ¿Para mi lector, para mí mismo? Me siento más vulnerable que nunca. No sé qué esperarme. Pero a la vez me entusiasma saber que existe un sinfín de posibilidades.

Voy a ir con esa sensación, ir hasta donde me lleve, y escuchar su canción. Quizá en esa canción haya algo para mí y para el lector. No lo sé. No puedo decir que tenga el dominio suficiente para garantizar que las palabras serán acertadas. Voy a elegir ser fiel a esta sensación, y seguirla a donde me lleve. Escribiré las palabras de la canción que escuche. Continuaré escuchando a este deseo que siento. Intentaré no hacer trampas, no maquillarlo para que parezca algo distinto de lo que en realidad es.

Nada me esclaviza. No trabajo bajo presión. Soy alguien que tiene algo que revelar y quiere revelarlo. Soy libre y solo trabajo libremente.

Palabras valientes y seguras de esta voz que parece tan débil y delicada. Parece mucho más pequeña que las voces que me exigen que tengo que terminar mi trabajo. Es claramente distinta de la voz de la obligación y el deber que me aconseja que cumpla con mis responsabilidades hacia los demás. Esa voz se escucha fuerte y claro. La voz que estoy escuchando ahora tiene otro tono y otro mensaje.

Hazme caso. Soy tu sentimiento. Tu ser original. Soy el lugar en el que puedes encontrar alegría en tus minutos y horas.
Trabajo para mí. Me encanta lo que hago. Considero que trabajar constituye una de las más maravillosas oportunidades para estar vivo. El trabajo es mi recreo. Pero es recreo con un propósito. Se trata de mi propósito. No el de tu editor; ni siquiera es el de tus lectores. No solo soy el autor que tienes dentro, la fuente del esfuerzo

creativo. Soy tu verdadero tú dentro de ti. Me gusta expresarme haciendo diferentes tipos de trabajo.

Lo que también me sorprendía de esta voz es que hablaba en tiempo presente. No diciendo, "quiero ser libre". Sino diciendo, "Ya soy libre". Seguí escuchando lo que tenía que decirme.

No me importa que haya plazos para terminar las cosas. No me importa que haya exigencias. Son hechos que forman parte del juego al que estás jugando. Cuando juego al tenis no me importa el hecho de que haya un vencedor y un perdedor, líneas sobre la pista y una red que la pelota no puede tocar; como tampoco me importa estar en la carretera cuando voy conduciendo un auto. Las limitaciones en sí mismas no me molestan. Son como las riberas de los ríos. A mí me gusta fluir, simplemente, y puedo sentir el mar hacia el que fluyo. Las riberas, las rocas, la bajada siempre cambiante del cauce, incluso las presas que voy encontrando en el camino, no tienen nada que ver con el mar hacia el que avanzo. Fluyo porque mi naturaleza es fluir. Puede que no parezca lo bastante fuerte ahora, pero voy acumulando mi propio ímpetu. Gota a gota voy adquiriendo una tremenda fuerza. También esto forma parte de mi naturaleza.
Cada vez que me escuchas, se añade una gota al río, y crece. Las gotas se vuelven arroyos. Un arroyo se encuentra con otros y se forma una corriente, y muy pronto un río inmenso. Así es como crece mi deseo. Desde una chispa de interés por sentir el deseo hasta una pasión. Con paciencia y algo de confianza, puedo convertirme en un río de pasión.

Esta voz me sonó auténtica. Me resulta familiar y al mismo tiempo desconocida. Hago una pausa para plantearme mi elección. De repente soy consciente de la voz preocupada de mi Yo 1.

—Pero, ¿y el compromiso de cumplir con unas fechas? ¿Y los esquemas y la organización?

Respondo:

—Hay un momento para todo eso, y no es ahora.

—Pero lo estás dejando para más tarde. Te estás quedando atrás a propósito —dice la voz en tono acusador.

He pasado el tiempo suficiente en el entorno laboral para saber que es bastante común la tendencia a dejar que lo inmediato adquiera prioridad sobre lo importante. ¿No forma parte del trabajo de millones y millones de personas la sensación de estar sobrecargado de trabajo y presionado por "lo todo lo que tengo que hacer"? Y detrás de esas presiones se encuentran siempre presente las consecuencias económicas de no conseguir terminar el trabajo a tiempo.

¿Tengo elección? ¿Sentirse presionado es una parte inevitable del trabajo? ¿Simplemente debo aguantarlo y seguir trabajando? La idea esencial de todo lo que he escrito hasta ahora es que quiero algo más. Deseo trabajar con libertad. Deseo trabajar dentro de un modelo bastante diferente del de estar bajo presión para terminar mi trabajo. Sé que nunca lograré terminar *todo* el trabajo. Puede que la pila de tareas por terminar decrezca, pero volverá a crecer. ¿Podría llegar a terminar los trabajos sin sentir tanta presión? ¿Hay otra manera? "Sí". dice en mi cabeza una voz con cierto tono de superioridad. "Puedes trabajar de forma más inteligente y conseguir terminar más cosas en menos tiempo". Gracias, Sr. Consejero, aprecio su sugerencia. "Tienes que aprender a ser más organizado y luego ir machacando trozo a trozo", dice otra voz. Gracias, Sr. Capataz. Su sugerencia me resulta demasiado conocida. No niego que haya sabiduría en lo que me ha dicho. Sin embargo hay una parte de mí que no acaba de creerse este consejo tan convencional. Es ese deseo sosegado que he sentido cuando las exigencias que había en mi mente apenas hacían ruido. Déjeme serenarme y escuchar de nuevo la voz de mi deseo.

Las exigencias que vienen del exterior están ahí. No las niegues. Pero intenta ver si puedes lograr que se unan a nuestra corriente. Nos hemos ido moviendo bastante bien en los últimos minutos. Vamos en la dirección adecuada. Tú estás disfrutando lo que haces y algunos lectores le sacarán provecho. Cumplirás los plazos, o quizá no. El futuro no es enteramente controlable. Pero deja que todas tus motivaciones se unan a mi río en lugar de intentar que sea al revés. Tráemelas. No me molesta tener un poco de lodo en mi corriente. Sé cómo usar todo lo que entra dentro de mí. Mi movimiento hace que el lodo se deposite en el fondo. En mi río de libertad, se purificarán las aguas enlodadas del trabajo sometido a presión.

En la víspera de tu último día en la tierra, dejarás por fin de tener presiones. Pero será demasiado tarde porque también dejarás de tener tiempo. No tendrás ningún tiempo para conocer lo que es la libertad. Ningún tiempo para sentir cómo trabaja o juega un hombre libre. Ningún tiempo para conocerme. Y realmente vale la pena conocerme. Hazlo ahora. Únete a este río ahora. Puedes hacerlo.

Puedes elegir para quién trabajas: para las exigencias externas, o para mí, tu verdadero yo, el yo que ya es libre. Hay otra elección: ignorar que puedes elegir. Pero entonces serás la fuerza de ese otro río de exigencias, o la rebeldía contra ellas, que es solo un afluente de la misma agua enlodada.

Te liberarás en el momento mismo en que des un paso y cruces mi orilla. Eres libre de venir y de salir cuando quieras. Pero ven. Ven simplemente porque te gusta estar aquí. Ven simplemente para ser libre. Entiende que en eso consiste el éxito.

Tengo una reunión con un cliente dentro de media hora. No hay mucho tiempo para prepararla. Me siento vulnerable a la presión de "no tener suficiente tiempo". Solo quiero simplificar las cosas. Quiero estar despierto. Es importante para mí. Vamos a ver qué sucede...

Después de la reunión, vuelvo a mi oficina y hago un breve STOP para reflexionar sobre lo que ha ocurrido. La reunión ha sido tan mágica como las veces que he jugado al tenis *en la zona* rindiendo al máximo. La misma economía de esfuerzo con admirables resultados. Hice solo unas pocas preguntas y escuché profundamente a mi cliente. Se le ocurrieron ideas que a los dos nos resultaron originales y prácticas. Nada del mundo exterior me había parecido tan extraordinario. Fue una reunión sin ningún tipo de conflicto interior o exterior. Pensé que si todas mis reuniones fueran así nunca me sentiría agotado al final del día.

Más tarde, ese mismo día, recibí un fax del cliente. "Durante mucho tiempo me he venido sintiendo como un robot en el trabajo. Trabajando cada día de forma mecánica y eficiente. ¡Trabajando, trabajando, trabajando! Nuestra reunión despertó una parte de mí que estaba mustia y me ha alegrado el corazón. Gracias..".

No es raro sentirse como un robot en el trabajo. A veces me consuelo con la idea de que la mecanización puede dar sensación de eficacia. Pero esta eficiencia mecánica, ¿debería consolarme o molestarme? Me digo a mí mismo que estoy trabajando eficientemente cuando completo el trabajo y en un tiempo razonable. Otros estarán de acuerdo. La eficiencia se mide en términos de resultados externos. ¿Pero qué sucede con los demás resultados? ¿Qué eficiencia tendría este trabajo en términos de resultados humanos, en términos del impacto del trabajo sobre el trabajador?

Este es el quid de la cuestión. Mientras defina el *trabajo* como lo que se consigue a un nivel externo, solo podrá haber una recompensa unidimensional. Pero desde que soy capaz de aceptar que el trabajo tiene un impacto definitivo sobre el trabajador, ya entramos en un juego multidimensional. ¿Crees que puedes contar con que tu jefe o tu supervisor estará interesado en si estás trabajando libremente o te estás convirtiendo en un robot? Lo más probable es que no. Pero, ¿no tiene un gran impacto en ti el mero hecho de hacer esa distinción? El robot que hay dentro de mí puede conseguir muchos resultados que le brinden compensación en términos de dinero y reputación. Pero sin una autorreflexión y sin tomar conciencia de naturaleza intrínseca como ser humano no habrá compensaciones ni resultados externos que puedan medir el verdadero valor de mi tiempo.

Liberación de y libertad para

Soy de origen irlandés. Y los irlandeses somos famosos por nuestra rebeldía. Cualquier cosa que imponga restricciones sobre el individuo o asuma autoridad sobre él es un buen motivo para rebelarse. Sin embargo la libertad que busco no se puede ganar simplemente rompiendo las rejas de la jaula. La libertad que busco no es tanto un "liberarse *de*" como un "ser libre *para*". Me viene a la memoria el conmovedor ejemplo de ese pajarito al que colocaron en una jaula con otras aves. Al principio volaba sin parar, chocando una y otra vez contra las barras de la jaula para intentar salir. Sus dueños le consolaron, le enseñaron a ver todas las ventajas de tener comida y agua siempre a su disposición sin necesidad de esforzarse, a apreciar el palo en el que podía columpiarse y el brillante espejo. Muy pronto el pajarito se resignó a su suerte; dejó de intentar escaparse. Un día, una gran ave se posó sobre la jaula y, con su pico, abrió la puerta. Algunos de los pájaros que estaban con él vieron la puerta abierta y salieron volando. Pero nuestro pajarito no entendió qué significaba aquello. Se había olvidado de volar.

El ansia de trabajar en libertad no tiene solo que ver con liberarse de restricciones externas. No se trata solo de liberarse de las muchas obligaciones o de la escasez de suministros. Tiene que ver con ganar movilidad interna aparte de movilidad externa. Tiene que ver con la libertad de disfrutar, de crecer, y de sentirse realizado. Es la libertad del ser que es realmente importante, el que desde el nacimiento ha querido disfrutar y aprender con todo lo que hacía. Es muy fácil perder el contacto con nuestro verdadero ser cuando nos enfrentamos a tantas exigencias externas, especialmente cuando instituciones y personas importantes nos dicen que ellas son lo primero. Cuando vivimos rodeados de este mensaje durante años y desde muchas direcciones diferentes, se hace difícil no empezar a creerlo y olvidar al ser que todos, a excepción de nuestros amigos más íntimos, hace tanto tiempo que han olvidado. Está claro que la única manera de remediar esta situación es empezar a ser nuestros propios amigos íntimos.

Doy rienda suelta a esa voz largamente silenciada que hay dentro de mí. Se vuelve más valiente. No voy a censurarla. Me habla a mí y te habla a ti, si quieres escucharla.

Trabajadores del mundo, no es la clase dominante, ni una "raza superior", ni la sociedad, ni el estado, ni un líder, quien sostiene las cadenas que os esclavizan. Vosotros mismos lo hacéis, no hay nadie más. Esos que intentan explotaros tampoco son libres, porque para ellos la libertad no tiene ningún valor. ¿Quién es quien realmente os emplea y os manda que recojáis vuestra carga diaria? ¿Y quién es ese a quien permitís juzgar lo adecuado o no de vuestro esfuerzo? ¿A quién habéis entregado el poder para que cuelgue una zanahoria delante de vuestros ojos y os trate con desprecio? ¿Quién, cuando despertáis cada mañana, os manda a lo que llamáis vuestro trabajo?

¿Hay un "quiero" tras vuestro "tengo que", u os habéis olvidado de vosotros desde hace tanto tiempo que "quiero" es tan solo una idea en vuestra cabeza? Si perdisteis la conexión con el deseo de vuestra alma y os estáis ahogando en el mar de "tengo que", levantaos y destronad a vuestro dueño. Comienza el viaje hacia la emancipación. Trabajad únicamente de tal forma que trabajéis de verdad por vosotros y para vosotros.

Pregúntate a ti mismo seriamente, ¿Tengo otro dueño aparte de mí mismo? ¿De quién son las órdenes que obedezco y cuál es la amenaza que acecha tras esas órdenes? Los lazos con tu dueño interior pueden ser más difíciles de romper que ninguna cadena externa. Estas son las cadenas menos visibles que sujetan tu pensamiento y tu pasión.

Si un día fueras a encontrarte las llaves de estas cadenas en tus propias manos, ¿abrirías la puerta y saldrías? Incluso si una mano benevolente te sacara de la prisión y te dijera que puedes marcharte, ¿empezarías a buscar otra prisión segura? Decir "quiero ser libre" es más fácil que querer de verdad ser libre.

De manera que te vuelvo a preguntar, ¿quiénes son tus carceleros? ¿Se parece la voz del carcelero a la de tu padre, que quizá estaba hablando con la voz de su padre? ¿Sabes dónde han empezado estas órdenes? ¿Empezaron con un dios fabricado por los hombres que daba recompensas y castigos? ¿O era un "dios" de esa sociedad cuya opinión pública debes compartir y cuya aceptación necesitas? Estos son dioses formidables. ¿Los has adorado por lo que ofrecen? ¿Te has parado a pensar si de verdad lo cumplen?

Si trabajas, intenta hacerlo sin venderte. ¿Puedes permitirte hacerlo de otra manera? ¿No es verdad que cada momento de tu vida que gastas en servidumbre a exigencias absurdas se lleva una porción de tu recurso más precioso, que es tu tiempo? Date a ti mismo esperanza. Enciende el fuego de tu empeño.

No esperes a la sociedad, tu empresa, tu jefe, o tus compañeros de trabajo. ¿Tienes tiempo para esperar? Libérate a ti mismo. No pidas permiso ni consentimiento, porque estás solo. No busques otro reconocimiento que no sea el tuyo.

El trabajo empieza y termina con el deseo. Todos los esfuerzos por trabajar libremente, en último término, deben hundir sus raíces en nuestro impulso más profundo. Solo la voz que viene de ese deseo puede orientarte en la dirección correcta. Para trabajar libremente, cada uno de nosotros debe aprender a escuchar a su propia inspiración. Nunca es demasiado pronto ni demasiado tarde para empezar ese viaje.

ÍNDICE